O Inverno de 1932

O Inverno de 1932

Ana Figueiredo

alameda

Grafia atualizada segundo o Acordo Ortográfico da Língua Portuguesa de 1990, que entrou em vigor no Brasil em 2009.

Edição: Haroldo Ceravolo Sereza e Joana Monteleone
Assistente acadêmica: Tamara Santos
Projeto gráfico, diagramação: Maria Beatriz de Paula Machado
Revisão: Alexandra Colontini
Colagem da capa: Maria Elisa Marques
Capa: Ana Júlia Ribeiro

CIP-BRASIL. CATALOGAÇÃO-NA-FONTE
SINDICATO NACIONAL DOS EDITORES DE LIVROS, RJ

F488I

Figueiredo, Ana
O Inverno de 1932 / Ana Figueiredo. - 1. ed. - São Paulo : Alameda, 2022.
392 p. ; 21 cm.

ISBN 978-65-5966-124-4

1. Brasil - História - Revolução Constitucionalista, 1932 - Romance. 2. Romance brasileiro. I. Título.

22-79727 CDD: 869.3
CDU: 82-311.6(81)

Alameda Casa Editorial
Rua 13 de Maio, 353 – Bela Vista
CEP 01327-000 – São Paulo, SP
Tel. (11) 3012-2403
www.alamedaeditorial.com.br

Devemos ajudar os jovens ingleses a arrancar de dentro de si o amor por medalhas e condecorações. Devemos criar mais atividades honrosas para aqueles que tentam dominar em si mesmos o seu instinto de lutar, seu hitlerismo inconsciente. Devemos compensar o homem pela perda da sua arma.... devemos dar a ele acesso aos sentimentos criadores.... Devemos gerar felicidade, libertá-lo de sua máquina. Trazê-lo de sua prisão para o ar livre....

Virginia Woolf.

Pensamentos de paz durante um ataque aéreo

A História trata do que acontece visto de fora, e as memórias tratam do que acontece visto de dentro.

Eric Hobsbawm.

Em citação de Agnes Heller,
A invenção das Tradições

À Laura (1920) e à Helena (2020) amores que me enlaçam e me atravessam pelo século...

SUMÁRIO

Prefácio 13

Da história, da memória e das lembranças

1. Prólogo 21
2. Na estação do trem 27
3. Uma cidade revisitada 31
4. Angústia de uma espera 37
5. O irmão é meu, o soldado não? 41
6. A pensão da Dona Nina 47
7. Concussão? 57
8. Epopéias entrecruzadas 73
9. Soliedariedades, bem-vindas! 83
10. Tempos de guerra no Vale do Paraíba 87

Da memória viva de figuras mortas

1. A vila mineria: serra acima 105
2. A mãe 109
3. O pai 113
4. A dita 115
5. O avô Miguel e a avó Nhá Rita do seu Miguel 117
6. O caso do eclipse total do sol 121
7. O túnel da Mantiqueira 125
8. A coroação da virgem: meu primeiro alumbramento 133
9. A cidade paulista: serra abaixo 143

10. Uma cena familiar da nossa chegada 147
11. A escola para as crianças 157

Das lembranças da amiga Dinorah

1. Os estudantes da "província" na pauliceia dos anos 1920 165
2. Intensos anos 1920: futurismo, modernismo, nacionalismo 173
3. Conturbados anos 1930: São Paulo, uma nação? 183
4. Conversas interrompidas 201

Dos infortúnios da guerra

1. Tensões na cidade: nas ruas, no instituto, nas pessoas 205
2. Em guerra interna 217
3. A trégua nas noites 223
4. O sábado fatídico 237
5. Conversas de Belvedere 255

Das lembranças vivas que nunca morrem

1. De volta ao vale 273
2. Estações da *Via Crucis* 283
3. Nas enfermarias em batalhas 291
4. Uma insólita viagem pela Mantiqueira 297
5. Longos dias de inverno 307
6. Reencontro fraterno 315
7. Encontro de desejos: meu segundo alumbramento 321

Dos escritos apenas como fontes?

1. Documento 1. Carta. 329
2. Documento 2. Carta. 333
3. Documento 3. Carta. 339

4. Documento 4. Anotações esparsas de Miguel Ribeiro de Castro Fortes para suposta carta que não se completou. 343
5. Documento 5. Carta. 345
6. Documento 6. Posfácio: um monólogo dialogado. 347

Da história, da memória e das lembranças: tese da História?

1. Anotações esparsas 355
2. Marina, e agora? 357
3. Uma entrevista em noite de autógrafo 359

Enfim, o Inverno de 1932. Manuela, a bisneta.

1. Sobre nomes e sobrenomes 369
2. Como assim, mãe? 379
3. Mensagem ao avô pela internet 381
4. Visita guiada ao mausoléu do Ibirapuera 385

Nota da Autora 387

PREFÁCIO

Literatura, história e a guerra de 1932: mais alguma coisa a dizer?

Recentemente, temas relativos à memória se tornaram objeto de reflexão historiográfica, em particular a partir dos anos 1970, quando os historiadores se aproximaram de estudos avançados de filosofia, sociologia, antropologia e mesmo da produção literária. A partir de um problema em torno da contemporaneidade, uma iniciativa retrospectiva e a renúncia a uma temporalidade linear em favor de tempos múltiplos, ganha atenção o enraizamento do individual no social e no coletivo, fermentando produções em torno de lugares de memória coletiva. É o caso desse romance, *O Inverno de 1932*, de Ana Figueiredo, ambientado na já palmilhada Guerra Civil ou Revolução Constitucionalista, como ficou (re)conhecida.

Para isso, a pergunta que de pronto move o leitor é: há ainda espaço para romances históricos? São eles possíveis numa proposta de leitura renovada e desafiadora, depois da chegada do movimento modernista e de sua crítica ao passadismo que durante décadas perduraria nesse estilo de escrita? O tempo presente move considerações sobre uma perspectiva do passado e de sua recordação? Para Fredric Jamenson (2007, p. 192), sim, mesmo que ele venha impregnado de avisos sobre os perigos de uma dimensão literária desalinhada das expectativas do leitor atual: "O romance histórico não deve mostrar nem existências individuais nem acontecimentos históricos, mas a interseção de ambos: o evento precisa trespassar e transfixar de um só golpe o tempo existencial dos indivíduos e seus destinos. A esse respeito, gosto de citar o grande poema de Brecht: 'Ó vicissitudes do tempo, vós, esperança do povo!'". De forma complementar, uma aproximação da análise de Antonio Candido (2006, p. 61) entre o fazer literário em interação com o mundo social não deixará de sublinhar os vínculos com a realidade social, envolvendo concepção e execução por parte do autor e a atitude do receptor ao apreciar a obra, entendendo essa produção como arte, "a arte, e portanto a literatura, é uma transposição do real para o ilusório por meio de uma estilização formal, que propõe um tipo arbitrário de ordem para as coisas, os seres, os sentimentos".

A guerra civil paulista foi um dos marcos mais importantes da história regional e nacional, ao ver num campo de batalha uma crise que opôs o governo de Getúlio Vargas e as forças políticas de São Paulo, num levante de dimensão não apenas militar e de sua elite política, mas sobretudo civil. Essa participação civil, fortemente estimulada pelas hostes de poder local levou de roldão as cidades e seus habitantes, mais próximos ou mais distantes do conflito, ajudando a propagar uma versão memorialística e literária potente, quase sempre reiterando a visão triunfalista paulista, para alguns com sabor de epopeia (Santos; Mota, 2010).

Fugir desse lugar comum foi um esforço notório nesta leitura, produzindo de modo sagaz o desconforto do inesperado ao jogar luz sobre a trama familiar interiorana de Guaratinguetá, cidade histórica do Vale do Paraíba, com suas ruas, casas e espaços de poder, resquícios de uma sociedade escravocrata e alicerce do Partido Republicano Paulista. Vizinha da região de Cruzeiro, um dos palcos centrais da batalha, as impressões e interrogações daquele momento diziam da aparição de uma multidão desconhecida, de armas em punho, em meio a médicos, enfermeiros e feridos, com notícias desencontradas vindas de diversas formas. "Como se desenvolveu a 'mentalidade coletiva' da multidão — seus ímpetos de violência, audácia ou heroísmo?", pergunta o historiador George Rudé (1993, p. 256) sobre as mudanças trazidas pelo que chamou de encontro público frente a frente.

Em *O Inverno de 1932*, as temporalidades induzem um vaivém entre presente e passado, exatamente para que restos de memória, de afetos e de experiências de classe se componham em sentidos múltiplos, girando em torno dos personagens e de suas existências. A todo instante retoma-se um ponto de partida: ora as cidades e as pessoas onde se passa a trama, ora os vínculos de sociabilidade e o sabor do transitório da chamada modernidade, que quase se faz sentir no paladar das madeleines de Baudelaire ou no esfumaçar do que parecia sólido, como pontificou Marx. Mudanças da vida dos idos anos de 1930, que invadiam o espaço público e privado dos lugares mais recônditos, com a reviravolta da urbanização que se assistira a partir de então: "A modernidade urbana é desafio, intriga, trama, mistério, identidade a perder-se em novo anonimato diante deste personagem inusitado que é a multidão, busca de si mesmo e de decifração da existência em um mundo onde novos valores se erguem, exigindo novas habilidades" (Pesavento, 2003, p. 14). É nesse campo problemático envolvendo memória, identidade e construção de discursos que a história se elabora na externalidade com o acontecido. É uma interpretação *a posteriori* do fato, trabalhando com as experiências de inúmeros grupos e indivíduos, querendo conhecê-los e, consequentemente, interpretá-los, numa relação com a alteridade e com a identidade, que é a de encontrá-la para descobri-la em suas diferenças.

Manuela é a personagem que tece esse difícil percurso. Mulher atrelada ao poder do mando masculino – pai, irmãos e marido –, sua trajetória a leva a (re)descobrir e se confrontar com um mundo que ainda a rodeia, mas nem por isso a traduz em sua jornada. Da professora, mãe de família e filha exemplar que, por um golpe do destino, se transforma numa viajante, enfermeira e narradora de sua própria trajetória, sua história poderia levar o leitor a intuir que cairíamos nas centenas de obras ficcionais escritas desde 1932, atribuindo a sua voz o simples pesar e as lágrimas pelos mortos e feridos, como um tom a embalar um único contexto. Ao contrário disso, a protagonista entrevê esse caminho, mas não para confirmá-lo, e sim tentando produzir um curto-circuito nesses lugares, reconstituindo (des)encontros, fazendo emergirem contradições nas entrelinhas de suas falas, de seus gestos e de suas escolhas. A narrativa desconcerta sempre que se procura caminhar por uma estrada conhecida e estática, para recair em imagens tortuosas, revendo, de sua visão, seu próprio passado.

Certos grupos sociais envolvidos na trama ganham lugar mais central, numa espécie de costura dos eventos. É caso dos médicos responsáveis pelos hospitais, menos os mais improvisados, estimuladores dos estudantes, coordenadores do pessoal da enfermagem e da farmácia. Em 11 de junho de 1932, Cantidio Moura Campos, diretor da Faculdade de Medicina de São Paulo, fez um discurso em praça pública para conclamar professores, alunos e funcionários à responsabilidade que, em sua visão, o momento exigia. A pergunta deixada por Cantidio era como poderia ser vencida uma gente altiva assim? Que forças poderiam subjugar um povo que tinha suas atenções voltadas para os círculos políticos, envolvendo a preocupação de mulheres e crianças de todas as camadas sociais? Seria enfático ao pedir heroicamente que se empunhassem as armas. Mas qual trabalho poderiam exercer no sentido de se fazer vencer, além de partir para o *front*? Aliás, sobre esse tema, ou seja, o de enfrentar as ameaças da morte, central na atribuição de sentido memorialístico, cabe apontar que, “entre o gesto comemorativo de fundo político do culto cívico dos mortos e os sentimentos do luto característicos da privatização da morte, há uma diferença de intenções em torno da lembrança dos caídos, isto é, entre fazê-los objetos de um encantamento cívico público de novo tipo e reservá-los ao universo das memórias familiares, circunscrevendo-os ao campo afetivo privado, espaço no qual a memória e o sentimento do passado como fenômenos coletivos têm seu começo" (Abreu, 2011, p. 110).

Foi em meio a esse processo que, a pedido do governo do estado e impulsionado por uma convulsão política e social, o Instituto de Hygiene de São Paulo iniciou em 13 de julho de 1932, até a data de 15 de setembro, uma série de cinco cursos intensivos de Emergência em Enfermagem, visando formar voluntários para os socorros necessários aos soldados e civis nas zonas de guerra ou em hospitais de retaguarda, atraindo cerca de 380 voluntários. Enfrentando os arroubos familiares, desde sua partida à cidade de São Paulo, para se aproximar de Miguelzinho, irmão caçula ferido no *front*, Manuela se voluntaria, agora com certos conhecimentos eventualmente úteis, no Hospital do Sangue de Cruzeiro e pode acompanhar mais de perto a situação do próprio irmão que ali está internado, em meio ao inferno de dezenas de feridos e mortos da maior guerra civil brasileira do século XX.

A leitura de uma obra dessa natureza, com tantos desafios e enfrentamentos, não poderia terminar sem nos chamar a atenção para o momento em que é escrita: fruto de um sentimento de continuidade residual, que permite o espaço da memória do tempo presente, como bem o chamou o historiador Pierre Nora. Reflexo das indagações da autora sobre o invernal Brasil de hoje, em luta contra a si próprio, que vê como inimigo o seu igual. São palavras de Ana Figueiredo sobre a guerra e seu morticínio: "soldados posicionados diante de pequenas frestas, com suas metralhadoras, quando surpreendiam posições desprevenidas do inimigo por onde passava o trem, os varriam com tiros. Era uma máquina aterrorizante acrescida à fuzilaria e tiros de canhões".

Que a literatura eternize, ontem e hoje, o atravessar da humanidade. Boa leitura.

André Mota
São Paulo, fevereiro de 2022.

Referências

ABREU, M. S. Luto e culto cívico dos mortos: as tensões da memória pública da Revolução Constitucionalista de 1932 (São Paulo, 1932-1937). *Revista Brasileira de História*, São Paulo, v. 31, n. 61, p. 105-123, 2011. doi: https://doi.org/10.1590/S0102-01882011000100006.

CANDIDO, A. *Literatura e sociedade*. Rio de Janeiro: Ouro sobre Azul, 2006.

JAMESON, F. *O romance histórico ainda é possível?* Trad. Hugo Mader. Novos Estudos Cebrap, São Paulo, n. 77, p. 185-203, 2007. doi: https://doi.org/10.1590/S0101-33002007000100009.

PESAVENTO, S. J. O mundo como texto: leituras da história e da literatura. *Revista História da Educação*. Pelotas: ASPHE/UFPel, v. 7, n. 14, p. 31-45, 2003. Disponível em: <https://seer.ufrgs.br/public/journals/94/pageHeaderTitleImage_pt_BR.png>. Acesso em: 28 jan. 2022.

RUDÉ, G. *A multidão na história: estudos dos movimentos populares na França e Inglaterra – 1730-1848*. Campinas, SP: Campus, 1993.

SANTOS, M. A. C.; MOTA, A. *São Paulo, 1932: memória, mito e identidade*. São Paulo: Alameda, 2010.

DA HISTÓRIA,
DA MEMÓRIA
E DAS LEMBRANÇAS

PRÓLOGO

O costume de escrever não me deixou ao longo da vida. Iniciado no grupo escolar, escrevia narrações à vista de uma gravura, animada pela professora, a madre Emily. Era uma religiosa pouco convencional, alegre e comunicativa, seus erres arrastados tornava muito simpático seu forte sotaque estrangeiro. A segunda década do século XX apenas começava. Ela nos trazia, como estímulos visuais, gravuras. Eram as fontes de expansão para nossa tenra imaginação criativa, pinturas com paisagens ou cenas da vida dos santos católicos.

Minha timidez exagerada de menina recém-chegada da roça foi sendo aos poucos lapidada. Quando minha redação era a escolhida pela madre, lê-la de pé em voz alta na frente da classe, fazia-me sentir em plenitude o sofrimento físico dos santos mártires daquelas gravuras. Sentia o rosto em brasa, as pernas bambas e minha voz um fiapo de som inaudível. Aos poucos a madre, com muita paciência e habilidade de velha professora, me ajudou a vencer a timidez e, já ao final do curso primário, fui escolhida oradora da nossa turminha. Quando me revejo nesta trajetória penso que o objetivo da madre foi cumprido: permaneceu vivo em mim o gosto pela leitura e escrita. Aos poucos a própria vida me foi emprestando novos fios para a trama da escrita. Não sei se poderia considerar que tive propriamente um estilo que foi mudando, sem formação literária, talvez apenas a tessitura tenha sido encorpada.

Quando mocinha, os cadernos brochura me serviam de diário, mantinha-os cuidadosamente guardados. Meu relato íntimo se dirigia a mim mesma e a um anjo imaginário que transformei em leitor e confidente. Mais adiante me assentou o gosto pelas cartas, os leitores de então eram meus correspondentes, reais com corpo e mente. Primas, amigas, tias, até o namorado, mesmo antes do noivado oficial, infringindo certas regras daquele tempo de "moças de família".

Depois vieram as cartinhas trocadas com os filhos e, depois deles, com os netos. Tive uma especial e mais duradoura troca de correspondência com Ivan, o filho caçula, desde quando ele foi estudar fora, medicina na capital, e depois quando precisou estar em outras terras exilado, fugindo da repressão policial da política de então. A espera da carta-resposta e as entregas do correio se tornaram um suplício. Será que nossas correspondências foram interceptadas? Eram os anos sessenta e setenta, pesados como chumbo. Acompanhei, o pouco que me foi possível, a infância da minha neta Marina, apenas pelas suas cartinhas, decifrando suas garatujas iniciais substituídas por palavras misturadas e bilíngue, entre a alfabetização doméstica em português e a da escola em francês.

Houve o tempo dos postais, adorava enviá-los mesmo sabendo que em geral seriam recebidos quando a viagem ou o passeio que motivou o envio já terminara. Não raro chegávamos de volta à Guaratinguetá antes deles. Neles construía textos simples, mereciam delicadeza especial que se ajustassem à ilustração já impressa do cartão, uma discreta referência daquele lugar visitado concluindo com expressões de saudades.

Já no dia a dia, na labuta da casa sempre numa emergência, fazia bilhetes com recados, geralmente eram dirigidos ao Ivo, meu marido, quando pernoitava por muitos dias na fazenda. Eram relatos de providências, nossas notícias da casa ou da cidade, levadas pelo motorista do caminhão leiteiro, nosso correio da zona rural, entregador de leite e portador de mensagens.

Para ocasiões especiais de festas, casamentos, bodas, mortes, escrevia telegramas. Certa vez cheguei a organizar um caderno com modelos para as diferentes situações. Muitas amigas recorriam a mim para um préstimo, alegando minha facilidade. Redigia texto claro e direto. O custo do telegrama era por palavra. Assim, fazê-lo curto era também um requisito econômico. Na verdade, eu utilizava pouco dos modelos já prontos do caderno. Prevalecia a preocupação em não ser repetitiva a um mesmo destinatário. Cuidava para que as palavras produzissem no receptor a sensação de exclusividade. Eu as queria tocantes.

Já bem mais velha, quando passei a dispor de mais tempo às leituras, retomei o encantamento juvenil dedicado aos livros especialmente aos que nos possibilitam transitar por outras realidades. Aprendi a apreciar a capacidade de síntese, de contos e crônicas publicados em jornais e revistas da minha época, muitos de clareza límpida, concisa, textos curtos onde cabiam histórias plenas. Reconhecê-los me encantava, almejei imitá-los. Confesso que pouco consegui, a estranha mania de desgalhar me acompanha, seria isso um estilo? Essa característica Ivo apelidou de "desgalhamento" trago comigo de longe, já apontada por ele desde nosso período de namoro. A princípio era presente na minha narrativa falada, com o tempo se expandiu, infelizmente, muitas vezes para a escrita, mas não sem autocrítica. Meu desgalhar acontece quando deixo o tema principal ou o eixo do assunto à espera. No intuito de melhor situar o conteúdo narrativo junto ao seu contexto, em geral com múltiplas conexões, intenciono ampliar a clareza da prosa e para tanto vou construindo caracterizações adicionais secundárias. Esses fragmentos explicativos acessórios seriam os galhos secundários ao tronco principal. Vou construindo uma árvore frondosa, mas desgalhada. Quando reflito sobre isso, busco adquirir a capacidade de criar para minha prosa uma inspiração nos coqueiros, são tantos exemplares diversos e majestosos, aqui mesmo na nossa paisagem tropical. Eles alardeiam nos ramos circulares de seus altos, a síntese de sua linhagem botânica, como evidenciando o assunto essencial, se textos escritos eles fossem. Recordo de gigantes palmeiras imperiais postas em alamedas, das gravuras da madre Emily. Como gostaria que me fossem inspirações para criar formas sintéticas de narrativas! Adentraria um Jardim Botânico para escrever, na busca de refletir no texto a harmonia presente na natureza. Quando me abatem inquietações da procura para a forma mais adequada ao relato, que a caneta e o lápis não querem escrever, desenho palmeiras em substituição as árvores frondosas. Mas suspeito, não raro, que são artimanhas da própria mente, para disfarçar o que busco evidenciar, nessa empreita tão adiada. Contar minha história!

Cheguei a escrever discursos para candidatos, especialmente aos da oposição. Para isso, eu não precisava ser sintética. Pelo contrário: um pequeno fato necessitava render muitas frases, acrescidas de efeito retórico capaz de despertar emoções com palavras em fortes expressões. Mas nunca mentiras ou calúnias. Ao orador – candidato oposicionista – era requerido uma ética rigorosa para que sua oratória tivesse poder de convencimento por críticas objetivas, melhor se fossem irrefutáveis. O tempo de mentiras repetidas até se tornarem verdades ou a clara intenção de factoides ainda não tinha chegado.

Até fiz alguns versos, mas prefiro as trovas. Uma delas, inclusive, foi premiada no programa de radionovela da Rádio Liberdade e me rendeu um garboso casaco azul de lã, antes que a televisão chegasse sugando a vida das nossas casas.

Agora a memória, já passando dos oitenta anos, às vezes falha, especialmente nos assuntos do presente. Insegura da exatidão dos fatos antigos, recorro aos escritos dos velhos cadernos, reencontro nos relatos – desgalhados – os detalhes que me ajudam a trazer de volta na lembrança as emoções originárias daqueles acontecimentos. Preciso concatenar as datas com os fatos que estão ficando dispersos. Ultimamente vinha me sentindo com baixa energia criativa para os escritos, mas nunca descuidei de responder a tempo o que recebo, não sou mulher de desfeita.

Agora tomei coragem para esta tarefa, puxando as lembranças pela memória, buscando ser verdadeira, mas interpretando aqueles acontecimentos dentro da minha própria história de vida. Reconheço que o século que já avança pelo último quartil, tem trazido mudanças nos costumes, contudo para nós mulheres, sinto que são muito mais lentas. Vou aprendendo sobre mim mesma à medida que escrevo, como se o curso da palavra escrita sondando o passado me recompensasse em entendimento. A visão vez ou outra se atrapalha e atropela palavras que o filtro do pensamento vem me trazendo. Não raro também percebo que os empregos de alguns termos não mais se adequam a precisão que almejo ao relato. A mesma língua, cinquenta anos passados, parece ter afrouxado os significados, antes fixo em uma dada palavra, agora às vezes são fluidos. Os pensamentos chegam por um fiozinho lento de imagens quase apagadas de tanto relembradas, parecendo gastas, como um filete de água escorrendo na fonte quase seca do inverno. Ora como água borbulhante, ligeira demais, transbordando tanta emoção junta, como uma tromba d'água de verão, inundando e arrastando coisas por onde passa. As palavras são muito poderosas e carecem de paciência ajustá-las na ideia relatada, para cada acontecimento, arrumadas nos seus tempos certos, encadeadas. Como as águas, fazê-las contidas, chegando pelas torneiras, encanadas. Estes escritos de agora, adiados por anos e anos, quase meio século, faço-os como dívida a mim mesma, no esforço de que lembranças, mais que apenas gravuras, quando revividas e rejuntadas pela memória, possam justificar e trazer uma absolvição que eu mesma ainda não me concedi.

Quero enfim finalizar meus escritos, diários de uma vida, dirigindo-me como os iniciei, a um anjo imaginário, meu suposto leitor. Sei que posso ser julgada impiedosamente, talvez até mais do que penso já ter feito em silêncio por mim mesma. Só eu sei das mutilações que carreguei na alma.

NA ESTAÇÃO DO TREM

Relatos iniciais, segunda-feira, 18 de julho de 1932.

Um frio cortante, vindo de fora, atravessava as camadas da roupa de lã e se juntava ao frio brotado de dentro, no peito entre a garganta e a boca do estômago, angustiante, na tarde cinza daquele inverno. Estática, à espera do trem da morte, ali onde o medo e o frio me enrijeciam, o tempo das horas se tornou incontável. O vento contínuo do chuvisqueiro da tarde, retorcendo a placa da plataforma, emitia um ruído agudo, como um prenúncio lúgubre com o nome estampado em letra de forma: Cruzeiro!

A estação era a mesma, mas a natureza da espera mudara. Na lembrança o apito que anunciava o trem, quando ainda mal o avistávamos, lá longe na curva do rio correndo Mantiqueira abaixo, me soava festivo. Era como o primeiro acorde de uma sinfonia. No cenário das minhas memórias, reconstruíra daquele comboio a figuração como parte de uma ópera viva. Transitava na estação ferroviária em baldeação desde Guaratinguetá, semestralmente nas férias escolares, quando íamos visitar a família mineira. A ideia da ópera me fez afastar a impressão sombria deixada da primeira descida da serra quando emigramos no longínquo 1915 de Minas para São Paulo. A estação conectava o Vale do Paraíba a Passa Quatro, minha terra natal no topo da montanha encantada. "Mantiqueira", a montanha impregnada da significação pelo seu nome indígena, retratando com delicadeza descritiva uma "serra que chora". São suas lágrimas vertidas das terras que descem formando riachos e cachoeiras até desaguarem no Rio Paraíba do Sul. Quando adolescente, já vivendo no vale, fiz do rio meu interlocutor ancestral e mudo, contemplativa nas tardes mornas. Imaginava suas águas, que como eu, nascidas em terras altas, no vale diluíam em mistura nas correntezas volumosas singrando pelas planícies.

Antes:

O apito do trem vibrava na entrada do meu arranjo sinfônico. Rapidamente ao silvo se juntavam a sonoridade compassada do ranger metálico dos trilhos e os estalidos de madeira dos vagões. Sobrepondo, entravam os acordes musicais do alto-falante da estação, entrecortados pelos agudíssimos guinchos das sapatas do freio acionado pelo maquinista. Sobre essa base sonora, se incorporava o vozerio nos diferentes tons evidenciando os mais altos, contraltos e tenores, das exclamações venturosas de boas-vindas! Um arranjo de harmonia dissonante se enchia de emissões sonoras combinando máquinas e vozes. Prenúncios da modernidade, um recorte de cena breve, cujos sons já encobriam cantos de galos, mugidos dos bois e sinos das igrejas.

Eu acumulava lembranças das tantas viagens que fiz por aquele mesmo percurso, fantasiando-as como árias na tessitura de um *libretto,* maneira que tinha inventado para lidar com o tempo enquanto admirava, ponto a ponto, de Cruzeiro a Passa Quatro, a paisagem encantadora da Serra da Mantiqueira. Até então a estação foi para mim síntese de felicidade em trânsito, movimentos de vida, pessoas à espera do trem, chegadas e partidas, bons encontros, alvissareiras novidades, aguardadas esperas.

Agora:

Na minha ópera juvenil e alegre seriam acrescidos acontecimentos dramáticos, mudando o tom da composição operística para o das tragédias. A guerra paulista trazia destruição e morte, o trem da vida se convertera em comboio como presságio da morte, devolvendo o sentido de tragédia para a ópera na semelhança de suas originárias versões na antiga Grécia.

Nos meus quase trinta anos, não sentira frio tão intenso como o de julho em 1932. Recordando já com distanciamento, tenho para comigo que ele cumpriu uma função protetora, amortecendo por congelamento a dor que vinha acumulando de tristezas e frustrações e que ali tinha seu ápice.

Apreensiva, aguardava que meu irmão Miguel pudesse estar entre os passageiros. Agora o trem despejava ali restos humanos quase mortos e quase vivos, destroçados por tiros de fuzil, rasgados pelas rajadas de metralhadora, mutilados por estilhaços de explosões das granadas, ensanguentados, esfarrapados de se arrastarem nas trincheiras rasas. O trem inspirador da minha alegre ópera sinfônica anunciava como um réquiem sua conversão para trem da morte, ainda que ironicamente só transportasse os combatentes feridos e mutilados da guerra paulista, os sobreviventes. O destino era o hospital e maternidade da Santa Casa de Cruzeiro, transformado então em retaguarda como Hospital do Sangue do setor norte da guerra. Os mortos em combate não embarcavam. Os corpos sem vida, esfacelados ou íntegros, tinham outros destinos.

UMA CIDADE REVISITADA

Mais cedo naquela invernosa segunda-feira, era ainda muito cedo quando cheguei a Cruzeiro após deixar Guaratinguetá, percorrendo a estrada de rodagem em um carro fechado. Haviam instalado barreiras improvisadas em vários trechos, nos obrigando a fazer paradas sucessivas para revistas, tornando a viagem mais sinistra. Minha presença feminina parecia não ser bem aceita, demandava detalhadas explicações, fui me sentindo uma verdadeira clandestina. O percurso demorou muitas horas a mais, comparadas aos tempos normais. Após uma noite praticamente inteira sem dormir, a condução me deixou próxima a uma padaria que acabava de abrir, onde fui tentar engolir um café. Discretamente me coloquei em uma das pontas do balcão, enquanto chegavam os primeiros fregueses em busca do pão matinal, que já escasseava pela carência de trigo. Pareciam pesarosos, tinham ar sombrio e trocavam entre si discretos cumprimentos gestuais, quase silenciosos. Pouco conseguia ouvi-los nos tons sussurrados, mas não demorei a perceber que os relatos entrecortados eram notícias dos combates. Tratava-se dos últimos acontecimentos da Fazenda Batedor, no flanco esquerdo do Túnel, uma posição muito disputada no Setor Norte; os mineiros aderidos ao comando federal forçavam a entrada em terras paulistas já desde a semana anterior.

Preferia não ouvir absolutamente nada, ao mesmo tempo que uma curiosidade mórbida meio doentia me parecia necessária. A fazenda era justamente para onde foram direcionados alguns dos voluntários alistados, como Miguel, que se agregaram ao batalhão formado pelos Caçadores da Força Pública de São Paulo. O pão enroscava na garganta contraída, apressei uns goles de café requentado e horrível que o fizesse descer. Pensei ser aquela bebida amarga o que dera sentido, se sentido ainda houvesse, para a sobrevivência material de meus antepassados, pois seria dela que emprestaria ânimo para suportar a procura de notícias atualizadas sobre Miguel.

Ainda pela manhã me dirigi até a Santa Casa de Misericórdia. Caminhando da padaria até o hospital, ouvia mais fragmentos de conversas, nas esquinas, nos portões, nas janelas coloniais que se abrem diretamente sobre calçadas. Eram restos de frases, exclamações e interrogações, revelando, nas faces desconhecidas de homens e mulheres, feições de surpresa e preocupação. Os comentários caracterizavam a violência dos ataques como *sanguinária*, descreviam ações de combate corpo a corpo até com dentadas, na disputa das trincheiras nos píncaros da serra. Apressava o passo, caminhando horrorizada, mas mantendo o esforço firme da esperança de encontrar Miguel vivo.

A Santa Casa de Cruzeiro já habitava minha memória; revê-la me remeteu a sentimentos imprecisos, misturados de nuances antigas de tristeza e alívio, envoltas em densa apreensão. Não imaginei que um dia ali voltaria, mas lá estava outra vez e de novo acompanhada da angústia das incertezas de quando se espera por milagres. Na entrada, onde na minha lembrança havia uma escadaria branca, encontrei uns poucos degraus. Na sobreposição de antigas lembranças juntou-se o medo, sentimento esse bem conhecido, frio e dolorido, de frente à lista nominal afixada com as baixas do Setor do Túnel. Por ela não era possível identificar quem eram os mortos e quais os feridos.

No prédio do hospital, pela situação de guerra, estava proibida a entrada sem autorização especial. No guichê improvisado de informação me disseram que apenas no período da tarde, após a chegada do trem, a lista dos soldados internados seria atualizada. Fiquei surpresa com tantos internados, especialmente porque ali ficavam apenas os mais graves. A Santa Casa passou a funcionar como retaguarda para muitos outros postos de atendimentos, quase todos improvisados nas cidades do entorno. Os feridos eram trazidos de diversos setores de combate por dois trens: o primeiro recolhia os que estavam distribuídos nos pontos e trincheiras ao longo do leito da Estrada de Ferro Central, desde Engenheiro Passos, Queluz, Vila Queimada até Lavrinhas; o segundo servia os lados do front na direção do Túnel e altos da Serra da Mantiqueira. Era nesse trem que eu deveria esperar naquela tarde que me trouxessem o irmão.

Cruzeiro, um nome que a mim suscitava imagens da fé religiosa católica, a Cruz do sacrifício do nosso Deus ressuscitado, agora se misturava com a denominação do lugar da verdadeira saga da minha família. Foi nessa cidade que 17 anos atrás assisti à cena que me acompanhou por anos, reaparecendo em sonhos agitados, como pesadelos recorrentes. Nela estava meu pai amparando minha mãe, que caminhando com dificuldade tinha a feição contorcida de dor enquanto uma das mãos apoiava sua barriga volumosa. Adentravam lentamente nessa mesma Santa Casa, buscando socorro para o provável parto prematuro desencadeado ainda dentro do trem, mal tínhamos atravessado o escuro do túnel no início da descida da serra. A saia que ela vestia, eu mesma a tinha ajudado escolher para a viagem de nossa mudança, de tom claro com listras mais escuras, fazia sobressair a mancha vermelha de sangue que foi se instalando bem ao meio. Minha memória reteve a mancha de sangue da saia como um sudário, associando as feições do sofrimento de meus pais, sobrepondo sentimentos imprecisos, conectando lembranças de várias camadas de tempos superpostos. A sensação angustiante me remeteu a uma cena de menina quando ainda vivia na casa em Passa Quatro. Nela via a disposição dos móveis do quarto de costura da casa e eu sentada na cadeira alta perto da janela, de onde conseguia costurar sem me distanciar completamente da movimentação externa da rua e da praça em frente. Iniciavam-me nas tarefas próprias de uma menina que em breve seria uma mocinha. Eu me sentia valorizada por participar do espaço das adultas, mas meu tempo de concentração na costura era ainda curto. Ajudava minha mãe na tarefa de reformar roupas para nossa mudança que já estava definida, quando sua gravidez foi confirmada. A saia clara de listras escuras foi alargada no cós e na altura do quadril, precisando ser refeita a costura na barra. Eram muitas as novidades daqueles dias: deixaríamos nossa cidade de Passa Quatro para vivermos em Guaratinguetá ao mesmo tempo que chegaria uma nova criança na família! Seria menino ou menina? Sentiria falta da escola, das colegas, mas me animava a curiosidade em conferir as belas promessas do que encontraria na nova cidade. Meu ser infantil se agitava. No vai e veem do quintal e da porta de entrada para o quarto de costura, inadvertidamente ouvi o tom sussurrado de repreensão de minha avó dirigido à minha mãe. Sem maturidade suficiente para decifrar o diálogo, dele retive apenas o clima pesado de censura e súbita tristeza, transfigurado nas faces silenciadas das duas mulheres pela minha entrada súbita. Minha mãe disfarçava um choro, e a sonoridade da frase interrompida — "uma gravidez indesejada" — permaneceu ressoando... As significações pouco compreendidas se misturaram à angústia dos dias de espera passado ali em Cruzeiro, e fizeram a saia suja de sangue da mãe sobrepor o que suponha ser a dor cantada pela personagem bíblica da Verônica na procissão do enterro do Senhor morto quando mostrava o Santo Sudário. Recebi dura advertência da avó Rita ao dividir com ela a associação das emoções, e só fui perdoada pela blasfêmia cometida após minha confissão com o padre na igreja de Cruzeiro onde fomos juntas nas manhãs. Aos poucos a apreensão na minha cabeça de menina se dissipou, vieram momentos de alegria: minha mãe e meu irmãozinho, este mesmo Miguel, estavam salvos. Despedimo-nos da senhoria da pensão que nos abrigou durante os dias de espera, e nossa viagem de mudança interrompida pôde ser concluída.

Agora a cidade de Cruzeiro se tornara um entroncamento ferroviário estratégico da guerra paulista, e sua estação de trem, o receptáculo dos corpos mutilados que se enfrentavam como feras famintas nos fronts.

As encostas suaves emoldurando as planícies das beiradas do rio Paraíba, as mais belas paisagens do vale, foram transformadas em pontos de guerra, vomitando da terra escavada das trincheiras os corpos joviais mutilados e ensanguentados. O novo cenário me parecia irreal, não tinha como concebê-lo, era inacreditável tamanha irracionalidade. Abominando a ideia da guerra, tinha suplicado inutilmente ao irmão caçula que desistisse do desejo infantil de ser herói; sua frágil razão impregnada de paixão o fez inabalável. Ali gelada e desvairada, de volta à estação, me restava pedir em prece silenciosa que enfim o trem da morte despejasse Miguel vivo.

ANGÚSTIA DE UMA ESPERA

Miguelzinho, nosso caçula da família, foi meu brinquedo vivo. Transferi a ele os cuidados carinhosos que dispensava antes às minhas tão queridas quanto enfeitadas bonecas. Sendo sua única irmã, me vi cumprindo naturalmente, com as sucessivas crises de alheamento da nossa mãe, um papel substitutivo na família como uma espécie de meia-mãe. No intuito de ensiná-lo coisas da vida, com ele aprendi a vida das coisas. Precocemente entendi ser a capacidade de doação afetiva a essência da vida, carente que cresci da amorosidade materna. Vi e vivi em lugares e tempos, entre o sul mineiro e o Vale do Paraíba paulista, cercada e cerceada pelos valores morais conservadores, onde as aparências muitas vezes se sobrepõem à essência. Aqui o tempo da escravatura e do império ainda mantém nos corações e mentalidades seus valores, como se os fogos que iluminaram as festas da chegada do século XX, sendo apenas de artifício, logo se tivessem apagado. Há dias as cidades da região se tornaram sombrias e desde o anúncio de que a guerra irrompera as pessoas se foram. Apressadas em cortejos de carros de boi, charretes, carros a motor, a pé, seguiam com malas, trouxas, canastras, embornais de comida, deixando as cidades quase vazias, como lugares fantasma. Os clarões de então não nos serviam de luz, entorpeciam de terror pelos estrondos que os sucediam, em nada pareciam carregar ideias ou ideais iluministas. Eram os bombardeiros que os aviões vermelhinhos da ditadura nos enviavam. As motivações reais desse conflito ainda eram incompreensíveis, não apenas para mim.

Mantinha com dificuldade o esforço mental para bloquear os maus pensamentos, recitando em silêncio minhas orações. "E se meu irmão não desembarcasse? " Desde muito pequena, tomei o conselho da avó Rita como orientação de vida: nunca me deixar tomar pelos maus pensamentos. Os anjos voam soltos no universo, passam vez por outra sobre nós, humanos e dizem: "Amém". Então, o pensamento presente na mente dessa pessoa pode ser compreendido, na ingenuidade angelical, como um desejo ou um pedido. O poder dos anjos que nos guardam faz materializar em acontecimento o pensamento presente. Um mau pensamento, mesmo que seja moldado pelo medo, pode se tornar uma realidade. Assim, ali, imóvel, queria deixar na minha mente somente os bons pensamentos, como um exercício de espera, para ser ajudada pelos anjos celestiais a salvar Miguel, que se tornara meu anjo na Terra.

Aos poucos a estação vazia foi sendo preenchida por pessoas. Avistei uma movimentação de padiolas e cadeiras de rodas, reconhecendo rostos que encontrara pela manhã no hospital, quando ali fui conferir a lista das primeiras baixas do Setor do Túnel. Em ordem alfabética, a relação de combatentes da 3ª companhia do 3º pelotão trazia na letra "M" apenas o nome de Miguel Ribeiro de Castro Fortes, voluntário, 17 anos, natural de Guaratinguetá, São Paulo.

Não havia mais a probabilidade remota e muito desejada de ser um erro, o nome da lista era de meu irmão. O menino orgulhoso de ser um paulista nascera em janeiro de 1915, e por alguma ironia da vida nessa mesma cidade, Cruzeiro, mas foi registrado como nascido em Guaratinguetá. Foi por vontade de minha mãe, acatada por meu pai, que Miguel foi registrado só quando já era garantida a sua sobrevivência. Seu nascimento aconteceu em condição conturbada, nossa mãe teve o trabalho de parto prematuro desencadeado no percurso de trem durante nossa mudança na descida da serra.

Miguel havia se alistado poucos dias antes, após ter sua maioridade antecipada por autorização do nosso próprio pai. Mesmo sem nenhum entusiasmo e com muita desconfiança da motivação do movimento revolucionário paulista, a insistência e as argumentações do filho o fizeram acolher o que imaginou, a princípio, ser um inocente furor cívico juvenil, sem maiores consequências. Inúteis foram meus apelos contrários.

Os acontecimentos bélicos – de proporções inimagináveis até mesmo para seus líderes – deflagraram uma luta de violência sanguinária nos espaços de combate da divisa entre Minas e São Paulo. Fora dos campos de batata, a luta de ofensas porfiadas se intensificou desde o sábado de 9 de julho. Os mineiros, em questão de poucos dias, se tornaram para muitos paulistas seus inimigos mortais. Meu pai, arrependido pela autorização, adoeceu.

O IRMÃO É MEU, O SOLDADO NÃO?

Ouço o apito breve da locomotiva na curva. Não reconheço a antiga sonoridade. Agora soa seco e hostil, carrega algo de fúnebre. O trem da morte avança para a estação de Cruzeiro, na tarde de 18 de julho de 1932, ecoando em mim uma sensação gélida que se alarga do ventre para os pulmões. Enrijecida, sinto que minhas pernas bambeiam, a respiração parece faltar, amplio a força para puxar o ar pelas narinas, o frio nasal me invade e queima. Temo perder o controle do corpo e cair ali mesmo. Mudo de posição e me escoro na coluna de madeira lateral. Percebo que minha movimentação me tornara visível, apenas intuo que passei a ser observada, sentindo sobre mim os olhares de vários homens fardados que se distribuíam ao longo da plataforma. Tento ampliar a ventilação pulmonar agregando a boca, no esforço de puxar o ar; de tão seca ela faz minha respiração se tornar ruidosa. Outro calafrio fantasmagórico me invade: associo aquela sonoridade de respiração à lembrança do arfar nos momentos finais da vida de meu filhinho Ivo. Foram apenas segundos revistos da memória instalada pela lembrança que carrego como um monumento vivo, de tempos de morte. O ar, ampliado com a respiração ritmada e profunda, repôs o meu controle do corpo, porém não ouvi a voz do soldado que tinha se aproximado. Não compreendia o que ele me perguntava. Percebi a necessidade de uma resposta apenas quando senti que era tocada no braço.

– Senhora, precisa de ajuda para sair ou consegue caminhar sozinha para fora da plataforma? Aqui não é permitida a presença de civis. O espaço está reservado para o desembarque dos feridos e a remoção imediata ao hospital.

O gesto me tocando no braço e o tom autoritário daquele moço me devolveram a consciência. Uma indignação brotada de algum canto da mente me fez retomar as forças.

– Senhor, estou aqui para receber meu irmão, mais um soldado, que foi destacado irresponsavelmente para essa sua guerra, como combatente do Túnel. Está me dizendo que não posso estar aqui?

– Sim, exatamente, as ordens do tempo de guerra são diferentes e rígidas. Esta plataforma está fechada à população civil, ela faz parte do território exclusivo dos combatentes. Caso seu irmão esteja no trem, ele agora pertence ao comando do exército revolucionário. A senhora, por favor, não nos cause problemas, retire-se porque em alguns minutos iniciaremos o reconhecimento dos feridos.

Com tom de voz já alterado, o que habitualmente não teria, fui tomada de uma indignação imensa sem saber ao certo a quem era dirigida. Veio-me como um relâmpago a lembrança da dor dilacerante dos momentos finais quando da perda do meu pequeno Ivo, onde o medo e o pânico diante da morte se misturavam. A força dessa emoção me induzia a reações exacerbadas, até contraditórias, deixei de ser a pessoa educadamente cordata. O que antes me paralisava, me fez reagir como uma fera profundamente machucada na proteção de sua cria. Naquele instante raciocinei, intuí que me firmar sobre a importância dos laços afetivos, proteger meu irmão, era uma âncora que me prendia, devolvendo direção à fragilidade de sentido que a dor no luto nos relega. Desacatei a autoridade do soldado.

– Senhor, pois faça o que sua lei de guerra lhe ordena, eu não sairei da plataforma sem olhar e tocar meu irmão Miguel.

Perplexo com minha resistência, disse:

– A senhora é uma inconsequente, vou lhe dar ordem de prisão!

Muito provavelmente por não saber como providenciar a operacionalidade daquela ordem para a situação, da lei evocada da guerra, e tanto indignado como confuso diante da minha obstinação, ia se afastando com passos pesados.

– Vou buscar reforço.

Enquanto travávamos aquele duelo verbal, sem que nos déssemos conta, outro fardado, um tenente, se aproximava. Sem demonstrar a mesma arrogância autoritária, perguntou:

– Sargento Waldomiro, algum problema?

– Sim, Tenente Felipe, essa senhora teima em não obedecer a ordem de evacuação da plataforma, apesar das minhas explicações de que sua presença, além de proibida, atrapalha a recepção dos feridos.

Sem dar tempo para interpelações, rapidamente gritei para o tenente minha situação, de ser a irmã de um soldado cujo nome pela manhã havia confirmado na lista das baixas do Setor do Túnel, e já me sentindo quase sem forças, enquanto o trem fazia as manobras, não pude conter um choro convulsivo. Com uma atitude diversa do sargento, o tenente buscou contornar a situação.

– Vamos manter a calma. É um momento difícil para todos.

Percebi que o tenente convidava a um diálogo mais amigável do que a ordem de prisão que recebi do sargento.

– Senhora, estamos aqui para salvar vidas. Vamos recolher do comboio os feridos, e quanto mais rápido conseguirmos realizar as remoções para o hospital, maiores serão as chances de sobrevivência e recuperação dos soldados. Muitos devem estar com ferimentos dolorosos, alguns em situações realmente difíceis de serem visualizadas. Então nosso cuidado em fechar a estação à permanência de civis é também para se evitar maiores choques emocionais. Por favor, acalme-se. Assim que tivermos transferidos todos, prestarei à senhora informações sobre o estado de saúde de seu irmão.

Recuperando a possibilidade de articular palavras ainda em mistura com o choro abundante de lágrimas e destilação nasal, tentei replicar:

– Mas que lei de guerra é esta que dá aos senhores o direito do confisco de meu irmão? Praticamente um menino, que espero em Deus e Nossa Senhora poder abraçá-lo e protegê-lo, quero levá-lo para longe desta loucura! — E vou acrescentando frases que me brotam espontaneamente.

– Jamais nosso pai deveria tê-lo autorizado se alistar como voluntário! O pobrezinho ainda foi escalado para cometer crime justamente na terra de nossa gente!

– Senhora, posso entender sua revolta com a situação da revolução e de seu irmão em particular, mas não se trata de confisco. É de se esperar que caiba ao próprio Estado de São Paulo cuidar de seus cidadãos que atenderam ao clamor da luta! Eu quero cumprir com toda a dedicação, e da forma mais competente, o meu papel de médico.

Abaixando o tom e dirigindo-se a mim, enquanto o sargento se movimentava ansioso à espera, o tenente acrescentou:

– Não interprete minhas palavras como uma justificativa quanto à pertinência da luta armada entre os paulistas e o resto na nação, mas o fato inconteste é que estamos em guerra.

Ouço ao longe uma voz que chama em tom de urgência.

– Doutor Felipe, por favor, necessitamos de seus cuidados na porta dianteira do comboio.

Ao mesmo tempo vejo a movimentação de pessoas saindo do trem, esfarrapadas, cambaleantes, algumas macas já com padioleiros se afastando para a saída. Percebendo a situação aflitiva e, tendo recuperado a calma, cedo à solicitação do tenente.

– Senhora, por favor, para o bem de todos, afaste-se da estação para evitarmos mais problemas. Em algumas horas, procure por mim, sou o Tenente Felipe Caronni da equipe médica do Hospital do Sangue. Estou escalado para o plantão noturno e, como prometi, darei à senhora as informações sobre seu irmão, de nome?

– Miguel Ribeiro de Castro Fortes, natural de Guaratinguetá, 17 anos. É um rapaz magro, alto, claro de cabelo castanho. O senhor não me deixaria ao menos acompanhar a saída dele do vagão?

Pousando com suavidade sua mão no meu ombro, fitando com firmeza e certa docilidade em seu olhar esverdeado, concluiu:

– Confie em mim, darei à senhora todas as informações. De antemão posso lhe assegurar que todos os combatentes que estão sendo retirados dos vagões desse trem estão com vida. Recebemos as informações por rádio.

Por algum motivo, as palavras daquele desconhecido, o olhar, sua expressão sincera e segura, fizeram-me acolher sua orientação. Respirei fundo, um tanto aliviada por saber que, na pior das hipóteses, apesar dos riscos de estar com graves ferimentos que teriam motivado sua baixa, Miguelzinho estava vivo.

Afastei-me na direção da saída, sem olhar para trás. Sem saber muito ao certo onde ficar naquela espera, fui me dirigindo à procura da igreja.

A PENSÃO DE DONA NINA

Ainda havia uma luz fraca na tarde brumosa, sentia o dia demasiado longo. Mas, estando em pleno inverno, parecia improvável ser por luminosidade mais duradoura.

No inverno, "os dias curtos com noites longas" necessitam de muitas providências, alardeava minha avó Rita, ainda ao final da primavera. O movimento buliçoso da casa me vinha na lembrança, as recomendações e providências para a chegada da estação do frio. Tinha certa dificuldade em compreender o sentido da movimentação, mas me animava vivenciar a quebra na rotina. Mais tarde pude compreender que as tantas providências de vovó para a temporada de inverno eram trazidas de sua vivência de um mundo sem eletricidade, quando os dias sazonais encurtados de luz demandavam cuidados. Mesmo dispondo na nossa casa em Passa Quatro de eletricidade, trago da infância questão com a temporalidade dos dias. Desenvolvi em certo período a percepção de que em alguns dias, independente da estação do ano, as horas se alargavam. E, naquele 18 de julho, voltou-me a sensação que parecia ser uma segunda-feira de horas alargadas.

Na minha antiga suspeita eram os minutos alongados que resultavam no alargamento das horas, observável especialmente quando recebia a recomendação da vovó Rita para tomar conta direitinho do tempo do cozimento dos ovos de "três minutos". Não eram dois nem poderiam ser quatro minutos! Depois que a água do canecão começasse a pular, deveria esperar três minutos, e retirá-los com muito cuidado da vasilha. O ovo deveria ter a clara endurecida com gema mole, em consistência adequada para que escorresse sobre o pão aquecido na chapa do fogão. Em voz alta, eu ia contando os segundos até sessenta no intuito de conferir a precisão de cada minuto. Corria entre a cozinha e a sala, assim que a água iniciava a fervura, de olho no fogão de lenha ao mesmo tempo que de olho no ritmo do ponteiro grande do relógio. Supunha haver um conluio entre os objetos vizinhos na parede da sala, o velho relógio-cuco e o retrato oval do avô. Queria flagrar a ação deliberada entre eles. Na fotografia o olhar do vovô me acompanhava, e há tempos eu supunha ser ele o responsável por alargar a hora. Na casa da avó Rita, viúva, nossos mortos participavam da vida dos vivos, o que me fazia suspeitar do poder daquele olhar do retrato. O ponteiro grande titubeava, em uma paradinha ligeira, como um enrosco entre o tique e o taque habitual. O resultado no alargamento de cada minuto resultava como consequência uma hora esticada. Minha tensão se ampliava quando calhava de ouvir meu nome sendo chamado no portão. Em geral era minha amiguinha Clara me aguardando para subirmos juntas a ladeira até o salão da sacristia da igreja matriz para o catecismo.

Com tais reminiscências saí da estação de trem. Recordá-las aliviava o pesar por não ter nem ao menos avistado, de longe que fosse, Miguelzinho. Consenti em me retirar porque depositei confiança na promessa feita pelo médico tenente. Não seria proveitoso agora ficar me remoendo com dúvidas. Precisava sim me firmar na confiança de que teria notícias em poucas horas, no mais tardar no início da noite, quando eles tivessem recolhido todos os feridos do trem ao hospital. Afinal havia recebido uma palavra empenhada! Meus passos em desalinho com os pensamentos que pareciam nuvens em prenúncio de tempestade e corriam a esmo;

precisava me acalmar e admitir o inusitado da situação. Nos tempos de guerra, os fardados de cáqui eram a nova lei!

No caminho, já um pouco afastada da estação, tentando conter o fluxo acelerado e disperso da mente sentia sensações mescladas, a crueza da situação presente com a suavidade de boas lembranças passadas. E, antes mesmo de encontrar a igreja que buscava, reconheci o casarão térreo da Pensão Bandeirante. Fora ali onde nos hospedamos, anos atrás, no aguardo do desfecho do parto prematuro de minha mãe quando deu à luz exatamente esse irmão caçula Miguel. Hesitei na porta procurando com o olhar alguma característica que me fizesse reconhecer com mais certeza o local. Avistei as charretes acomodadas em uma entrada lateral. Traziam o nome da pensão com pintura em cores vivas entremeando flores e pedras preciosas. Lembrei-me que desde antes não havia entendido a motivação das pinturas um tanto exóticas da charrete, mesmo sendo apenas o reclame, ou uma propaganda no dizer mais atual. Flores exóticas coloridas e pedras preciosas para relacionar ao nome "bandeirante" da pensão, eram sem dúvida mais atraentes que índios acorrentados, como feitos notáveis de desbravadores de sertões. As charretes em tempos de paz, se destinavam a influenciar a escolha do viajante recém-chegado, ainda na estação de trem, pela Pensão Bandeirante, cujo deslocamento com a bagagem seria gratuito.

Entrei sem muita certeza do que buscava, estava meio sem graça. Numa espécie de balcão lateral vi uma senhora arrumando flores em um vaso colorido, não demorei a perceber se tratar da proprietária, uma simpática portuguesa. Dona Nina não me reconheceu a princípio; talvez eu tivesse mudado mais que ela nos últimos dezessete anos. Enquanto relembrava a verdadeira saga da minha família ali vivida no início de 1915, notava sua expressão de surpresa dando lugar à de reconhecimento. Havia sido muito especial o acolhimento recebido durante nossa hospedagem, ali ficamos à espera dos acontecimentos, até o dia de ver chegar o embrulhinho no cueiro, Miguelzinho, nos braços de mamãe.

Dona Nina me brindou com um sorriso afável. Reconheci sua cordialidade, ela buscava agregar à minha narrativa, detalhes aos fatos dos quais eu própria não tinha mais lembrança. Ao final a atualizei acerca das motivações que me traziam de volta à Cruzeiro, e recebi seu abraço. A ternura brotada pelo gesto da senhora da pensão conseguiu abrandar um pouco minha inquietação. Com naturalidade acolhi seu convite: queria que eu a acompanhasse no seu ritual do chá, servindo-me camomila com sequilhos de araruta. Juntas pensamos na conveniência de ali pernoitar, caso estivesse de volta do hospital distante poucas quadras. Descansei no senso prático, não havia sequer me preocupado como viveria as próximas horas. Suas palavras me soavam suaves no seu indefectível sotaque, eram de conforto e de estímulo ao exercício da paciência.

– Oh! Querida menina, sei que na tua idade a paciência ainda não é uma virtude.

E com ar risonho, olhando para minhas mãos, acrescentou:

– Mas vejo que pela aliança na tua mão esquerda já ser a Sra. Manuela, e não mais a senhorita. Estou certa?

– Sim, senhora, Dona Nina – respondi engolindo o líquido aquecido. Pela primeira vez em muitos dias, desfrutava de um ligeiro aconchego, naquele ambiente revisitado.

– Senhora Manuela, por falarmos em mãos, quero acreditar que foi a mão da Divina Providência que a guiou de volta até aqui, após tantos anos. Acredite, nada é apenas coincidência, justamente vieste a estar cá conosco nesta horinha.

Dona Nina parecia estar prestes a me revelar algo. Coloquei a xícara sobre o aparador próximo, atendendo intuitivamente a sua indicação para acompanhá-la.

– Todas as tardes eu e meu marido Nico recebemos a visita do doutor Alberico Nepomuceno – disse ela, indicando-me o salão contíguo à entrada, para onde fomos nos dirigindo. Estava sem entender muito bem onde aquela conversa nos levaria.

Avistei dois senhores acomodados em cadeiras de madeira com braço, no canto lateral do vasto salão. Aos poucos foram me voltando à mente cenas ali vividas na companhia de meu pai, da Dita, de minha avó Rita e de Maurício, meu outro irmão, ainda menino. Estava no local onde as refeições da pensão eram servidas. Supus que o senhor de aparência mais envelhecida era o doutor Alberico, pois o outro reconheci ser o esposo de Dona Nina.

O velho médico era um conceituado e ilustre profissional da cidade, já afastado das atividades após um longo tempo do exercício da clínica. Mantinha ainda na fala um tom firme, sendo ao mesmo tempo delicado e claro, transparecendo a generosidade própria de almas iluminadas, o que a velhice, às vezes, acentua. Contou-me que na sua rotina vespertina incluiu na caminhada uma parada obrigatória na Pensão Bandeirante, onde se atualizavam com trocas de informações.

– Então, dona Manuela, quase toda tarde, porto aqui para um dedinho de boa prosa com os amigos da terrinha! Mas olha, há dias só tratamos do único assunto possível, a guerra paulista! – Dizia em voz mansa. – Quem poderia supor? Aí está, nada a mais, nada a menos.... Eu precisava ver ainda uma guerra na minha vida?

Com olhar vivo e atento ouviu meu relato sobre o que me trazia a Cruzeiro:

– Desde o domingo pela manhã soubemos em Guaratinguetá, de forma muito vaga, que Miguel possivelmente estivesse ferido. Consegui uma condução e vim pessoalmente tentar obter notícias mais precisas, e encontrei seu nome na primeira lista das baixas do Setor do Túnel. Ele, que se alistou voluntariamente, como soldado constitucionalista, ainda com 17 anos.

O doutor Alberico pausadamente foi acrescentando palavras, buscava tipificar a situação, me apontando a necessidade de ser muito sensata, contendo a espécie de nervosismo circular em que me encontrava. Com delicada habilidade me fez concluir ser aquele estado de ânimo improdutivo. Eu necessitava me recolocar em outra disposição, certamente também em luta, mas não como os soldados, uma peleja interna, comigo mesma.

– Ouça, minha filha, a revolução invadiu por inteiro a nossa existência, de um dia para o outro, sem nos pedir licença. Ela nos obriga a uma nova disposição para a vida, rompendo por completo nossa referência de normalidade. Agora é inútil tentar agir e pensar como antes, no nosso habitual quadro de costumes. Saiba que a perplexidade de interrogarmos o futuro só aumenta mais a nossa ansiedade. Tenha cuidado com ela! – Aconselhou.

Contive as lágrimas para não o interromper. Precisava assumir, de fato, uma nova postura capaz de dar consequência à intenção de resgate de meu irmão. Afinal fui eu, a filha e irmã, a mulher da família, quem saiu para tentar interromper o que considerei, desde o início, uma tresloucada aventura infantil de Miguel, com risco terrível de ser mortífera. Prosseguia o velho senhor:

– Nosso dia a dia precisa ser agora temperado por um sentido prático. A busca de resolução deve ser para cada um dos problemas com maior objetividade possível, com foco no momento presente – falou em tom professoral, pondo-se a fazer uma longa explicação.

A antiga Santa Casa de Cruzeiro, desde o último sábado dia 16, com a chegada das equipes da Faculdade de Medicina da capital, foi reorganizada para abrigar a retaguarda médica de toda a operação de guerra do setor Norte. O doutor Alberico foi chamado para ajudar na adaptação, e mesmo sendo radicalmente contra a guerra ou qualquer conflito armado, emprestou seu conhecimento por ter atuado ali como médico clínico e também como parteiro e cirurgião, por quase meio século.

Aproximando os óculos para o alto do nariz, com um ligeiro pigarro, ele continuava sua explanação.

– O esquema montado será mais ou menos assim – e foi pausadamente fazendo sua explanação.

Os feridos seriam recolhidos pelo serviço de evacuação, formado pelos trens da Estrada de Ferro Central, antiga Dom Pedro II, e pela Rede Mineira. A cidade de Cruzeiro, na explicação do médico, só passou a ter a atual localização quando conheceu sua expansão, ligada à ferrovia, por ser um importante entroncamento ferroviário. A origem do que veio a constituir a cidade consistia em uma vila no alto da serra, lá junto à Garganta do Embaú onde os antigos tropeiros, desde o ciclo do ouro nas Minas Gerais, paravam para reabastecer e tratar dos seus animais. Foi a inauguração da importante obra arquitetônica ferroviária, o túnel criado pelo Imperador Dom Pedro II, sempre muito querido na região, que impulsionou a dinâmica do deslocamento do antigo povoamento.

Cada vez que ouvia a palavra "túnel" sentia minha pulsação acelerar, esforçando-me para me manter atenta. As explicações do velho médico eram precisas, ele demonstrava estar muito informado. Além dos trens, o serviço de remoção dos feridos também estava se dando por ambulâncias da Cruz Vermelha vindas de São Paulo, especialmente para as linhas de resistência militar, distantes da malha das ferrovias. Outras unidades de assistência estavam sendo montadas como retaguarda nas várias cidades do Vale do Paraíba paulista. Algumas eram adequações nas próprias Santas Casas; outras funcionavam em escolas voltadas para abrigar soldados com ferimentos mais leves, ou os já em fase de recuperação. A garantia principal para o bom funcionamento da assistência médica era a de impedir a saturação na ocupação dos leitos do Hospital do Sangue.

– Em Guaratinguetá, na sua cidade, além da Santa Casa soube que na Associação Comercial está sendo organizada a Casa do

Soldado, que fica na esquina da rua do Mercado, aliás, onde pousou o Dom Pedro I antes de sair com sua comitiva para as margens do Ipiranga. O doutor, fitando-me com certo ar, como se sua citação o rejuvenescesse, retomou:

– Mas ali há de ser para cuidados de enfermagem leves, como a troca de curativos e outros serviços de apoio. Muitos desses postos ainda estão em fase de organização, no aguardo do andamento dessa guerra imprevidente que já completa dez dias, não é? – disse, pigarreando levemente.

– Bem, mas o que interessa para a senhora nesse momento é saber que o funcionamento do Hospital do Sangue daqui de Cruzeiro conta com uma equipe médica de primeiríssima ordem. Vieram professores de prestígio da Faculdade de Medicina da capital, considerados os melhores cirurgiões do nosso estado, e uma equipe de auxiliares muito experiente. Nessa reorganização da Santa Casa foram viabilizados 65 leitos e duas salas cirúrgicas, para ser o centro de operação da assistência médica aos feridos. Até agora distribuíram os leitos em 2 enfermarias maiores e 5 menores. Não sei bem como fizeram a separação. Disseram-me que não podem só considerar a gravidade dos ferimentos, precisam apartar também os leitos pela patente militar do paciente. Dei minha opinião pessoal, é verdade que sem experiência de medicina de guerra, mas me parece desnecessária essa hierarquia na ocupação das enfermarias – acrescentou o médico.

Dona Nina, percebendo que minha atenção já flutuava, sugeriu que fôssemos juntas ver o quarto que seria adaptado para minha permanência ali, pois a pensão estava lotada justamente pelos viajantes que vieram de São Paulo para o trabalho no hospital.

Já um tanto aflita pela chegada do anoitecer, apressei minha saída atrás das notícias de Miguel, não sem antes agradecer muito a atenção do doutor Alberico.

– Caso tu prefiras, menina, posso acompanhar-te, não me demoro, só preciso mesmo apanhar um casaco mais pesado para o frio da noite. Assim tu não vais só até a Santa Casa, ou melhor, ao Hospital do Sangue, como acabamos de aprender, não é?

Agradeci muito por seus cuidados, mas diante da minha convicção de preferir ir sozinha com minhas orações ela não insistiu. Minimamente recomposta para mais uma etapa da difícil missão daquele longo dia, saí com as bênçãos da velha senhora.

CONCUSSÃO?

Duas décadas me separavam da sensação de horas alargadas da meninice. Voltava a senti-la, mas agora contida com uma sufocante angústia, vigiava o movimento do ponteiro pequeno encostar no número sete e o grande no doze. Adentrei às dezenove horas da noite de 18 de julho, pela segunda vez naquele longo dia, na Santa Casa. O guichê onde havia conferido o nome dos soldados em baixa estava cerrado. Fui caminhando com vagar à procura de alguma orientação que me levasse até o tenente Felipe. A cada passo sentia a pulsação acelerada. Rígida, fui avançando no largo corredor, evitando mover o olhar lateralmente para dentro das enfermarias, com medo de me deparar com corpos mutilados. Pelo som que vinha do interior desses aposentos, podia mais intuir o sentido da movimentação do que exatamente ver. Nos leitos enfileirados lado a lado percebia a presença de combatentes deitados e de pessoas que circulavam por entre as camas. As vestes brancas longas das freiras se destacavam com seus passos cadenciados quase abafados entre ruídos metálicos, poucas vozes, alguns gemidos. Não fazia ideia do que seria uma Santa Casa adaptada à guerra com o nome de Hospital do Sangue, um adjetivo que piorava minha impressão de ambiente funesto.

Quando criança havia presenciado um corre-corre em casa devido a uma bacia de água fervente que caiu sobre minha mãe no preparo do banho do irmãozinho Maurício. Guardei desse acontecimento uma espécie de mal-estar assombrado. Crescida, compreendi que a sensação de medo ao me deparar com pessoas envoltas em ataduras, engessadas ou com grandes curativos, mobilizava em mim sinais de um verdadeiro trauma. Na infância, chorava, corria mudando de calçada ao avistar uma pessoa enfaixada; adolescente, rezava, agora ainda instintivamente evitava o olhar direto. Com o passar do tempo me civilizei. Fui repreendida muitas vezes por vovó, quando os leprosos, sempre enfaixados, chegavam à nossa porta. Eu corria a me esconder no fundo do quintal. Era impossível explicar que o meu pânico se devia às ataduras, quando não conhecia ainda o triste estigma da moléstia.

Para a missão que me trazia ao hospital, era inevitável buscar com o olhar alguém que me orientasse. Onde encontraria o médico que me prometera notícias de Miguel? Enquanto avançava com passos cuidadosos fui idealizando uma cena para o encontro com meu irmão. Com o mesmo propósito de que forças celestes, aquelas capazes de converterem um pensamento impregnado de forte desejo em realidade, passassem dizendo "amém". No meu pensamento formei o desejo de encontrar Miguel recuperado. Ele estaria placidamente recostado no leito e quando me visse levantaria seu olhar, não o de jovem rebelde, mas o anterior, com a suavidade do menino de cílios longos, sorrindo, e me diria: "Olá, mana Manu, que boa surpresa!".

Meu pensamento foi interrompido.

– Boa noite, senhora. Parece que nossos caminhos voltaram a se cruzar em mais uma situação desagradável. Aqui também não é permitida a permanência de civis estranhos ao quadro das equipes médicas e de seus auxiliares. Mais uma vez peço que se retire.

Com a paciência que me propus exercitar, e no limite de minha inquietação, respondi:

– Boa noite, senhor sargento Waldomiro. Vejo que cuida muito bem de suas funções de guardião dos lugares. Cumprimento pela eficiência.

– Senhora, minha função é de encarregado do movimento desse hospital.

– Sim, mas fui orientada pelo próprio médico para aqui estar. Como o senhor há de se lembrar, graças à sua atuação diligente para me retirar à força da estação, felizmente pude conhecer o doutor Felipe. Agradeço muito, ao senhor, por isso.

Com um esforço imenso para manter a falsa aparência de calma, continuei.

– Caso o senhor ache mais conveniente, posso esperar na parte de fora, apenas peço a gentileza de que faça chegar a notificação de minha presença até ele. O nome do tenente médico é doutor Felipe, não é? Posso garantir ao senhor, sargento, que estou cumprindo ordens do seu tenente. Não compreendo muito bem os dispositivos da hierarquia militar, mas sei o quanto os senhores são respeitosos a ela, não é mesmo?

Fui retornando na direção da entrada do corredor, enquanto tentava decifrar a expressão de estranheza na face do sargento. Acrescentei:

– Onde eu poderia esperar pelas notícias do soldado constitucionalista, meu irmão, ferido e recolhido aqui?

Mal acabei de pronunciar a frase, ouvi o ranger da porta que se abria a alguns passos adiante de onde travávamos mais um duelo verbal. Observei o breve gesto de continência que o sargento dirigiu ao tenente que se aproximava.

– Boa noite, senhora. Obrigado pelo suporte, sargento, queira por obséquio conduzi-la até a sala do diretor, a que está ocupada pelo comandante doutor Corrêa. Vou recebê-la ali em poucos minutos, senhora. Apenas vou encaminhar alguns procedimentos de desinfecção junto à enfermagem. Peço que me aguarde.

Sentindo o coração bater na boca, mais uma vez me recompus e segui com passos curtos, para não demonstrar minha hesitação e pânico, o andar duro e largo do sargento que me conduzia até o fim do corredor. Viramos para a esquerda e paramos defronte da última porta. Com ela aberta, tateou a mão na lateral da parede em busca do interruptor da luz. O recinto se iluminou com uma claridade amarelada. Pude sem dificuldade ver que se tratava de uma sala arranjada como um escritório. Adiante, uma pesada mesa do tipo escrivaninha com uma cadeira de espaldar alto ao centro, ladeada por móveis de madeira escura. Num dos cantos uma estante com vidro repleta de livros, no outro uma maca, e do outro lado cadeiras dispostas. Um tapete bastante gasto contrastava com uma bonita peça de aparador de chapéus. Sem pronunciar nenhuma palavra, o sargento apenas me apontou uma das cadeiras, fez uma curva brusca sobre o próprio corpo e se retirou, fechando a porta.

Não sei precisar o tempo de espera, era um dia completamente desregulado no meu espaço-tempo. No entanto, minha mente se mantinha alerta, em permanente expectativa. Como encontraria Miguel?

– Senhora, peço desculpas por fazê-la esperar.

O médico se dirigiu ao centro da mesa, ocupando a cadeira de espaldar mais alto, estávamos frente a frente. A mim ainda era estranho ver um médico vestido com roupa de militar, a farda cáqui encoberta pelo avental branco.

– Então, doutor, confesso que já não tenho mais forças para conter minha expectativa e angústia. Agradeço sua disposição.

– Desculpe, senhora...? Não fomos ainda apresentados formalmente. Sou doutor Felipe Caronni, médico, aqui assistente do comando, como primeiro-tenente.

– Manuela Castro Fortes de Alvarenga Mello, respondi rapidamente, acolhendo em cumprimento a mão branca de dedos longos, estendida por sobre a mesa.

– Pois bem, já tenho notícias de seu irmão. A primeira é que está vivo.

Sem conseguir esperar maiores informações, desabei em choro. Parecia brotar do fundo de meu ser e não conseguia mais conter os soluços que se sobrepunham. Envergonhada, buscando o lenço na bolsa, era a segunda vez que o médico me via com o nariz escorrendo. Notei que ele se levantou e se dirigia até mim, em silêncio, aguardando que me acalmasse.

Fiquei mais confortável na nova posição em que ele se dispôs na lateral, preferia não ser olhada frontalmente. Aos poucos consegui conter meu descontrole. Aceitei o copo de água oferecido pelo médico, embora não fizesse ideia de onde pudesse ter saído, e meu pedido de desculpas pôde sair audível.

– Dona Manuela, ouça, não cabe pedir desculpas a mim. Posso compreender perfeitamente sua dor e sensação de desamparo. Acalme-se para que possamos conversar. Preciso de algumas informações sobre o seu jovem, e seguramente valente, irmão Miguel.

Aquelas palavras me fizeram retornar à realidade. Precisava não apenas parecer, precisava assumir de fato uma postura firme. Veio à mente o conselho que recebi do doutor Alberico na sua longa pregação no refeitório da pensão. Adotar uma atitude não contemplativa ou desesperada, mas ativa, capaz de compreender em cada situação qual o problema central, seu foco, para resolver ou tentar encaminhar uma resolução com objetividade prática.

– Miguel está vivo! Pela graça da misericórdia divina! – Exclamei. – Então, doutor, mas como ele está, foi ferido onde? Com que gravidade?

– Dona Manuela, como afirmei, seu irmão está vivo, respirando, sem grave lesão corporal visível. Ele tem um ferimento no braço direito, provavelmente por projétil de arma ou um estilhaço de granada, não foi possível definir, vamos adiar qualquer intervenção cirúrgica até que retome.

– Desculpe, não compreendi. "Retome" ...?

– Sim, para qualquer outra intervenção vamos aguardar que retome a consciência. Seu irmão chegou desacordado e se mantém assim. Vamos aguardar a evolução do quadro, aparentemente não se trata de um coma profundo, pois ele mantém sinais reativos à luz, nas pupilas. A conduta agora será aguardar, fazendo a observação constante dos sinais vitais, sonda vesical e hidratação por soro venoso.

Senti que meu corpo mais uma vez fraquejava. Amparei a cabeça sobre os braços e os apoiei na mesa. Não tinha plena compreensão do que estava sendo dito, apesar de suspeitar da gravidade por aquelas palavras um tanto estranhas.

– Dona Manuela, preciso que a senhora seja forte para me ajudar a cuidar dele.

Recompondo-me, voltei à posição sentada e me estendi com as costas eretas. Respondi como um autômato. Naquele exato instante brotava na minha consciência uma luz: eu poderia ser uma dupla Manuela, assumindo com autocontrole minha cisão. Uma continuaria a chorar a dor e a infelicidade que vinha se acumulando há muitos meses, agora piorada pela situação de Miguel. A outra pensaria e falaria por uma racionalidade forçada, mesmo que artificial, prontificando-se a encaminhar uma resolução ao problema, de forma prática e objetiva. A voz do doutor Alberico me ressoava. Faria de tudo para ajudar a devolver a outra metade da vida ao meu irmão. De algum lugar da minha anatomia uma força se expressou através de minha garganta. Falei firme e resoluta:

– Sim, doutor Felipe, estarei aqui sempre ao lado dele, ajudando o senhor no que for preciso. Antes de responder as perguntas às quais o senhor fez menção, poderia vê-lo primeiro? Acho que isso me faria entender melhor.

Minha emoção estava tomada pela situação particular do Miguel, mas não contive um comentário sobre o cenário geral:

– Como entender um tempo em que brasileiros são convocados para matar outros brasileiros em nome sabe-se lá do quê? Minha razão não consegue acessar. Miguel, um menino amoroso, filho e irmão de mineiros, com incontáveis boas qualidades e experiências afetivas, de convívio, de festas, dos encontros das férias escolares na nossa terra Passa Quatro, ali do lado de lá da montanha. De repente esse adolescente vira um soldado, é armado e instado a atirar e destruir pessoas, nos arredores de onde esteve há pouco brincando, vivendo na sua infância! O que deve ter sentido o coração desse adolescente? E agora em coma!

– Por isso mesmo é necessário que a senhora se prepare para o que encontrará. Seu irmão está sem comunicação, não fala, não se movimenta, mas está íntegro de corpo, apenas com ataduras em um dos braços e com soro aplicado no outro. Está pronta para irmos até a enfermaria?

– Sim, senhor – e me pus em pé.

Com delicadeza recusei com um gesto o apoio da mão que me segurou levemente no braço. Caminhamos de volta pelo corredor principal e nos dirigimos até a porta do quarto de onde minutos antes o vira sair enquanto estava às voltas com as recusas do sargento. Com a respiração curta e rápida, o coração em disparada, suando frio nas mãos, pude enfim ver o rosto tão familiar e querido.

Sim, aquele corpo jovem, esguio, coberto até o peito com lençol alvo, de olhos semicerrados, com respiração calma e ritmada, sem expressão definida, era meu Miguelzinho. Tocando uma de suas mãos senti que estava fria. Sem saber quanto era possível apertá-la, beijei sua testa me inclinando sobre seu corpo. Assim fiquei por uns instantes, enquanto consumia as últimas reservas de energia na minha prece, para que fosse capaz de ser apreendida pelos anjos, santos e Nossa Senhora das Graças. Sentia que de seu corpo, do arfar do seu peito, brotava um calor.

Mais uma vez me socorria aos céus, na certeza de que na Terra a vida havia se tornado ingovernável e absurda. Meu irmão caçula era mais uma vítima da ação destruidora da guerra, seu futuro ameaçado sem garantia de sobrevivência, sua mocidade esfacelada!... Sentia que meu limite de suportar estava se esvaindo. Necessitava de alguma força extra. Em mais um flash de consciência um propósito ali se esclarecia. Minha resistência viria do suporte que daria para Miguel se recuperar. Essa seria a tarefa incansável dos meus dias, um sentido novo para minha vida: impedir a morte do meu irmão, o que não conseguira para com meu pequeno filho! Fui trazida outra vez à realidade pela voz do médico.

– Muito obrigado, dona Manuela, agiu bem ao conter suas emoções. Ainda que Miguel não fale conosco, pode estar de alguma forma nos escutando, assim cenas de aflição e choro ao lado dele são desaconselháveis. Queria mostrar onde estão os pertences que estavam com ele quando o recolhemos no trem pela tarde, como a senhora foi informada que faríamos. Estão neste armário ali atrás – apontou para a pequena peça de madeira. – Ali, entre outros objetos, há o capacete de aço, que certamente foi o que o salvou da morte. Há nele um sinal do possível estilhaço marcando sua superfície; ele deve ter ricocheteado assim que o atingiu. Muito provavelmente deve ter sido outro projétil que acarretou o ferimento do braço. Aqui no hospital felizmente pudemos fazer um raio X e constatamos que não há nenhuma grande fratura na extensão do úmero, o osso do braço. O sangramento deve ter sido contido, antes mesmo da remoção dos estilhaços, e isso foi feito com muita competência por quem o executou, imagino que em condições muito adversas, talvez na própria trincheira. Ainda não temos como saber mais detalhes. Mas Miguel está vivo, a despeito de tudo o que possa ter presenciado e sentido no calor da luta. Essas circunstâncias afetivas que a senhora relatou por certo agregam um componente emocional significativo para o estado atual de sua inconsciência. Para sua recuperação a partir de agora serão necessários muito empenho e cuidados. O ideal é movê-lo o menos possível e aguardar a diminuição de seu edema cerebral. Queria saber da senhora se Miguel já teve alguma doença grave, como foi sua infância do ponto de vista de seu crescimento e desenvolvimento. Teve algum vez ataque do tipo epilético?

– Nada disso doutor, sempre gozou de ótima saúde, mas não seria melhor transferi-lo para um hospital de maior recurso?

– Dona Manuela, estamos em guerra, não há lugar de maior recurso médico possível. O Estado está cercado, não há a menor condição de transferência para a capital. Ficar aqui será o melhor para ele. Esperamos que seu estado de coma seja transitório. Quer dizer – corrigiu, tentando ser mais brando na sua descrição médica –, desculpe, melhor dizendo, seu estado de inconsciência.

– Ouça – continuou – tanto pela minha experiência médica quanto pela literatura disponível há possibilidade de haver regressão desse quadro clínico.

– Em quanto tempo, doutor?

– Nada pode ser afirmado com certeza. Em medicina cada caso é um caso. O trauma craniano sem perfuração externa de Miguel é o que chamamos de concussão.

– Como? Contusão? – Perguntei rapidamente.

– Concussão. Isso acontece quando o próprio cérebro se choca contra o crânio. No caso do Miguel, foi causado possivelmente por um violento trauma externo que foi contido pelo capacete. Nós não temos, no Brasil, muita experiência em medicina de guerra. O conflito atual será, infelizmente, um marco para a nossa medicina – acrescentou com ar professoral. – Mais uma vez, apesar de tudo, afirmo que seu irmão Miguel tem uma dupla sorte.

O doutor Felipe prosseguia sua tese, o que me soava um tanto confusa: como afirmar boa sorte para alguém em coma?

No seu argumento, além do capacete de aço que absorveu parte do grande choque de uma explosão, a outra sorte era a de ser cuidado por uma equipe da Faculdade de Medicina vinda de São Paulo, muito qualificada, que tinha assumido a coordenação daquele hospital do sangue. O major doutor Corrêa, o comandante dali, já havia se comunicado via rádio com o doutor Montenegro, que era o responsável pelo outro hospital de guerra, montado no Setor Sul pelos organizadores da guerra paulista, adaptado no grupo escolar da cidade de Capão Bonito. Esse doutor Montenegro era um dos poucos médicos com experiência acumulada em medicina de guerra: atuara na Grande Guerra na Europa, em 1918 na França. Foi chefe de serviço como tenente-coronel no Hospital Brasileiro de Paris, destinado exclusivamente aos soldados. Casos de concussão, como o que Miguel apresentava, são raros, mas não em situações de guerra, concluía o doutor Felipe.

– Suas explicações, se não me consolam, pelo menos me acalmam um pouco, agradeço o cuidado. Porém, percebi que aqui não há acomodação para o acompanhante, é isso mesmo?

– Sim, a senhora é uma boa observadora. Como o hospital agora faz parte das operações de guerra, é um lugar com as mesmas orientações e disciplinas próprias das ocupações militares. Esse quarto adaptado é nossa enfermaria menor; teremos aqui apenas dois leitos, para os casos de coma. Não é possível a permanência de acompanhante civil.

– Então, mais uma vez, os senhores estão confiscando meu irmão?

– Por favor, dona Manuela, vamos ser razoáveis, seu termo "confiscar" está mal-empregado. Seu irmão, tornado soldado, foi ferido. Penso que mais cruel seria ele ser devolvido à família nessa condição clínica. Ao Estado, nesse caso, ao governo que instituiu o estado de guerra, cabe minimamente a obrigação de cuidar do cidadão que acolheu seu chamado, dispensando cuidados de assistência médica, com prioridade. – Ele fixava seu olhar sobre o meu, sem hostilidade, mas firme.

Mudando o tom e sendo mais conciliatório, concluiu:

– A prioridade no cuidado do soldado se dará inclusive diante de possíveis ocorrências em civis, caso haja bombardeios nas cidades. Ainda é cedo para sabermos quando e como a guerra se desenvolverá.

– Uso o termo "confiscar", doutor, porque penso que esse "chamado do Estado", essa convocação pró luta armada, seja uma propaganda ardilosa, uma desumanidade. Ela apodera a mente dos jovens, roubando-lhes o pouco bom senso que ainda nem bem chegaram a formar.

As mensagens da propaganda da guerra paulista falam de um dever, verdadeiros apelos de natureza moral. Havia encontrado sobre a mesa de Miguelzinho um cartaz, parte dessa imensa máquina de propaganda, trazendo a imagem de um soldado portando a bandeira de São Paulo como uma arma apontada para frente, com os dizeres mais ou menos assim: "Avante: cada paulista válido é um soldado".

– Este menino em coma aqui na nossa frente, doutor, nasceu ironicamente aqui, nesta Santa Casa, nosso caçula, o único da família registrado como um paulista. Ao se afirmar como um paulista válido, acolhendo o apelo do Estado, poderá vir a ser um inválido! É justo cobrar isso de um adolescente?

Não sentia mais vontade de chorar, estava indignada. O alistamento voluntário de Miguel precisava ter sido mais cuidadosamente debatido no nosso âmbito familiar. Deveríamos ter prestado mais atenção na sua real motivação. Mas era tarde demais.

Pensava também no nosso pai, imaginando sua dor de remorso ao ter concedido a autorização para seu filho ser emancipado – para agora encontrá-lo naquela situação!

– Desculpe, dona Manuela, como médico arregimentado para atuar na guerra, mesmo sendo civil, aqui sou um tenente. Como tal estou submetido a duplo compromisso ético: o original integrante dos valores da medicina no juramento de Hipócrates e agora aos regramentos militares. Não posso discutir minhas convicções pessoais sobre a luta armada paulista, suas motivações ou seus propósitos. Vamos nos pôr em acordo ao que seja o melhor à recuperação do meu paciente, no caso seu irmão Miguel, em tempos de guerra.

Entendi que o médico não podia emitir seu ajuizamento sobre a guerra, e imediatamente ressoou já como parte de minha própria consciência a voz do doutor Alberico, como se um anjo da guarda fosse "resolver situacionalmente com objetividade prática cada problema".

– Então, doutor Felipe, dirijo-me agora ao médico e ao tenente e lhe indago: como poderei acompanhar de perto meu irmão? Como faço para poder viver esse tempo de espera com tantas dúvidas me corroendo: se, quando e como Miguel vai acordar? Quando isso acontecer, preciso estar perto. Confesso ao senhor, é mais que um desejo, isso passou a ser o sentido da minha própria existência. Perdi há pouco mais de um ano um filho, não sobrevivo a mais uma perda familiar. Preciso olhar nos olhos dele, necessito me preparar para desenvolver a capacidade de fazê-lo valorizar os afetos, ter compaixão, caridade e amor ao próximo. Uma propaganda alarmista clamando pela consciência cívica, que autoriza a matar um irmão, descumprindo o primeiro dos dez mandamentos da Lei de Deus: não matar! Não se pode, não há sentido cristão em se sentir autorizado a matar, por mais que os padres abençoem as tropas!

O médico me interrompeu.

– Dona Manuela, para estar ao lado de seu irmão aqui, até onde eu consigo imaginar, isso só poderia acontecer se a senhora se tornasse uma componente da nossa equipe profissional. Digo isso pela percepção, talvez mais uma intuição, trazida pela nossa breve conversa. Suponho que a senhora possua bom discernimento das situações, vejo pelo linguajar que tem formação escolar formal e principalmente pela sua firmeza de propósitos emoldurados pela sua fé católica. Acertei?

– Sim, doutor, sou uma fervorosa católica, ainda que tenha algumas poucas diferenças com a igreja, mas todas sempre confessadas e perdoadas pelo meu confessor. Como isso seria possível, doutor? Sou professora formada, tenho todo o interesse de poder ficar perto de Miguel, mas como poderia ser um componente da equipe médica?

– O que me ocorreu, considerando as excepcionalidades do atual momento, é a possibilidade de a senhora obter um treinamento breve, disponível por cursos de formação específica para o período de guerra. A enfermeira-chefe que nos acompanhou na reorganização da Santa Casa para a adaptação ao Hospital de Sangue, a senhora Lourdes, retornará a São Paulo. Pela manhã poderei apresentá-las. Ela é uma das responsáveis pela organização dos cursos de formação de enfermagem de emergência no Instituto de Hygiene que está em parceria com nossa faculdade de Medicina. Se não me engano, a denominação do curso é "Enfermagem de Guerra".

Aquela informação ou sugestão do médico me deixou atônita, nunca poderia imaginar nada minimamente parecido com aquilo. Fazer curso de enfermagem, e ainda de guerra, e em São Paulo. A sensação do frio interno, já minha conhecida, foi sendo mesclada com um fluxo desconhecido de energia brotando não sei mais de que lugar do corpo ou da alma, e me aqueceu a ponto de sentir rubor nas faces.

– Bem, peço desculpas, dona Manuela, nada sei da sua disponibilidade pessoal e familiar, não gostaria de trazer-lhe mais problemas. Apenas me disporia, se for de seu interesse, a solicitar ao nosso comando, por meio do doutor Corrêa, uma carta de indicação ao curso como prioridade pelo Hospital de Sangue de Cruzeiro. A senhora como portadora do certificado de conclusão do curso poderia pleitear ser incluída como voluntária na nossa equipe e criaríamos a possibilidade, entre outras atividades, de viabilizarmos sua estada mais próxima à fase de recuperação de seu irmão.

Dirigindo-se à saída e abrindo a porta, o doutor acrescentou:

– Acho que já falamos tudo. A senhora gostaria de fazer mais alguma pergunta, sanar mais alguma dúvida?

Eu estava em silêncio, perplexa diante daquela situação. O doutor Felipe continuou.

– Então me retiro e lhe peço que veja o que há de objetos pessoais no armário, os reconheça e não os recolha ainda. É necessário dar baixa no caderno de registro, o que poderá ser feito amanhã pela manhã. O hospital ainda não tem horário permitido de visitas, mas espero que até amanhã isso seja definido pelas equipes, e a senhora poderá estar aqui de volta. Por favor, agora não se demore, apenas autorizo e peço que fique por apenas mais alguns minutos. Em meia hora daremos início ao plantão noturno e seria um grande transtorno para mim sua permanência no quarto.

– Sim, doutor, muito a contragosto me comprometo a sair, ficarei apenas o tempo para mais umas poucas orações junto ao ouvido de Miguel. Mas não sei se entendi direito.... então não há um prazo para que ele retorne à consciência? Dias, horas... como poderia planejar um curso fora da região, distante?

– Sim, seria necessária sua estadia em São Paulo durante o curso. Caso permaneça aqui na cidade, enquanto as visitas forem autorizadas, a senhora poderá visitá-lo, mas, dependendo do desenrolar da ocupação do hospital, frente aos acontecimentos dos combates e números e situação dos feridos, nem isso é garantido. Sempre consideraremos a segurança dos pacientes em primeiro lugar e, para haver visitação, é necessário deslocar parte da equipe de enfermagem para essa atividade, porém estamos trabalhando com um número muito reduzido. Quanto ao tempo de inconsciência, depende do grau de lesão cerebral que ele tenha sofrido e do tempo de reabsorção do edema, quero dizer... do inchaço interno dos tecidos lesados. Infelizmente não há um prazo estimado. Pode levar dias, horas ou semanas. O importante será a manutenção dos sinais neurológicos que observamos presentes. Desejo, boa noite, à senhora e boa sorte a todos nós, recomendo tomar um chá quente e relaxante para que suas energias se recomponham. Estou certo de que a senhora precisará delas.

Saindo cuidadoso, fechou a porta. Fiquei a sós com meu irmão, tentei falar, perguntar, fiz-lhe cócegas na planta dos pés onde sabia desde sempre qual seria sua usual reação, não vi sinal de movimentos. Apenas um entrar e sair de ar pelas narinas, com leve movimento de subir e baixar o tórax. Parecia dormir.

Rezei com serenidade olhando a face suave de Miguel, punha em cada palavra a força da fé nas ajudas celestiais. Orei para que não sentisse dor, não sofresse, e despertasse o mais breve possível. Acomodei meu terço sob seu travesseiro, afagando sua cabeça com todo cuidado. Amanhã pediria à enfermagem que ali o mantivesse, era uma relíquia da família mineira. Que sonhos teria agora com seus neurônios sofridos pela contusão, ele que um dia sonhara tantos enredos pelas histórias infantis que lhe contei?

Olhei no armário os objetos dele e os deixei como orientou o médico, inclusive seu caderno, onde pude observar algumas páginas escritas. Reconhecia sua bela caligrafia. Desobediente, recolhi umas folhas dobradas que me pareciam ser uma carta inacabada. Guardei apressada – ou melhor, escondi – dentro da roupa. Seria uma forma de contato com meu irmão durante sua sonolência comatosa.

Ajoelhei, chorei e implorei aos céus pela vida com vida de Miguel, e saí.

EPOPEIAS ENTRECRUZADAS

Se a guerra paulista fosse contada em versos como uma epopeia, quem seriam os heróis? Penso que seriamos nós, as pessoas comuns, que necessitávamos reinventar nossos cotidianos, suportar as privações materiais e perdas afetivas, atribuir diferentes significados aos acontecimentos tensos e sanguinários, o rugir de canhões, estouros de granadas, matraquear de metralhadoras, silvo de balas, estrondos de bombas jogadas de aviões. Nas nossas vidas de pessoas comuns, outros acontecimentos ao lado dos bélicos foram incluídos como próprios ou impróprios, exaltados na excepcionalidade da guerra.

Hoje, quando me debruço nessa missão a que me propus, narrar o meu inverno de 1932, me vêm na lembrança exemplares professores que tive quando estudava na Escola Normal, especialmente o professor Jerônimo e o padre Moraes, que nos apresentaram às epopeias. Alguns de nós, normalistas, com mais pendor à declamação, tínhamos na memória parte dos versos épicos dos feitos heroicos. Eu mesma ainda me recordo de meia dúzia dos decassílabos da introdução dos *Lusíadas*, embora minha predileção seja a história narrada na *Odisseia* com a volta de Ulisses para Ítaca após a guerra de Troia. Não tenho especial apreço pelos versos impregnados da fúria militarista dos deuses e heróis, que o mesmo Homero construiu na sua outra obra clássica *Ilíada*. Admiro a Odisseia pela sua poesia de suavidade lírica de um

Homero já envelhecido e temperado de humanidade, de astúcia e enlevo.

De volta ao tempo pela memória, da minha vivência no Inverno de 1932, trago mais argumentos para justificar a predileção pela Odisseia e não pela Ilíada. Da guerra paulista, retive acontecimentos que busco narrar como minha própria epopeia, longe da capacidade lírica de um poeta grego. Tenho em consonância apenas o envelhecimento, que suponho ser de temperada humanidade.

Na mesma noite em que deixei Miguelzinho no seu estado dormente da concussão, voltei à pensão de Dona Nina, onde pernoitaria. Aceitei a sopa que ela me ofereceu, mais por reconhecimento com sua desdobrada gentileza do que por sentir fome. Apesar do intenso cansaço no corpo, mantinha um estado mental de prontidão. No meu interior também uma revolução se irrompera, ao longo daquela sofrida segunda-feira, que ainda mal se anunciava em extensão.

Relatei à Dona Nina os acontecimentos vivenciados no hospital, em especial a condição de meu irmão inconsciente e a conversa com o médico. Decididamente o velho doutor Alberico acertara ao eleger a pensão Bandeirante como local ideal para se atualizar das novidades! Eu mal terminara de engolir o caldo verde com paio e ali mesmo fui apresentada à senhora Lourdes Mendonça, também hóspede, sentada na mesa contígua a que ocupava, no salão de refeições. Ela fazia parte da comitiva que acompanhava a equipe médica vinda de São Paulo, era a enfermeira e professora do Instituto de Hygiene, uma das organizadoras do curso a que há pouco o doutor Felipe me fizera referência. Mulher com mais de quarenta anos, muito elegante no seu discreto trajar, tinha cabelos grisalhos que me chamaram atenção por estarem perfeitamente arrumados, com um topete lateral fixado por um prendedor prateado. Dona Nina nos apresentou, seu sotaque me soava sempre simpático, ali parecia dar à nossa conversação um tom mais cerimonioso.

Enquanto resumia o relato de minha vinda à Cruzeiro, notava na feição da senhora Lourdes um distanciamento, como se me ouvisse por gentileza, mas sem interesse... ouvir-me pronunciar a palavra "concussão" parece tê-la despertado. Dizer sobre meu desejo de acompanhar de perto a evolução da situação de Miguel ia clareando a mim mesma o peso e a extensão dos compromissos e possíveis desdobramentos da sugestão feita pelo doutor Felipe.

– Sim, dona Manuela, existe a possibilidade de se tornar uma auxiliar voluntária na equipe médica. Para tanto entendo ser indispensável realizar algum tipo de treinamento prévio, e nosso curso de enfermagem de guerra foi criado exatamente com essa finalidade. Muitas pessoas como a senhora, apesar do interesse, não dispõem de proximidade, ou conhecimento das peculiaridades necessárias para cuidados com enfermos, especialmente em ambiente hospitalar.

Ela me parecia amigável, ainda que seu modo de expressão exageradamente seguro de si me denotasse a intenção de demarcar entre nós sua superioridade.

– O doutor Felipe, ao solicitar nosso curso, antecipou com propriedade o imperativo de ampliar o quadro de pessoas disponíveis para atuação nas equipes. Sendo a senhora originária dessa região, será muito conveniente, pois mais adiante poderá servir como exemplo para que se arregimentem outras tantas daqui de Cruzeiro ou das cidades próximas.

Achei conveniente, desde já, deixar claro que meu desejo não era pela causa paulista:

– Senhora Lourdes, devo confessar que não havia cogitado, antes do dia de hoje, tal possibilidade e não posso esconder que minha motivação não é servir à causa da guerra em si. Entendi ser esta a condição para poder ficar próxima ao meu irmão: realizar o curso. A motivação de auxiliar os cuidados aos feridos me chega por ele, para acompanhar sua recuperação. Obviamente me comprometo junto com minha disposição de estar, no que me for possível, no trato dos demais enfermos internados.

– Posso chamá-la por você? Acho que a evidente diferença de idade entre nós duas me autoriza a fazer esse pedido – perguntou dona Lourdes.

Respondi sem hesitação.

– Naturalmente, senhora Lourdes. Aliás, aproveito a condição da senhora de professora de enfermagem para pedir sua opinião quanto à situação de Miguel, seu estado de inconsciência depois de um traumatismo. A senhora acha que vai demorar para ele voltar a si? Receio não estar aqui por perto quando ele despertar.

Na continuidade de nossa conversação fui sentindo que entrávamos por um rumo de discreta aproximação entre nós; com delicadeza ela me fazia algumas perguntas pessoais. Pude dizer de minha formação de normalista, da dor da perda de um filho havia pouco tempo, mas não entrei em pormenores sobre minha vida matrimonial. Apenas citei que meu marido era advogado em trabalho fora do estado de São Paulo. Já a ouvia com mais afetividade amenizando a impressão inicial de soberba.

- Peço desculpas se transpareço tanta hesitação. Minha aflição é também por saber que não terei amanhã, de volta a Guaratinguetá, pessoa da família ou amiga em condições de me aconselhar ou de ponderar comigo sobre qual conduta devo assumir nesse momento. Permanecer aqui aguardando os momentos escassos de visitas, enquanto houver, ou me ausentar praticamente 15 dias em São Paulo. Não seria excessivo?

Ela abrandou sua face e me pareceu afetuosa na resposta.

– Manuela, avalio que sendo professora formada, você, a princípio, tem plena aptidão intelectual para bem acompanhar as matérias do curso. Também suponho que o fato de ser mãe e ter passado pela triste experiência dessa perda, justamente daí possa brotar motivação afetiva para se dispor a um trabalho voluntário de cuidados aos enfermos. Especialmente agora, pela condição de seu irmão.

Dona Lourdes olhou-me interrogativamente, mas felizmente não deixou tempo nenhum para uma resposta, o que me aliviou. Precisava de algum tempo para processar tantas novidades. Prosseguiu fazendo uma explanação um pouco ufanista sobre a enfermagem. Naquele tempo eu ainda não tinha compreendido nada acerca dos séculos do patriarcalismo sobre as mulheres, nem tinha ainda formado um juízo crítico sobre o privilégio masculino, e não raro o abandono. Pude compreender só muito mais adiante na vida não ser apenas uma questão de a natureza feminina desempenhar cuidados para com as pessoas. Quaisquer delas, de crianças a idosos tanto nos ambientes domésticos, mas especialmente nos cuidados assistenciais em instituições de saúde. Mas ali ainda vivíamos na década de trinta, mesmo sendo minha interlocutora uma professora de enfermagem.

– Não avalio como casual ter sido uma mulher a pioneira da nossa profissão de enfermagem, a Florence Nightingale, e no Brasil Ana Nery. Saiba que ambas tiveram suas excelências reveladas em situações de conflitos, a primeira na Guerra da Crimeia e a outra na do Paraguai. O exercício da prática da enfermagem, se naturalmente é mais afeito às mulheres, nos tempos de hoje nos exige mais. Precisamos também ser fiéis ao compromisso e obediência à ciência. Assim, penso que aproveitar de modo racional esse momento que a vida lhe oferece, junto ao infortúnio que acometeu seu irmão, parece uma decisão acertada. Posso lhe assegurar que encontrará no curso professores altamente qualificados, para de modo muito conciso, em duas semanas praticamente, prepará-la para ser introduzida à vivência cotidiana do trato dos feridos.

Senti o braço de Dona Nina sobre meus ombros como um apoio, discreto e carinhoso. Ela entrava na conversa, fazendo a ponderação do que realmente naquele momento eu necessitava: repouso! Dirigindo-se a mim, indicou:

– Vai, minha filha, recolhe-te na acomodação que te reservei e preparei com muito carinho. A noite trará o descanso que estás a necessitar, e logo pela manhã encontrarás os pensamentos desanuviados para tua melhor decisão.

Respirei fundo, algo confortada. Ela prosseguiu afetivamente:

– Posso oferecer também os préstimos a teu serviço de meu genro, Nequito. É pessoa obsequiosa, respeitador e chofer muito responsável. Com a interrupção das visitas de representação aos fornecedores, após o bloqueio das estradas para os lados do Rio de Janeiro, tem aproveitado o Ford novinho que comprou, de que ainda lhe restam muitas letras a serem quitadas, para viagens a nossos fregueses da pensão que carecem. Conseguiu as autorizações, os tais salvo-condutos exigidos agora para trafegar, mas só está autorizado a dirigir pelos lados paulistas até a capital, e Santos. Se te interessas já envio um portador com o recado ainda agora, pois a casa da minha filha Teresa está aqui mesmo junto à nossa pensão. Nossos quintais se comunicam, só a entrada dela está na rua detrás. Mas não quero apressar tua decisão; apenas, caso resolva seguir para São Paulo, amanhã a menina teria uma condução.

Eram muitas decisões para um dia que parecia não querer terminar.

– Obrigada mais uma vez, dona Nina. Vou seguir seu conselho, repousar e pedir inspiração aos céus para que o melhor aconteça. Peço licença às senhoras. Dona Lourdes, conhecê-la nessa circunstância foi mais que um prazer, foi mesmo uma providência divina.

– Muito bem, Manuela, recolha-se e descanse, uma noite em claro nunca nos é uma boa conselheira, mas com um bom sono a nossa mente trabalha por nós. Pela manhã podemos nos encontrar no café aqui mesmo e seguirmos juntas ao hospital. Posso ajudá-la com os médicos para que tenha orientações mais precisas quanto ao estado de saúde de seu irmão. As previsões dos doutores serão de absoluta importância para sua decisão de ir ou não, ainda que os casos de concussão cerebral, pelo que estudei, não têm tempo definido.

– Agradeço de coração e desejo também às senhoras que repousem com Deus! Boa noite.

A madrugada da segunda para terça, estendida sobre o lençol alvo e perfumado com cheiro de infância, surpreendentemente me trouxe alguma paz no coração. Foi suficiente para conciliar o sono, mas sonhos recorrentes de combates, gritos e sonoras explosões me despertavam. Imaginava o cenário onde Miguel teria sido alvejado por estilhaços de artilharia. Como ele teria se sentido ao caminhar com sua farda paulista por terrenos e paisagens conhecidas de seus passeios com os primos mineiros nos arredores de Passa Quatro? Teria reconhecido os picos da Gomeira e Gomeirinha, olhado para as grotas e abismos do entorno do Túnel? Teria também atirado de dentro de alguma trincheira? Teria alvejado algum combatente do outro lado? E se esse combatente fosse como ele, um voluntário lutando certo de que era preciso conter os paulistas para salvar a pátria? Os mineiros não haviam aderido à luta de São Paulo... teria sido mesmo traição como muitos já diziam? As indagações eram tantas que me impediam de aprofundar o sono.

Recorri a mais um conselho de minha avó Rita. Imaginava Miguel saudável e o envolvia mentalmente no manto azul da Virgem Maria e, nesse gesto, entregava-o à Virgem com a intenção de me afastar daquela condição tão angustiante. O sentimento brotado diante da absoluta impotência me revisitava, quando ainda há pouco sentira o calor do corpo de Miguel ao me debruçar para lhe beijar a testa. Era a mesma sensação que tivera ao abraçar o corpo de meu pequeno Ivo, com a diferença que o corpinho de meu pequeno esfriava. O calor foi deixando seu corpo, esvaindo com ele sua vida tão curta. Podia olhar para o contraste das sensações, a dor exasperante da sua perda e a alegria anterior de tê-lo gerado e fazê-lo nascer. Meu menino Ivo, ofegante, não fora protegido o suficiente para que a doença não o alcançasse. O crupe o foi asfixiando aos poucos. Sentia que precisava mais que nunca me recompor completamente aos princípios da minha fé católica, não raro me via buscando um sinal de que não fora abandonada pelos céus. Queria reencontrar a sensação plena que ainda menina conheci. Tivera uma experiência de verdadeira epifania, que por muitos anos moldou minha fé. Sua recordação me suavizava a alma, quando ainda jamais tivera dúvida da soberana graça divina, pela intercessão de Maria.

Agora colecionava fantasmas, sentia-me abandonada, assustada, entre sombras de manchas cáqui impregnando as ruas, substituindo as paisagens. Na minha epifania da infância, havia anjos e sons de suavidade nostálgica e doce do órgão da igreja, imersos na atmosfera de incensos florais. Ali os militares tinham olhares assustados, empunhavam armas, a sonoridade das ruas era de rangidos de carros apressados e estrondos. No ar, um permanente o cheiro de pólvora.

Com alívio acordei com a manhã já entrando pelas frestas da janela. Saía do despertar incompleto, repetitivo, entre pesadelo e realidade. Finalmente a noite difícil foi se distanciando pelos suaves gorjeios de pássaros mesclados aos ruídos abafados vindos da cozinha. Era o dia recomeçando na pensão de Dona Nina. Senti que a vida exigia de mim uma nova atitude, mais que intenções, ações, movimentos, mais coragem. Reconheci o sinal, nos sonhos agitado de sensações e lembranças, que a Virgem Maria me trazia. Decidi que me disporia a ser ensinada a ajudar, Miguel seria meu anjo salvador.

As lembranças passam como em filme mudo, rápidas vão se sobrepondo umas às outras.

Do salão do café da manhã, na companhia da professora Lourdes, voltei ao hospital. Seu apoio em meu desejo de ser aluna do curso de enfermagem, acrescido da disposição para seguir em viagem para São Paulo ainda naquele mesmo dia, mudou o tratamento que os médicos dirigiam a mim. Com o compromisso de retornar ali como voluntária, fui convidada a iniciar o reconhecimento do ambiente hospitalar, acompanhando a visita da equipe ao leito de Miguel. Então compreendi que ele ocupava um quarto especial reservado aos casos de coma, necessitando ser visto sempre muito de perto pela enfermagem; que seu estado se mantinha inalterado, mas que apresentava sinais positivos de resposta neurológica pupilar; e que graças a sua boa condição de saúde e juventude poderia voltar à consciência, sem prazo definido.

SOLIEDARIEDADES, BEM-VINDAS!

Para minha rápida passagem de volta à pensão, Dona Nina, programou às pressas um convite ao doutor Alberico fora de seu ritual vespertino. A motivação era a de saborear o seu preferido "arroz de Braga" com um vinho especial retirado de uma misteriosa adega.

Desde o último domingo a prefeitura de Cruzeiro havia proibido a venda de bebidas alcoólicas nos bares da cidade. O consumo só estava permitido em hotéis e pensões. O esposo de Nina, Seu Nico, trouxe à mesa um garrafão de vinho português e lentamente iniciou uma verdadeira cerimônia para sua abertura. O inusitado da proibição mereceu variadas ponderações dos presentes. No comentário do velho médico, o acirramento do conflito, com o clima de exaltação dos ânimos trazido pela guerra, merecia uma medida protetiva como aquela, espécie de Lei seca. A cidade de Cruzeiro, sendo zona fronteiriça entre os estados de São Paulo e Minas Gerais, viu as brigas entre seus munícipes tornarem-se frequentes, com mútuas trocas de acusações.

Dona Nina, ao convidar doutor Alberico para o almoço, objetivava possibilitar um nosso novo encontro antes de minha partida, pois sabia da qualidade dele de bom conselheiro. Suas opiniões me foram fundamentais na decisão de seguir para São Paulo e realizar o curso de enfermagem de guerra. Recebi dele incentivo e seu apoio se reverteu em disposição a realizar visitas sistemáticas ao Miguelzinho.

– Dona Manuela, farei o acompanhamento de um velho médico a um jovem novo amigo, seu irmão, um soldado intrépido – disse. – Tenho a condições de me inteirar e acompanhar sua evolução clínica.

Muito agradecida aceitei sua oferta, pois mesmo sendo um civil sua reconhecida atuação médica na cidade o credenciaria para realizar as visitas ao hospital. Seria também, na sua avaliação, uma oportunidade de se manter atualizado das novas movimentações da sua tão conhecida Santa Casa. Facultou-me inclusive a possibilidade de manter atualizada, via telefone, caso me fosse possível realizar ligação interurbana de São Paulo à Cruzeiro. Em tempos de paz já não era fácil contar com a disponibilidade de linhas. Os donos da pensão puseram à disposição o uso do telefone para minha eventual comunicação ao longo dos quinze dias que passaria fora.

Acertei a viagem para São Paulo de automóvel com o Seu Nequito e sua esposa dona Tereza, que nos acompanharia. Saindo de Cruzeiro passaríamos em Guaratinguetá, necessitava de objetos pessoais, avisar os familiares e preferivelmente ter suas anuências. Logo providenciei dali da pensão contato por telefone com a amiga Dinorah. Era a melhor pessoa que tinha como referência em São Paulo para quem sem constrangimento pedi que me hospedasse. Seus convites para visitar sua nova casa na capital, que vinha protelando há tempos, agora me eram providenciais. Em tempos normais tais providências me ocupariam por dias, mas naquela manhã de terça-feira, 19 de julho, resolvi em poucas horas.

A viagem do casal, onde fui incluída, já estava planejada. Tomei essa circunstância como uma evidência de que os céus estavam a meu favor naquela empreitada. Em verdade eles iriam até a cidade de Santos buscar, ou melhor resgatar, uma tia recém-chegada de Portugal, e para isso pernoitariam em São Paulo.

Dona Maria a tia de Tereza, era a irmã caçula de sua mãe Dona Nina. Vinda da região de Aveiro, desembarcara no Porto de Santos uma semana antes, na terça dia 12 de julho, poucos dias após a luta paulista ser deflagrada. Com a proibição das navegações e o bloqueio do litoral paulista por navios de guerra da Marinha, a alegria da chegada da senhora lusitana, vinda da pacata quinta da família, foi transformada em um tumultuoso clima que a deixou em completo pânico.

Os restos lúgubres da mortífera Primeira Guerra Mundial, de 1914-1918, no dizer inflamado do Seu Nequito, ainda estavam presentes nos corações e mentes dos europeus, mesmo para os portugueses, que entraram mais tardiamente no conflito. Os efeitos da guerra, além da grave crise econômica que lançou Portugal em estado de carestia e fome, contaram o pesado saldo das perdas humanas. Também para a família de dona Maria, dos Marques, não era diferente da maioria dos portugueses. Havia a dor de um luto ainda insepulto que a tia revisitou logo na sua chegada, com a notícia da guerra paulista. Os Marques daqui do Brasil acompanharam com pesar os relatos pelas perdas de tios e primos convocados para a grande guerra, pelas cartas recebidas dos parentes que viviam na cidade litorânea de Aveiro.

– Os portugueses lutaram não apenas nas batalhas travadas em territórios europeus, especialmente na França em Flandres, com cerca de 75 mil soldados, mas também em Angola e Moçambique, com mais de 30 mil.

Era visível a indignação do Seu Nequito, julgando injusta a crença espalhada entre os brasileiros de que Portugal não foi à guerra, mantendo-se em neutralidade. Tereza que parecia sempre pronta a suavizar as expressões enfáticas do marido, se deteve na explicação do mal-estar da sua tia Maria tomada de grande surpresa com a guerra paulista, justamente no seu desembarque. A vinda da tia muito querida fora planejada por meses, seus irmãos e sobrinhos que residiam em Santos descreviam a cidade litorânea brasileira como acolhedora e linda pelos bons ares, pela paz e calma de suas praias tropicais. Situação subitamente modificada já no dia de sua chegada, e intensificada nos seguintes, quando na orla portuária santista iniciaram-se as frequentes investidas dos voos rasantes dos aviões das forças federais, apelidados pela população de vermelhinhos, com rajadas de metralhadora e granadas. A tia adoeceu.

A família portuguesa dos Marques já há alguns anos imigrada no Brasil, estava dispersa por várias cidades no interior de São Paulo, foi providenciado então um rodízio entre suas casas para atenuar o ingrato período da hospedagem da tia Maria. Dona Nina, muito saudosa da queridíssima irmã, mesmo vivendo na cidade de Cruzeiro em zona de operação de guerra, conseguiu convencê-la a vir para estarem juntas. Assim Tereza, herdeira do traço marcante de gentileza de sua mãe, ocupou-se do resgate da tia de Santos para Cruzeiro. Por outro lado, certamente não havia em território paulista lugar algum completamente seguro ou isento do clima de guerra.

Saímos de automóvel pela rodovia no início de tarde. A habilidades de meus companheiros de viagem – ora Tereza, ora seu Nequito – no revezamento das estórias dos parentes portugueses trouxeram alguma amenidade para nosso percurso. Conseguiam desenvolver um modo peculiar de prosa, com minuciosa descrição e pormenores de cada personagem. Mesmo que suas narrativas tivessem muitas situações de guerra, elas não soavam como tragédias irremediáveis. Pelo contrário, passavam a percepção de que as vivências coletivas de um povo são transitórias.

TEMPOS DE GUERRA NO VALE DO PARAÍBA

A Guaratinguetá que havia deixado menos de 48 horas antes pareceu-me estranha.

O comércio estava quase todo fechado no trajeto entre o bairro de Santa Rita, por onde acessamos a área urbana, até o final da Rua Feijó junto ao largo do Theatro, onde morava. Caminhões carregados com soldados atravessavam ruidosamente o calçamento irregular de paralelepípedos nas ruas centrais – me chamou atenção o grande número de casas de famílias vazias. O êxodo da cidade era evidente. Alguns partiram para a capital, outros para as cidades tidas como de retaguarda, fora da região do Vale do Paraíba, mais distantes do cenário dos conflitos armados. Muitos se dirigiam para as fazendas consideradas protegidas das linhas de fogo, sempre do lado leste do município.

Nossos familiares mais próximos, tanto os do meu lado, pai e mãe, como os de meu marido Ivo, buscaram abrigo na Fazenda do Taquaral, considerada uma das bandas imunes. Da imensa propriedade original, já nessa ocasião retalhada por sucessivas heranças, uma das partes pertencia ao meu sogro, seu Joaquim. Minha filha Maria Augusta, vivendo mais tempo na companhia desses avós paternos do que na nossa casa, seguiu junto. Eles partiram na manhã seguinte à notícia do primeiro ataque aéreo sofrido na cidade próxima de Cachoeira, apenas quatro dias após o início do conflito aramado. Dona Icnácia, minha sogra, ficou tão desnorteada que pouco conseguia dissimular seu ser autoritário. Distribuindo ordens e toda sorte de recomendações, apressou-se na decisão de deixar a cidade e não esperar que o confronto chegasse às nossas portas ou aos nossos telhados, pelos ataques aéreos. Coordenou um verdadeiro mutirão para separar, embalar e guardar enfeites, tapetes, cortinas, quadros, objetos e utensílios especiais ainda do tempo de suas recepções e festas. Supondo que a casa viesse a ser invadida ou ocupada, um armário dissimulado foi criado, cavado dentro da própria espessura de uma das largas paredes de taipa. A boa ideia partiu do senso prático de Dita, que forrando lateralmente com madeira, dividiu o interior do buraco com prateleiras, criando nele diferentes espaços. Foi um momento de intensa cooperação entre nossas casas, da minha, pela participação de Dita, e a da Dona Icnácia, que selecionou os objetos que mereciam prioridades para ali serem escondidos. Uma parede de tijolos foi erguida à frente, rebocada e bem disfarçada com pintura, tornando o esconderijo emparedado muito difícil de ser descoberto. Muitas famílias que deixaram pertences escondidos no forro acima ou nos porões, comuns nas casas coloniais, se depararam na volta com surpresas desagradáveis pelos saques ocorridos.

Meu relacionamento com dona Icnácia desde a morte de meu caçula, Ivo Bento, havia sofrido considerável distanciamento. A perda de nosso filhinho aflorou um doloroso conflito conjugal entre mim e Ivo. Ela, de modo um tanto velado, se deixou levar pelas lamentáveis ilações de Ivo, que no intuito de se desresponsabilizar buscava atribuir a mim alguma culpabilidade pela doença da criança. Sentia o peso de seu olhar severo e permanentemente reprovador; mesmo sem dizer expressamente, sabia de seu julgamento pondo em dúvida meu zelo de mãe. A iniciativa dela em assumir os cuidados com Maria Augusta nas primeiras semanas após a perda de Ivo Bento muito me confortou. Com o passar dos meses, o que me parecia cooperação de minha sogra foi se configurando uma competição entre nós pelos cuidados da minha filha. Não considero que descuidasse de Maria Augusta, pois cada filho ocupa um lugar próprio no afeto materno. A tristeza me tomou – a dor do luto por morte de um deles é uma ferida na alma que não cicatriza, nunca. Adquire com o tempo camadas finas de proteção, cessa seu sangrar, mas estará sempre ali, carne viva, esgarçando vez por outra a fina película que a cobre, e sem aviso prévio volta a doer. Apesar da relação fria entre nós, foi por intermédio de dona Icnácia que tive notícias atualizadas de meu marido Ivo, ausente de nossa casa já há algum tempo, pelo novo trabalho. Suas vindas se resumiam a poucos dias a cada mês; nessas ocasiões conversávamos apenas o essencial, já evitávamos intimidades.

Do Rio de Janeiro, Ivo pediu que me fosse informado se encontrar bem, que não deveria ter preocupação com sua segurança e esperava que "as coisas" se acalmassem para se ausentar da repartição. Desculpava-se por não ter sido possível viajar mais a miúde para Guaratinguetá, mas mandaria notícias sempre que possível. Vivia uma situação profissional muito delicada com o acirramento das tensões entre as forças políticas federais e as paulistas, agravada com a eclosão do movimento armado. Sua atuação em órgão público federal, ocupando um cargo de confiança, demandava cautela, por isso esperava a compreensão da família pela sua ausência. Não sei quanto compreendi, mas fiquei pelo menos naquele momento aliviada: sua ausência, ampliava minha autonomia na decisão de seguir até São Paulo para o curso de enfermagem.

Chegando a minha casa encontrei, com surpresa, Dita que não seguira para a fazenda como havíamos combinado, teimando em me esperar. Aguardava muito aflita as notícias sobre o estado de saúde de Miguel. Diante de minhas explicações ela chorou, chamou por todos seus santos protetores, clamou aos céus e fez promessa ao São Benedito e à Nossa Senhora Aparecida. Consegui acalmá-la, mesmo adotando um paciencioso empenho, só após assumir o compromisso de que iríamos juntas cumprir tudo o que prometesse aos santos devotos. Precisei afirmar e reafirmar tantas vezes a convicção na recuperação de meu irmão que minha própria esperança foi solidificada. Dita era desde a nossa infância uma âncora afetiva e atuava também como serviçal, no interior da singular dinâmica familiar de meus pais. Ocupava o lugar ambíguo da mulher negra remanescente da tragédia escravocrata, crescida como criada na casa da descendência dos antigos donos. Incansável, amorosa, sempre prestativa não demorou em providenciar um portador para que levasse até a fazenda do Taquaral minha carta redigida às pressas ao meu pai.

Papai,

Encontrei Miguel no hospital de guerra, a antiga e nossa já conhecida Santa Casa em Cruzeiro. Ele passa bem, não corre riscos, mas está inconsciente. Infelizmente, devido à situação de guerra, não podemos acompanhá-lo de perto, exceto se estivermos à serviço do hospital. Por isso me dispus a participar de um curso de enfermagem na capital e por sorte contarei com a ajuda da querida Dinorah, que me hospedará em sua casa.

Fico feliz que você e mamãe estejam seguros. Tenho certeza de que Maria Augusta estará em boas mãos.

Peço-lhes suas bençãos e agradeço pela compreensão e apoio nessa jornada.

Com amor,
Manuela.

Tive dificuldade em convencer Dita tanto na aprovação de minha partida sozinha para São Paulo como na sua ida para a fazenda junto aos demais familiares. Aquiesceu diante de minha súplica para que assumisse, no meu lugar, os cuidados com minha filha. Sua permanência próxima ao cotidiano de Maria Augusta me aliviava a materna sensação de culpabilidade, que passara a carregar, mesmo que racionalmente a recusasse. Contendo o choro, ela me ajudou na rápida arrumação da mala. Escolhi propositalmente poucas peças de vestuário, as mais quentes, os itens imprescindíveis de toucador, um ou dois livros, meu missal, o terço e uma imagem da Nossa Senhora da Aparecida que ela correu a acomodar no cantinho da mala.

No curto tempo de que dispunha, ainda faltava uma tarefa difícil, a conversa com Maurício, meu outro irmão. Cogitei deixar-lhe apenas outra carta. Dita me impediu. Na sua sensata ponderação, me alertou da grande ansiedade de Maurício – também ele não havia partido para o refúgio no Taquaral, me aguardando. Já telefonara muitas vezes e fora até minha casa pessoalmente outras tantas, éramos quase vizinhos. Dita, no seu papel de guardiã, buscava equilíbrio na distribuição de afeto a nós três, filhos dos patrões, Nhô Manuel e Nhá Cilha, meus pais. A mim sua dedicação sempre foi especial, passou a viver na minha casa desde quando me casei. Sabia que sua insistência para que fosse pessoalmente encontrar Maurício era sobretudo para me preservar.

– Manu, não pode deixar de ir de corpo presente encontrar Maurício e acertar permissão para esta viagem, pelo amor de Deus e de nossa Virgem Santíssima! – Seu alerta acompanhava seu gestual de benzer-se com o sinal da cruz apressado, com seguidas repetições curtas entre a face envelhecida e seu vasto peito acolhedor. Muito religiosa, mantinha peculiaridades do seu modo de ser, falava com entonação cadenciada, mantendo o emprego de termos de quem fora privada de educação formal.

– Ele esteve aqui muito nervoso – repetiu – que era agora o homem da família, com seu Ivo fora e o Nhô Manuel adoentado de tanto tormento pela situação do Miguelzinho. Desconjuro, desconjuro!

Aconcheguei-me aproximando nossos corpos para um costumeiro abraço apertado, com intenção de acalmá-la e já me despedir.

– Minha querida meia-mãe, você me conhece bem, então me olhe nos olhos e pare com esse chororô – disse a ela, aguardando que se recompusesse das lágrimas. Ajudei a secar sua face acariciando o sulco macio de seu rosto já flácido, mas sem rugas.

– Vou, sim, agorinha mesmo, falar com o irritante Maurício. Mas em troca a senhora me faça o favor de não ficar aqui sozinha, está bem? Tomando suas mãos, continuei:

– Dita, a guerra está por todo lado. Mais importantes do que coisas, móveis, louças, roupas, são nossas vidas. Quero você bem vivinha pra ajudar a criar Maria Augusta tanto como sempre cuidou de mim. Em nossa casa, neste nosso pedaço repartido de casa, não temos nada de valor que não possa ser reposto caso sejamos roubados. E você bem sabe que dona Icnácia está pondo a perder nossa menina Augusta, de tanto mimo, comprando coisas caras, presentes sem regra nenhuma, tudo para afastá-la de mim. Mas escute bem, disso vou lidar com sua ajuda, só depois que tivermos nosso Miguelzinho aqui de volta com a gente, forte e saudável! Deus há de me dar forças para ajudá-lo. E nós duas vamos cumprir suas promessas lá na igreja no alto da ladeira da Aparecida.

Com lágrimas contidas, repousou sobre mim seu conhecido olhar de acalento, e na sua suave expressão bondosa, arregalando mais os olhos, juntou um comentário perspicaz.

– Bem, ouvindo você falar digo que minha menina ficou pessoa grande! Mas, Manu, lembra que você já está me devendo uma ida lá na Igreja da Santa? Só porque os padres separaram a cidade, parece que os daqui de Guaratinguetá estão fazendo pouco caso, abandonando a fé da nossa milagreira!

Dita se referia à intensa polêmica que presenciou nas nossas casas quando ocorreu a separação do antigo bairro de Aparecida do município de Guaratinguetá, tornando-se cidade independente em 1928. O episódio foi chamado de "A libertação de Aparecida".

– Não diga bobagem, Dita. Você bem sabe como passei os últimos tempos desde que meu filhinho foi levado de mim aos céus! É por isso mesmo que vou remexer esse céu e a terra para ajudar Miguel, agora que ele tanto precisa ser cuidado de pertinho. Não quero ser novamente acusada de descuido, como me foi jogado na cara, quando Ivo Bento nos deixou, pelo seu próprio pai. De minha parte, não há nenhuma diminuição da devoção à Nossa Senhora Aparecida – respondi tentando encerrar a conversa, já que naquele momento não havia tempo suficiente para aprofundarmos a polêmica, nem era o caso.

– Fala assim não, minha santinha, o seu Ivo estava como um pai sofrido demais também naquela hora, com a cabeça fora do lugar quando disse essa coisa tão feia que você nunca mereceu de ter ouvido. Ele nem sabia o que a boca estava dizendo. O que vale é o coração, seu Ivo é pessoa de bem!

– Certo, Dita, cada um com seu cada qual. Não quero falar de Ivo, deixa ele pra lá, na corte do Rio de Janeiro, sabe Deus cortejando quem! Eu não quero saber. E vamos fechar essa mala que meus amigos de Cruzeiro é já que chegam pra gente seguir viagem.

– E onde eles estão?

– Eles foram visitar uns fregueses do Seu Nequito. Ele é o chofer que me levará para São Paulo junto com Dona Tereza, sua mulher. Ele só está trabalhando como motorista agora nesse tempo de guerra, é mesmo representante de venda de tecidos. Aproveitaram o tempinho enquanto eu vinha aprontar minha mala para passar na Loja dos Sebe ali no Largo da Praça e na Fiação de Tecidos no Pedregulho.

Havíamos combinado, no mais tardar, de sairmos por volta das três e meia da tarde, mas já pressentia o atraso.

– Dita, faça-me um favor? Coe um café fresquinho e sirva caso eles cheguem antes de mim. Diga-lhes que não me demoro e qualquer coisa ligue no telefone da casa do Maurício, assim é mais uma garantia de que nossa conversa seja rápida. Você se lembra do número de lá? É dois, cinco, zero; só pedir para a telefonista. Nossa! Será que o serviço de telefone será cortado?

Saindo ainda tive tempo de fazer uma última recomendação:

– Dita, deixe só a porta de cima da escada fechada; a de baixo pode ficar aberta, pra facilitar. Recomendei que subissem e nos chamassem diretamente em cima. Não vou me demorar.

Vivíamos ainda na nossa primeira moradia depois de casada, que ficava no piso superior, como uma parte adaptada do amplo sobrado colonial, da família de Ivo. Havia sido reformado para se tornar uma casa independente, com entrada privativa voltada para a rua lateral da praça ou do largo, como diziam os mais velhos, do Theatro. A entrada, separada da casa principal, nos conferia apenas certa independência, pois a proximidade do cotidiano familiar dos Moura de Alvarenga Mello era inevitável. Precisei de algum tempo para sentir a influência dessa "casa grande" no dia a dia da nossa vida conjugal como indesejável. Enquanto solteira, desde nossa chegada de Minas, vivi em casas ali próximas. A última de onde saí para me casar ainda era a residência de meus pais, que ficava do outro lado da mesma praça. Também Maurício, meu irmão do meio, assim como eu, após o casamento, foi viver em casa adaptada como um anexo do solar da família de sua esposa. Ficamos conhecidos como os mineiros que foram casados com seus vizinhos, descendentes dos barões de café de Guaratinguetá. No dizer malicioso da esnobe aristocracia rural da cidade, éramos pessoas muito educadas, mas ao fim e ao cabo, não passávamos de uns "paus rodados" no Rio Paraíba ou da Mantiqueira abaixo! Em resumo, fomos assimilados, uma vez que também éramos filhos de proprietários rurais, porém sem o glamour aristocrático da tradição do Vale do Paraíba.

Saí ao encontro de Maurício, caminhando na direção de uma das cinco vias que confluem na praça, a rua Feijó. Aquele horário da tarde, em outros tempos, me fazia sentir bem, trazia uma paz existencial, espécie de aconchego morno e abrangente. Experimentava como um momento especial do dia, um sossego ia se instalando vindo tanto do vaivém acalmado das pessoas como da própria natureza. Essa pausa conferia em mim uma espécie de recolhimento no meio da tarde: finda a manhã de tantas providências, passado o almoço, permitia me abandonar em breve repouso mental. Tinha a percepção dos sentidos aflorada, percebia cada elemento da paisagem do meu entorno, acomodando neles o balanço das horas vividas. Um alento sentir-me parte do universo, acolhida. Mas àquele dia de julho não conseguia calma interior suficiente para me conectar ao universo, apenas por um instante percebi o sol luminoso do inverno. Pouco aquecia, mas sua luz incidindo oblíqua conferia suavidade, aprofundava o brilho do céu sem nuvens, de tonalidade azul-infinito. Atravessava o largo, "do Theatro", onde já não existia encenações, a imponente construção que lhe dera o nome; o prédio do antigo teatro mudara de ocupação, agora era a sede da Faculdade de Odontologia e Pharmacia. Ecoou na lembrança meu pai com sua explicação: São sinais dos novos tempos, é a ciência ocupando o espaço da arte! Aquela evocação de um passado glorioso e artístico do largo eu não conhecera, mas a imaginava, e tanta admiração tinha pela construção que, por um momento, depois de normalista, cogitei ir estudar ali. Achava bonito o largo pelo menos no fato de sua denominação manter referência alusiva à arte — ali fora um lugar de encantamento pelo teatro. Mas, afinal, por que mesmo desisti tão facilmente da ideia de cursar aquela faculdade? Agora me seria de grande utilidade: tivesse um diploma de curso superior dali, muito provavelmente seria aceita diretamente como voluntária do Hospital do Sangue de Cruzeiro, sem necessitar de curso de treinamento. O sonho juvenil de me tornar artista, uma pintora, me seduzia mais. O casamento redirecionou meus caminhos, fiquei apenas na intenção, entre a arte e a ciência.

E ali estava eu, casada, com marido mais uma vez distante, com um álibi inquestionável (a guerra), retido no Rio de Janeiro. A mim caberia sustentar a aparência de normalidade conjugal. Seria eu mais uma mulher destinada a viver na janela esperando a volta do companheiro ausente? Como tantas dali, envelhecendo amargamente entre a igreja e a cozinha, desidratando em lágrimas até que todos os sonhos da juventude ressequidos morressem? Não foram essas as promessas que trocamos, as juras que fizemos para sustentar nosso amor em verdades. Pretendíamos viver acima das tolas frivolidades sociais típicas do lugar provinciano. Meu príncipe encantado, o jovem Ivo, renascido em ideias libertárias e modernistas trazidas de seus inesquecíveis tempos paulistanos! Onde nos perdemos das próprias promessas, sem nos darmos conta?

Ia matutando sentimentalidades, sem afastar da consciência a permanente imagem de Miguelzinho com sua expressão imóvel naquele leito. Adentrava a segunda quadra da rua Feijó quando deparei com um conhecido que há tempos não via, meu colega da Escola Normal, o Brito, saindo na porta da casa dos Vieiras.

– Que surpresa encontrá-lo em Guará em tempos como esses, Brito!

– Como vai, Manuela? Que notícias tem de meu amigo Ivo? Soube por minha mãe da tristeza de vocês com a perda de seu menino. Pensei e quis vir pessoalmente abraçá-los, mas sabe como é a vida de quem ganha o pão como jornalista... Questões pessoais acabam sempre em plano secundário e minha intenção não pôde se transformar em gesto. Peça desculpas a ele e lhe deixo aqui as minhas – Brito fez uma reverência, que entendi ser uma forma de escusa.

– Obrigada, Brito. Foi e continua sendo muito triste – respondi, sem querer alongar muito aquele assunto, o que Brito parece ter logo compreendido.

– Saiba que sempre serei grato a Ivo. Tenho-o como o amigo, conterrâneo, que me salvou do sentimento de exílio quando fiz minha apressada mudança à São Paulo.

– Sim, Ivo gosta muito de relembrar episódios da convivência de vocês em São Paulo. Eu que as vezes misturo tantas histórias, vivo associando as dos conterrâneos daqui com as dos escritores e artistas modernistas da Semana de 1922.

– Não, eu cheguei lá em 1924, no ano seguinte à nossa formatura do curso normal. Lá se vão quase dez anos, Manuela! A famosa Semana de 22 infelizmente já havia passado, mas Ivo me apresentou muitas pessoas que participaram dela. Ele sim, já circulava como estudante pela capital.

– E agora, você está aqui em cobertura pelo jornal?

– Não, não estou com funções de correspondente de guerra, sou credenciado do jornal, como você deve saber, na *A Gazeta* desde 1927. De certo modo foi a guerra sim que me trouxe, mas vim mesmo para atender ao chamado apreensivo de meu pai.

Mantinha o mesmo olhar sereno e atencioso dos tempos de normalista, guardando com tenacidade sua outra faceta de intelectual brilhante, dotado de uma escrita refinada e corajosa. Sua mudança para São Paulo em 1924 virou uma verdadeira lenda urbana em Guaratinguetá, pois ele teceu com galhardia, no jornal da oposição, uma crítica dura ao então líder político inconteste, o Comendador Rodrigues Alves, irmão do ex-presidente da República, o Conselheiro Rodrigues Alves. Com seu texto assinado no jornal, o comendador havia dado 24 horas para que saísse da cidade se não quisesse ter outra sorte em algum encontro casual com seus capangas.

– Vim testemunhar de perto os novos atos da guerra paulista e seu desdobramento na vida das pessoas. Meu pessoal de casa segue amanhã para algum refúgio. Ficaremos por aqui eu e meu irmão André. E vocês?

– Bem, Ivo está no Rio de Janeiro, já há meses foi trabalhar no governo. Acabo de receber notícias de que ficará por lá até que as coisas se acalmem. Deus sabe quando, não? Meus pais e minha filha foram para a fazenda do Taquaral com Dona Icnácia e Seu Joaquim. Eu farei o caminho contrário ao seu, devo ir para a capital fazer um curso de enfermagem de guerra.

Brito me olhou surpreso. Continuei explicando:

– Miguelzinho foi ferido, lá nas bandas do Túnel em Cruzeiro, imagine que nosso rapazinho se alistou como voluntário! Ainda não entendemos as circunstâncias exatas das lesões sofridas, mas ele está em coma.

Percebi que havia conseguido pronunciar a frase toda e a palavra "coma" sem chorar.

– Nossa, Manuela, lamento muito. Desejo muita força a você e recuperação breve ao Miguel. Acabei de ouvir do sogro do Nilo que nós os intelectuais somos libertários e como tal, contra a guerra. Muito me honrou ser incluído e chamado de intelectual! Ficarei por aqui nessa espécie de autoexílio provinciano.

– Ora, não seja modesto, senhor José Brito Broca. Muito em breve se tornará não apenas o intelectual notável e corajoso de

Guaratinguetá, mas o jornalismo literário brasileiro o terá descoberto. Então você siga como jornalista e eu como profetiza: escreva isso! Que bom se houvesse quem escrevesse sobre o horror dessa guerra!

E concluí:

– Mas me desculpe a pressa, Brito, preciso ir adiante encontrar meu irmão Maurício que me espera.

– Eu que peço desculpas por retê-la. E boa sorte!

Apenas atravessei a rua e já avistei Maurício na janela do sobrado. Visto de baixo, ele me parecia calmo. Entrei pela porta que me indicou, subi cuidadosa, evitando os gemidos das desgastadas tábuas na escada. Respirei fundo e adentrei a antecâmara da sua elegante sala de jantar.

Não havia reparado que meu irmão, mais moço do que eu, já mostrava nas têmporas alguns cabelos brancos. Eu ainda não tinha, senti um fiapo de alegria, era parte da nossa permanente e antiga competitividade de irmãos. Nos abraçamos de modo distante e discreto, percebi que Maurício me evitava olhar de frente. Tomei como um bom sinal, teria chance de ser mais ofensiva na conversa, já que eram assim nossas bravatas verbais desde a adolescência. Maurício amadurecera, mas se mantinha conservador e autoritário, disfarçado com adereços de modernidade. Fui me adiantando na conversa, levando em conta o que Dita havia antecipado.

– Meu irmão, não saí sorrateira daqui na segunda de madrugada como você descreveu para a Dita. Não. Esperei com paciência sua resposta ou algum contato ao longo da tarde e noite do domingo. Por volta das nove, nosso primo Mário me telefonou avisando que conseguira autorização de ida a Cruzeiro de automóvel. Ele era portador de vários itens recolhidos de consultórios médicos da região para serem levados ao hospital de Cruzeiro.

Não sei se você sabe que a Santa Casa de lá, desde sábado, foi adaptada para funcionar como hospital de retaguarda para a guerra.

Não lhe dei tempo de resposta, e já me adiantei em continuação:

– Não pensei duas vezes, pedi para que me levasse junto pois seria a oportunidade de ir pessoalmente saber do paradeiro e estado de Miguel. Não aguentava mais esperar pelos comunicados oficiais, afinal a notícia dos acontecimentos na frente de combate do túnel também nos chegou informalmente. Sei que foi graças a você, e sua formidável rede de conhecimentos, que nos foi possível tomar conhecimento do infortúnio de nosso irmão. Simplesmente não conseguia mais esperar aqui parada... quando tive a possibilidade de ir até Cruzeiro, não titubeei. Então, não entendo sua irritação comigo, cada um de nós cumpre agora um papel diferente na mobilização pela ajuda ao Miguel ferido.

– Mas diga logo, como o encontrou? Que notícias traz?

Intuí que tinha conseguido um atalho na disputa dos argumentos, ao reconhecer sua competência de nos ter possibilitado a antecedência de informações da frente dos combates, mesmo que tivesse sido parcial e ainda imprecisa. Queria me antecipar no que já sabia ser nosso permanente desentendimento, reconhecer sua primazia de opinião. A condição de ser sua irmã mais velha, a primogênita, sempre lhe foi motivo de desgosto, não conseguiu no nosso convívio de irmãos se fazer valer como autoridade masculina. Tive outras, mas não a dele.

– Manuela, cabe a mim zelar pela integridade física e moral da nossa família. Não vou permitir que você, uma mulher casada, saia andando pelo Vale do Paraíba afora desacompanhada. As pessoas já comentam com estranhamento esse seu casamento, cada um de um lado. Isso não vai dar em coisa boa, você bem sabe.

– Não, Maurício, o caso agora não é sobre o futuro de meu casamento, muito menos o que as pessoas da sociedade guaratinguetaense pensam ou deixam de pensar. Isso tudo não deveria ser da conta de ninguém. O caso agora é nosso irmão Miguel. Ontem à noite pude vê-lo, atirado sobre uma cama, em enfermaria especial, em estado de coma. Segundo o médico, com quem pude conversar, ele tem lesões, provavelmente por estilhaços de projétil ou granada, no braço e na cabeça, tendo aí sido protegido pelo capacete.

– Nossa, que tragédia! Infelizmente nada que não pudesse ser previsto, não é?

Maurício estava abalado, mas sua forma de expressão para com o sofrimento era estranha. Não permitia se mostrar frágil. Percebi seu disfarce para não me deixar ver suas lágrimas. Durou alguns segundos nosso silêncio, pensei em abraçá-lo, criar um momento de trégua na nossa perpétua disputa, afinal éramos os irmãos que precisam de amparo para acompanhar um tempo futuro incerto de nosso caçula.

– Então, Maurício, quero agora pensar e agir exatamente de modo pragmático e coerente, como você há anos me ensina. Minha prioridade é a vida do nosso irmão de volta, o mais plenamente possível. Estou abraçando essa causa em nome da família. Para estar ao lado dele e acompanhar seu período de recuperação preciso estar a serviço do hospital. Para me aceitarem como voluntária, terei que fazer um curso breve de enfermagem de guerra. – Sem esperar o tempo de resposta de Maurício, continuei. – Peço pelo amor de tudo que lhe possa ser sagrado, não me impeça de ajudar a cuidar de Miguel.

– E o que você planeja?

– Partir em poucos minutos, ainda agora à tarde para São Paulo. Espero seguir por duas semanas o curso de enfermagem e voltar para atuar lá no hospital em Cruzeiro. Pretendo só sair de lá com Miguel caminhando lado a lado.

– Mas o que significa este estado de coma?

– O nome disso é concussão cerebral, o quadro clínico dele é estável, não se sabe quanto tempo possa permanecer assim.

Segui meu coração, me aproximei de Maurício e sem lhe dar tempo o apertei em um abraço. Fui correspondida.

DA MEMÓRIA VIVA
DE FIGURAS MORTAS

A VILA MINEIRA: SERRA ACIMA

Chegamos para morar na "cidade", era nosso modo de dizer, pois Passa Quatro ainda era uma vila nessa época. Meu pai, homem relativamente letrado para seu tempo, concedeu a mim, sua primogênita, condições para aprender a ler e a escrever, me possibilitando sair do cotidiano rural. Os tempos mudaram, e não era mais costume, como foi da meninice dele, o fazendeiro contratar professores para o ensino na própria roça. Com o fim do Império, nas primeiras décadas dos tempos republicanos, lentamente os costumes e as condições dos fazendeiros de café do sul de Minas foram se modificando com diminuição financeira. Minha mãe, mulher silenciosa e com escassa escolaridade formal, não se entusiasmava com a ideia de me ver afastada do seu convívio, condição para estudar na cidade, passaria a ser cuidada pela avó paterna. Contudo, a decisão final cabia ao homem da casa. Meu pai, sempre sensível às opiniões da sua mãe Dona Rita, que com a viuvez foi impelida a contragosto a deixar a cidade, argumentou fartamente a favor da nossa ida. Os cuidados com minha educação escolar passaram, a ser o centro da questão. Talvez tenha significado um providencial álibi para a minha avó, ela que não mais se acostumava a viver na roça.

O século que avançava traria grandes transformações, profetizava meu pai. Na sua recorrente ironia, acrescentava aos argumentos para sua decisão ser minha ascendência materna repleta de gente de mentalidade atrasada, acomodados na ignorância. Ele lutaria para interromper esse ciclo, desejava filhos diplomados, o que ele não pudera ser.

Não me considero pessoa saudosista de celebrar o passado, tendo o presente sempre como seu contraste – não sou de repetir, "Ah! A vida não era assim!" – quando no presente os problemas nos parecem sempre mais complexos. Os problemas tornados passados podem ser observados com distanciamento, e então já concluídos eles nos parecem mais fáceis, em verdade não nos damos conta de sua natural incompletude quando no presente. Contudo, ao olhar na perspectiva pretérita, me buscando pela vida, recorto o curto período de quando nos alojamos na casa da praça da estação ferroviária em Passa Quatro, e lá reconheço um passado de perfeita harmonia, no meu diminuto universo feminino. Em verdade, vivi aqueles anos no reino da delicadeza como princesa, tendo a avó Rita e a Dita dedicadas ao meu bem-estar e desenvolvimento. Minha contrapartida era simplesmente ser obediente, religiosa e aplicada nos estudos do grupo escolar. Andava pelas ruas e ladeiras da meia dúzia de quarteirões entre a igreja Matriz, a praça da estação, a rua do comércio, os lados do rio e a nossa casa, me sentindo um ser infinito e livre. A finitude foi me vindo aos poucos.

Nossa vila naquele período era muito mais movimentada e destinada ao progresso do que muitos lugares de Minas Gerais. Entretanto, sua emancipação como cidade só aconteceu anos mais tarde, em 1925, quando já estávamos instalados em Guaratinguetá.

Menina, ainda não havia aprendido a pensar sobre a vida das pessoas. Viver a minha me consumia. Se fui mimada e poupada na infância pela vovó, Dona Ritinha, o balanço dos anos me revelou que amor em demasia, quando sincero, nunca causa prejuízo.

Entendi mais tarde que o casamento de meus pais, realizado por escolha das famílias por conveniência econômica, como era o costume local, não conseguiu criar cumplicidade entre eles. Minha avó desde cedo, percebendo o distanciamento e a fragilidade da relação afetiva do casal, em nada contribuiu para melhorá-lo, afastando-me para seus cuidados – acolhendo sua neta em um mundo encantado. Protegida e desarmada, cresci.

Minha mãe acabou consentindo e me deu sua bênção. Ela se convenceu de que, além do interesse de voltar a viver na cidade, Dona Rita nutria grande afeto pela neta e nossa partida possivelmente a aliviaria do difícil convívio cotidiano com sua sogra. Ficou acertado a partir de então um novo arranjo na dinâmica familiar dos Castro Fortes: cada um dos filhos, ao atingir a idade da alfabetização, sairia da roça para morar na casa da cidade sob os cuidados da avó Rita. Felizes, eu pela novidade, a avó pelo retorno ao convívio urbano, nos instalamos na antiga casa na esquina da ladeira na praça da estação de trem. Após, se juntaria a nós meu irmão Maurício e pouco tempo depois vieram também meus pais; ali ficamos todos juntos por poucos meses, pois com a venda da antiga propriedade rural nossa mudança para o estado de São Paulo não tardou, descendo pela primeira vez a serra pela estrada de ferro.

Frequentei o grupo escolar durante o primeiro ano da nossa estada. Necessitava ter meu aprendizado informal comprovado, dos anos que na roça o tive ora realizado pelo meu pai ora pela avó. O sonho de me formar professora, de ser normalista, era acalentado sob a influência da avó. O anúncio do funcionamento, no ano seguinte, da Escola Normal Nossa Senhora Aparecida em Passa Quatro acelerou os planos da mudança.

A MÃE

Da minha mãe, com o nome de solteira Maria Cecília Ribeiro, posso descrevê-la como pessoa com espírito envelhecido precocemente, ensimesmada, escassa na demonstração de afetos, como se um véu entediante a envolvesse. Sua palidez acentuava seu ser ausente. Mal consigo imaginá-la moça. Reconheço por retratos sua beleza facial e porte esguio, tez clara contrastando aos olhos e fartos cabelos escuros, cuidadosamente trançados pendentes lateralmente sobre o colo que pouco se mostra atrás de um tecido fino da blusa. Sentada sobre uma relva à beira de um espelho de água olha na direção da criança que com um dos braços contorna. Seu olhar parece ao mesmo tempo doce e distante, como se ultrapassasse a cabecinha careca que aprendi ser a minha, e buscasse um horizonte. Foi criada sem mãe desde pequena; o pai, próspero fazendeiro de café, após a abolição da escravatura se viu em dificuldades para manter as quantidades e a qualidade dos grãos, firmadas em contratos antes vantajosos. Desfazê-los seria o mais acertado desde que saldasse as multas, pois ainda dispunha de energia e da ajuda dos demais cinco filhos homens, para recomeçar uma nova atividade produtiva. Pensava em mudar a produção da fazenda, iniciando uma plantação de fumo para futura ampliação de atividades nesse novo ramo. Na ausência de figura feminina que o abrandasse, não titubeou quando percebeu no casamento da única filha a possibilidade de um rentável acordo com seu antigo vizinho de contendas. O jovem, filho do vizinho, recém-chegado do internato de padres de quem trazia vagas recordações, fora companheiro de brincadeiras de seus irmãos mais velhos, nos períodos de férias escolares. Não lhe passou despercebido sua nova aparência quando reaparecera crescido, modos de moço da cidade, muito diferente do menino que chegava tímido ali no seu terreiro, montado em um lindo animal. Havia assistido à briga dele com um dos seus irmãos, por alguma bobagem, talvez pelo próprio cavalo, mas o suficiente para gerar ressentimentos entre as famílias vizinhas. A aprovação do noivado, pelo qual não foi consultada, mas apenas avisada, selou a volta da paz na antiga rusga entre as famílias. Na sua natureza reservada, aprofundou o ar triste quando percebera a inutilidade de tentar demover o pai do compromisso para seu casamento, pois havia nutrido um amor escondido e platônico, por outra pessoa. Teria entendido errado os olhares, os sorrisos, as meias palavras, do primo Jorge? Mas a ausência dele sem explicação na visita combinada, quando sonhava poder revelar sua paixão, a deixara atônita. Havia pedido auxílio para enviar uma mensagem, infelizmente não chegou a aprender o bastante para fazer sua própria escrita. O pai, alegando não ter como dispor de pessoa a acompanhá-la até a fazenda vizinha, a impedira de continuar frequentando as aulas quando supôs sinais de que logo deixaria a infância. Trazia muito ressentimento por isso. Para ampliar sua desilusão amorosa, sua carta ao primo Jorge foi interceptada por um dos irmãos. Graças à carta ela se tornou além de mais vigiada, objeto de grande escárnio por eles. Sua vida parecia mesmo não ter rumo certo, quando condescendeu com o casamento. Casada, não fora infeliz, a princípio, mas a vinda da sogra para viverem juntas foi desastrosa, contribuindo para aprofundar o distanciamento do casal. Eu, com tenra idade e grande entusiasmo em viver com a avó na cidade, mal pude compreender o que parecia apenas ciúmes de minha mãe por me dividir. Apenas muitos e muitos anos depois a entendi, quando também fui mãe e percebi Maria Augusta, minha primeira filha, repetir com minha sogra idêntica trajetória à que vivi. Mas já era tarde demais para me reconectar com minha incompreendida mãe. Sua doença dos nervos a acometeu, pelos relatos de Dita, antes mesmo do nascimento de seu caçula, mas após muito se agravou. Em algum momento do passado, sei que meu pai a acompanhou em consulta com especialista no Rio de Janeiro; depois, sempre que ficava mais quieta e triste, rejeitando os alimentos, recebíamos a visita do doutor Meireles em nossa casa e seguíamos suas orientações. A doença de minha mãe se revestiu de aceitação familiar envolta sempre em tom de misterioso silêncio, uma questão silenciada doentia como seu próprio silêncio. Vez por outra ouvi conversas atrás de portas, nas casas de parentes, com insinuações de que a proibição de meu pai à internação poderia não ter sido única ou a melhor escolha. Seu envelhecimento físico acompanhou a precocidade do que já habitava o seu espírito, mas suavizou seu olhar. Criara seu mundo próprio imaterial ao seu redor, era como se tivesse desistido da convivência com as pessoas. Não entabulava conversação por ela mesma, mas respondia monossilábica, em geral afável, e logo deixava notar que se ausentava em pensamento. Acostumamos com nossa mãe de presença ausente.

O PAI

Meu pai, Manuel Leopoldo de Castro Fortes, era comunicativo, de porte esguio e musculatura robusta. O sorriso largo punha à mostra belos dentes. Tinha cabelos castanhos escuros e usava um penteado molhado, de forma a parecerem lisos, esticados para trás, embora seu encaracolado natural desprendesse chumaços do alto quando secos. O uso frequente do chapéu minimizava sua aparência de homem de cabelo revolto, compondo a imagem de pessoa bem cuidada. A barba sempre aparada e os mesmos lindos olhos esverdeados herdados da mãe contrapunham sua afirmação de ser pessoa com ausência de vaidades. Meu pai, homem nascido no século XIX, tornou-se pessoa precocemente adequada às mudanças da modernidade do novo século. De sensibilidade incomum, posso afirmar ter sido um homem muito adiante de seu tempo. Filho único, condição muito rara naquelas gerações, estudou no internato do famoso colégio mineiro Caraças. Porém, acolheu cedo o pedido da sua mãe para substituir o pai na condução dos negócios da fazenda, e com isso não realizou sua vontade de estudar para ser doutor na capital. Sendo alfabetizado por profissionais que o avô Miguel ali mantinha, e tendo desenvolvido gosto pelos livros, chegou a aprender até rudimentos para uma conversação em francês, antes mesmo de ir para o internato. Eram incontáveis suas afirmações marcadas por um misto de sentimentos entre orgulho e pesar, justificando o fato de que do colégio interno não seguiu para a capital, e não se formou doutor, por compromisso com a terra e sua gente!

A DITA

Na nossa mudança da roça para Passa Quatro, a Dita veio conosco. Discretamente iniciava o aparecimento de seus fios brancos nas madeixas das têmporas. Ela retornaria para a fazenda assim que a casa estivesse ajeitada em adequadas condições para a moradia. A promessa não se cumpriu e ela nunca retornou, não tendo mais se afastado de mim – tornou-se meu eterno anjo protetor. Seus pais eram brasileiros e foram escravizados nas propriedades da minha família paterna. Benedita não sabia exatamente o ano de seu nascimento. Minha avó me assegurava que tinha sido após a Lei Rio Branco de 1871, conhecida como "Lei do Ventre Livre". Cada vez que esse assunto era trazido à baila, eu, menina, me debulhava em lágrimas, inconformada. Doía imaginar uma criança igual a mim escravizada, e me interrogava sobre a crueldade de meus antepassados. Dona Rita se esmerava ao contar belas histórias na tentativa de abrandar esse passado e acalmar meus acessos de choro. Mas ela própria relatava quanto os fazendeiros não receberam de boa vontade a ordem de que os filhos das mulheres escravizadas seriam pessoas livres, como a Dita. Muitos não cumpriram, apesar do esforço do Padre Bindão, pároco da vila, em percorrer as fazendas com o livro de registro, buscando a identificação das crianças que a lei criava como obrigação. Quando fui ampliando a consciência do mundo percebi que não poderia afirmar que Dita tinha vivido de fato como pessoa livre, apesar de ter nascido liberta. A lei que a fizera livre, a vinculava sob responsabilidade dos senhores até os 8 anos; depois, era facultado ao proprietário receber indenização por parte do Império ou poder utilizar os serviços do liberto até os 21 anos. Dita foi ainda menina viver com meus avós quando meu pai nasceu em 1881, tendo sido sua pajem, com menos de 10 anos. Apenas quando tive meu primeiro salário como professora, Dita, com quase cinquenta anos, passou a receber remuneração por seus serviços.

O AVÔ MIGUEL E A AVÓ NHÁ RITA DO SEU MIGUEL

Antes de nos instalarmos em Passa Quatro, a avó Rita já havia vivido ali por muitos anos até a morte do meu avô, o que a fazia ser identificada e nomeada pelos conhecidos e vizinhos como a "Nhá Ritinha do Seu Miguel". Era dotada de habilidade inaudita tanto nos arranjos dos ornamentos da casa como na sua prosa suave cheia de argumentos. Era delicada, mas exageradamente persuasiva. Mais tarde aprendi com ela o significado do jeito mineiro, maneiroso de ser. Na casa tudo merecia sua atenção para que nada tivesse traço de provisoriedade. Cada cômodo, cada pé de planta, toda peça de vestuário, o preparo das comidas, enfim tudo.

Dona Rita de Cássia Moura de Castro Fortes, a Nhá Rita do Seu Miguel, arrastava no nome o falecido marido, com quem viveu por quase meio século, buscando dar-lhe presença na ausência. Por meio dela e dos seus contemporâneos ouvi tantos relatos, feitos, malfeitos, não feitos, virtudes e defeitos desse avô que causaram na minha memória o registro de um rosto sobreposto por muitas faces. Os traços de sua fisionomia retive a partir da imagem aprisionada no porta-retratos oval, retocada como pintura, pendurada no centro de uma das paredes da sala. Estampava um homem de meia-idade de ar sóbrio cujo olhar vivo destoava do resto das características faciais, com a boca parcialmente encoberta por um vasto bigode já acinzentado. Vovô foi um português que imigrou para o Brasil, aportando no Rio de Janeiro na metade do século XIX, com ascendência espanhola ou francesa, rude e suave, conservador e progressista. Tornou-se afortunado com a herança oriunda da família da minha avó, mas soube ampliá-la se fazendo um homem rico para sua época.

Anos depois, quando já não mais viviam na fazenda, perdeu muito dinheiro com o vício no jogo de cartas. Era um astuto negociante, um caridoso homem, tinha proximidade com os kardecistas quando viajava à capital federal. Era um católico cumpridor das obrigações com a igreja. Monarquista e admirador do imperador, cedeu uma dúzia de escravos para a Guerra do Paraguai; apesar disso, também prestou seu apoio ao movimento republicano.

Nossa ascendência espanhola ou francesa, nunca exatamente esclarecida, trazia-me muitas ilações curiosas sobre o avô Miguel. Menina, pensava-o como um velho senhor fazendeiro de botas altas, afável no trato de seus escravos, apesar de às vezes odiá-lo quando o imaginava ao lado do seu feitor açoitando os trabalhadores como objetos de sua posse. Adolescente, eu o mistificava como um Cervantes capaz de inspirados ideais quixotescos.

Sem ter conhecido pessoalmente meu avô Miguel, com tantas características contraditórias, compunha dele uma imagem montada por fragmentos superpostos como numa tela. Nela o artista teria reaproveitado pedaços de sucessivas inspirações, pintando camadas sobrepostas com pinceladas em cores diferentes. Finalizada a obra e com o desgaste do tempo, o resultado do avô era de um ser multifacetado, uma tela onde na camada final os traços deformavam a imagem. Com certo pendor para pintura, desde menina tive interesse pelas obras artísticas, mas não apenas as clássicas. Quando conheci a fase cubista de Picasso, tive grande apreço, talvez até mais afetivo do que artístico. Tivesse esse dom tão cobiçado, a ousadia de expressar em pintura imagens mentais, transporia em tela e pintaria com pinceladas abstratas um avô cubista.

O CASO DO ECLIPSE TOTAL DO SOL

Passa Quatro, 1912. Grandes preparativos aguardavam o eclipse solar daquele ano. Na ocasião também seria inaugurado o Posto Meteorológico. O assunto encantava meu pai. Ele se gabava e se autointitulava um homem republicano e moderno. Chegou da fazenda com dias de antecedência, queria acompanhar a movimentação das várias delegações estrangeiras que iam se instalando na cidade. Foi logo se inteirar junto à comissão responsável pela organização, que para sua facilidade o Sr. José Vicente Lisboa Junior, era um antigo conhecido seu, estava como o responsável em Passa Quatro pelos preparativos dos festejos. Buscava conhecer os detalhes, julgava que, como cidadão nascido e criado ali, merecia saber sobre os preparativos para o evento, mas não aceitou entrar como membro da comissão na última hora. Poderia ajudar sem precisar ter seu nome destacado. Acompanhou a limpeza do espaço, pois era necessário capinar muito bem o lugar, certificar-se de que o roçado estivesse adequado, aplainado, para a montagem do acampamento onde seriam instalados os instrumentos de observação e fotografia do fenômeno.

– Pai, o que é um eclipse total do sol?

– Manuela, você já está frequentando a escola... ainda não te ensinaram nada sobre isso lá?

O sorriso dele me demonstrava que acolhia minha dúvida de modo afetivo, apesar de sua indagação ter me despertado um pouco de vergonha. Depois entendi que era um modo de ele me fazer valorizar sua decisão de autorizar minha vinda para a cidade. A justificativa para estar ali, contrariando afetivamente minha mãe, era entender a importância da escola como lugar de oferta do conhecimento. Dar importância ao estudo para os filhos nem de longe era um valor reconhecido para seu tempo e espaço social, e meu pai buscava reafirmar tal fundamento.

– Pai, ensinaram um pouco sim, mas não sei se entendi direito. Já sei que os eclipses podem ser do sol ou da lua, que acontecem muito raramente, que não devemos olhar direto para o céu quando estiver acontecendo porque a luz do sol pode nos cegar. Mas ainda não entendo por que o mundo pode acabar nesse dia. Tenho ficado com um pouco de medo.

– Manu, minha menina, nunca mais fale, nem pense, que o mundo vai se acabar. Essas bobagens são superstições, coisa de gente atrasada, ou de quem quer bancar esperteza para tirar vantagem da ignorância do povo.

Tive a impressão de que meu pai talvez tivesse estudado sobre o assunto, pois ele se referia com certa familiaridade ao astrônomo Henrique Morize, líder da expedição e diretor do Observatório Nacional, explicando que o trabalho de registro seria realizado por um importante fotógrafo, Marc Ferrez, especialmente trazido para aquela missão. Ele achava que as pessoas de Passa Quatro não tinham consciência da importância de o lugar ter sido escolhido para a vinda dos astrônomos, das comitivas internacionais mais importantes, a francesa e a inglesa, além da presença do próprio presidente da República.

– Mas pai, Dita me disse que está fazendo uma novena e me mostrou muita gente indo para a igreja nas tardes. Elas passam aqui na frente e sobem a ladeira, rezando para o mundo não acabar.

– Crendices, minha filha. Deixe o povo rezar que faz bem, o que não se pode é confundir religião com ciência. Vou lhe contar uma coisa que você não sabe, e sua avó Rita nunca vai concordar, aliás, ela vai dizer que é invenção minha... – papai começou, dizendo com uma voz pausada, tirando o chapéu e passando a mão na cabeça, numa tentativa de acomodar o cabelo para trás. Foi se acomodando na mesinha de pedra sob a jabuticabeira no quintal. Parecia que sua pressa habitual tinha ido embora.

Era o relato de uma faceta de seu pai, meu avô Miguel, o da fotografia da parede da sala. Quando viajava para o Rio de Janeiro, ainda no tempo do Império, tinha frequentado durante um tempo uma reunião com pessoas que estudavam um fenômeno chamado "espiritismo cientifico". Para fundamentar o estudo usavam um livro chamado *Livro dos Espíritos*, que tinha sido escrito por um importante professor francês Allan Kardec. Dizia ser um assunto muito complicado para que, naquela idade, eu pudesse entender. Resolvera me contar para que soubesse que existiam no mundo muitas coisas que não eram explicadas só pela religião católica.

– Há nesses tempos modernos muitos fenômenos, coisas sem explicação, que um dia a ciência, pela física ou pelo avanço da astronomia, poderá explicar. – Esticando as pernas para arrumar as botas e limpar as laterais onde o barro secara, continuou: – No elipse total do sol, ele ficará encoberto por uns minutos porque a lua estará na frente dele, encobrindo a maior parte da sua imensa luminosidade. Aqui na Serra da Mantiqueira nós estaremos na faixa da totalidade desse escurecimento, então o dia ficará como se fosse noite porque a lua estará alinhada com o sol, entendeu?

Ele pegou uma manga verde caída e uma pedra redonda. Girando os objetos na sua mão, simulou o movimento dos astros alinhados e da sombra da lua projetada na Terra.

– Entendeu? Então me diga, Manu, o que isto tem a ver com o mundo acabar?

Ali me senti como a pessoa mais importante do mundo, meu pai explicando o eclipse, como era feliz! Uma manga, uma pedra e a sombra! Sim uma sombra na Terra era o eclipse e o mundo não ia acabar. Meu pai assim garantia!

– E o mais importante são os registros fotográficos que serão feitos aqui, quer dizer, vão tirar retrato do espectro de luz da coroa do sol, que estará encoberta pela lua. Muitos cientistas esperam que essas fotografias possam explicar uma teoria muito nova ainda, que se chama relatividade. Foi trazida para cá uma luneta especial, uma Mailhat de oito metros de distância focal, comprada pelo diretor Henrique Morize, do Observatório Nacional, só para esse eclipse.

Enfim, no dia 10 de outubro de 1912 o eclipse total do sol não foi visualizado pois uma chuva intensa caiu sobre Passa Quatro e impediu a observação do fenômeno. Meu pai, que precisou de muita habilidade para lidar com o medo de minha mãe e dos camaradas da roça, convencidos ainda de que o mundo iria se acabar, ficou tão indignado com o fato que considerou ser traição da própria natureza. Proibiu as novenas na fazenda e só voltou atrás por insistência e conselhos sábios da avó Rita, que entendia mais e melhor a necessidade da sua gente.

Muitos anos depois, já casada com Ivo, em viagem ao Rio de Janeiro, pude me recordar daquela aula sob a jabuticabeira, com a manguinha verde como o sol e uma pedra branca como a lua. Nunca mais deixaria de acompanhar notícias sobre eclipses. Em uma fotografia no jornal, na varanda de um laboratório em Manguinhos, vi um grupo de senhores com o já famoso Albert Einstein ao centro. A notícia trazia as palavras do cientista: "Foi o luminoso céu do Brasil que se incumbiu de resolver o problema concebido pelo meu cérebro". Era maio de 1925 e o cientista estava se referindo não ao malfadado eclipse de 1912, mas ao de 1919, que pôde ser fotografado, no Ceará. O estudo das fotografias serviu para confirmar o que meu pai dissera: a teoria da relatividade.

O TÚNEL DA MANTIQUEIRA

Ainda em 1912, estávamos recém-instaladas na área urbana, minha avó voltava a ser a guardiã da sua velha casa da cidade, passamos a morar juntas ali. Voltar a habitar a parte superior do casarão, de onde ela havia saído quando enviuvara, requeria uma boa reforma. A parte de baixo havia sido mantida como loja de comércio, mas com a morte do avô foi alugada para meus tios maternos. A parte dos fundos, onde acessávamos pela escada a partir da cozinha, foi dividida por um muro para termos nosso quintal reservado, separando o espaço utilizado do galpão como depósito da loja. Ainda lidávamos com os arranjos dos móveis, limpeza dos assoalhos, envernizando as janelas, mas nem por isso os festejos que ocorreriam na cidade deixaram de merecer especial atenção da vovó. Chegaria em visita à Passa Quatro a mais alta autoridade da jovem República. Completavam-se exatos 28 anos desde que o imperador de D. Pedro II ali também estivera, e os preparativos para tais celebrações não poderiam ter menor realce ao presidente do que fora ao rei.

Minha contribuição como menina de dez anos no novo cotidiano da vida urbana era singela, mas movimentada. Transportava coisas de um cômodo para outro, limpava a poeira de objetos retirados dos guardados que voltavam a ser usados e me ocupava do exame da limpeza da frente da casa. Minha missão de varredura era restrita a parte do átrio abaixo na entrada da nossa porta, situada em uma das nas laterais da construção, mas o exame se estendia a toda a calçada, incluindo a frente das três portas da loja. Constatado problemas, me dirigia diretamente ao tio Germano, pois a ordem de limpeza aos empregados partia dele. Mas para a festa, especialmente, deram-me uma missão mais nobre, bordar um barrado de toalha. Para um pano de linho encorpado, foi escolhido o uso de meadas de linha da Ilha da Madeira, muito preciosas. Vovó riscara com lápis os desenhos copiados de revistas estrangeiras e eu minuciosamente os cobria, ponto por ponto. Ainda não dominava grande variedade deles, mas já era reconhecida como boa bordadeira no ponto cheio, no ponto em cruz, no ponto atrás e iniciava o crivo, de traçados não muito extensos. As cores que davam vida aos desenhos tipicamente mineiros ao meu gosto deveriam ser vibrantes, mas vovó, que ficava com a decisão final, preferia discretas. No dizer da velha senhora a verdadeira arte da bordadeira seria fazer da discrição sua elegância. O segredo do bom bordado estava em apresentar o avesso praticamente idêntico ao lado direito, sem cruzamentos desnecessários entre as linhas e com nós bem delicados. A toalha barrada foi estendida do lado de fora na sacada geminada do sobrado, adiante das janelas centrais da nossa sala, ornamentando toda a frente. Era como se fazia usualmente para os dias das procissões santas. Para aquele evento, em especial, a localização da nossa casa era privilegiada, estávamos bem defronte do largo da estação ferroviária. As pessoas que desciam do trem, por onde a comitiva presidencial sairia, tinham a visão frontal na direção da nossa sacada enfeitada como uma saudação de boas-vindas.

Os moradores mais velhos de Passa Quatro, muitos envolvidos com a realização dos festejos, não economizavam seus relatos saudosistas, rememorando detalhes do acontecimento anterior, quando da visita do imperador. A presença do Don Pedro ii tivera maior imponência, pois trouxera àqueles rincões a realeza brasileira com toda a pompa e encantamento da nobreza, era o que ouvia aqui e acolá. Atenta às histórias contadas pelas amigas da vovó, enquanto bordava, me perdia em devaneios imaginando os príncipes e princesas da realeza nacional. Ressentia-me com a escassez de informações, não tinha aprendido e não dispunha da imagem de uma boa descrição dos seus palácios e vestimentas. Assim na minha fantasia misturava alegorias asiáticas de impérios do outro lado do mundo. Dentre as muitas lembranças dessa ocasião da vinda do presidente, uma se destaca como mais viva para mim: a alegria de meu pai com o acontecimento. Sua empolgação me contagiava e aumentava meu esmero com os bordados. Para ele, os novos ventos republicanos traziam signos de uma nascente modernidade com a presença do Marechal Hermes da Fonseca que chegava acompanhando a comitiva de astrônomos brasileiros e estrangeiros que formavam uma missão de estudo, para o eclipse.

Nos quatro cantos da nossa antiga cidade, nas portas das vendas, nas lojas do comércio que se expandiam, na frente do novo estabelecimento bancário, no cemitério novo, na saída das aulas defronte ao Colégio São Paulo-Minas – quando ele ainda existia –, no Colégio São Sebastião dos meninos, no Grupo Escolar, no cinema, onde houvesse pessoas juntas, o assunto das conversas acaloradas era a visita do presidente. Divergiam os monarquistas saudosos e os republicanos esperançosos. A presença do Marechal rodeado de astrônomos o associava ao desenvolvimento da ciência, na busca de enterrar o insepulto amor daquela gente dali pelo último monarca do Brasil.

O presidente, afinal, também faria uso da moderna via férrea, que não fora dádiva do imperador, bradava meu pai nas rodas de conversa, assim como a abolição dos escravos não fora dádiva da princesa, dizia ele, demarcando sua enfática posição contra as lamentações saudosistas dos monarquistas. A placa afixada na estação ferroviária com a data da sua inauguração (14 de junho de 1884) trazia em letras já azinhavradas um registro de que a obra era uma conquista da labuta incansável dos homens de bem das terras férteis do rincão do Sul de Minas. O pertencimento do mérito da chegada da estrada de ferro Minas-Rio de Janeiro, na Vila de Passa Quatro, dependia da posição ideológica e partidária de quem julgava. Do que ninguém discordava era a transformação rápida e os tantos melhoramentos que a vinda da ferrovia possibilitou para aquela região no canto do mapa de Minas Gerais, nos limites das províncias, depois estados, de Rio e São Paulo.

Na companhia de D. Pedro II com a família imperial em 1884, estavam também Dona Tereza Cristina, a Princesa Izabel e o Conde D'Eu, todos na locomotiva saída do Rio de Janeiro. A comemoração alardeou o feito da monarquia, ampliando ainda mais o que já era de grande significação para seu tempo – a travessia da serra intransponível – pela monumental obra de engenharia com a construção do túnel da Mantiqueira.

A ligação de Minas ao Vale do Paraíba, na transição do século, representou muito mais que uma ultrapassagem que vencia a barreira do paredão da serra. O túnel conectava o sul de Minas ao mundo, pois agora era possível chegar ao mar. A nós, estudantes do Grupo Escolar, era imprescindível saber o nome do engenheiro Hebert E. Hunt, responsável pela obra de engenharia avançada usada na construção do túnel, possibilitando que fosse concluída mais uma das estradas de ferro do Barão de Mauá.

Pelo lado paulista, o imperador já havia visitado o túnel em 1882, ainda em fase de obras, quando se limitou a permanecer na localidade de Cruzeiro. Depois de dois anos em 84 foi possível cruzar a montanha por dentro e celebrar a inauguração oficial da ferrovia do lado mineiro em Passa Quatro. A travessia dos 997 metros no interior das insondáveis entranhas da Mantiqueira levava os passageiros serra acima até a Garganta do Embaú, a 1800 metros de altitude.

O imperador resistiu às críticas dos opositores, apoiado pela empresa inglesa responsável pela obra. Não se deixou abater, sem dar ouvidos às queixas pelas explosões de dinamite e a destruição das matas, como se não fossem os próprios fazendeiros cafeicultores os primeiros a substituírem a vegetação original dos morros pelas plantações. Não faltaram sugestões de outros traçados para o percurso, ou que fossem realizadas melhorias da via sobre as trilhas originalmente abertas pelos tropeiros, que por ali já passavam há séculos, transportando o ouro das minas de Diamantina para Paraty. Foram palavras ao vento, pois nada na transição do século do século XIX ao XX parecia mais formidável e transformador do que a chegada da estrada de ferro para a economia, para a integração regional, para a ampliação das relações sociais e culturais.

Aprendi com meu pai que atrás de cada argumento há de se encontrar sempre a motivação e os interesses em jogo, não raro inconciliáveis. O certo é que virou história do povo do lugar contada em prosa e em verso, gerações afora, cada qual com um detalhe e mesmo chalaças, a visita da família real, que se tornou o acontecimento mais importante que Passa Quatro assistiu, e sua gratidão ao imperador.

Para a nossa história familiar, o túnel da Mantiqueira, se tornou espécie de ícone com significação um tanto sombria quando em 1915 fomos de mudança para o Vale do Paraíba e empreendemos a descida da serra pela ferrovia. Uma mudança com a família de lugar e de atividade era considerada, por muitos, uma verdadeira saga dos Castro Fortes, que fez parte do movimento da migração interna da microrregião entre sul de Minas e o Vale do Paraíba, atraídos por novas possibilidades de empreendimento e trabalho. Meu pai adquiriu terras a bom preço para a época, pedaços de imensas fazendas recortadas nos inventários entre herdeiros dos antigos cafeicultores, para nova destinação. Sua fazenda em Guaratinguetá abrigaria o início da ousada iniciativa e negócios com gado de corte e leite, não mais de plantação de café.

Minha mãe, sempre se opôs a nossa mudança de Minas, resistiu enquanto pôde. Tivera até então dois filhos, eu sua primogênita e no ano seguinte Maurício. Após dez anos sem filhos, engravidou já quando meu pai estava em plenas tratativas para nossa mudança. Mas nem a nova criança, que era seu grande desejo, caso fosse menino teria o nome do avô, Miguel, convenceu meu pai a desistir da transferência de cidade. Vencida, aquiesceu ao desejo do marido e da sogra. Viajamos de mudança; minha mãe, com gravidez adiantada, entrou em trabalho de parto prematuro. Na nossa lenda familiar, passou a fazer parte, como fato, que o desencadeante do susto de mamãe, já impactada pela novidade da própria viagem, foi a passagem no escuro do túnel da Mantiqueira, na descida até Cruzeiro. Miguelzinho nasceu e sobreviveu graças aos bons cuidados recebidos na Santa Casa dessa cidade, para onde minha mãe foi levada diretamente da estação onde desembarcamos.

O túnel icônico, construído em tempos do Império para conectar pessoas, lugares e economias, meio século depois, em tempos republicanos e conflituosos, no Inverno de 1932, foi obstruído pelas forças revolucionárias paulistas, tornando-se um posto estratégico fundamental da guerra para a contenção do avanço de tropas federais. Nas proximidades da entrada oval dos trilhos, feita de tijolos, morreriam muitos paulistas. Centenas seriam os feridos dos dois lados do litígio: mineiros, pernambucanos, cariocas, baianos e gaúchos, expostos desde o domingo 10 de julho, quando o 5º Regimento de Infantaria de Lorena o tomou, arrancando os trilhos do lado mineiro e dinamitando pontes. Já no dia seguinte houve a primeira chuva de artilharia do outro lado da fronteira, que não cessaria até a segunda semana de setembro com explosões fratricidas, capazes de devastar paisagens, aniquilar sonhos, entorpecer esperanças, ceifar vidas e mutilar corpos.

Durante mais de dois meses na Mantiqueira, homens foram submetidos a rajadas de metralhadoras, a explosões de granadas de toda sorte ou falta dela, na precariedade das trincheiras, nos desmoronamentos de abrigos. Sofreram com frio, chuva, falta de água e alimentação. Assim, o túnel da Mantiqueira tornou-se lendário, uma das estratégias mais importantes da resistência nas trincheiras, dos paulistas contra os federais. Na imprensa da época foi chamado de "Verdum" do Vale do Paraíba, em referência à batalha do nordeste da França na Primeira Guerra Mundial. Lá a resistência dos franceses aos ataques dos alemães deixou o número assustador de mais de 700 mil mortos; aqui, a luta entre brasileiros fez morrer mais de duzentos.

Assim o túnel da Mantiqueira voltava à cena da nossa novela familiar, exatos dezessete anos depois, em 1915 e 1932! Seria uma sina? Seria um destes casos inexplicáveis pela razão? Seria um bom enredo para uma obra de ficção? Miguel, um dos incautos e ufanistas jovens, o único paulista da nossa família mineira, tornou-se por escolha própria um soldado voluntário da guerra, ferido na frente do túnel. Qual era sua real motivação para o alistamento e o desejo de ser combatente?

Quando estive em atividade como voluntária no Hospital de Cruzeiro, observava os soldados ali internados, desgastados por semanas de combate sangrentos, e me punha à procura de sinais ou indícios que me revelassem suas motivações, especialmente dos voluntários. Passei a ter a impressão de que muitos deixaram de saber das suas razões, outros tinham dúvida até de qual lado do combate deveriam estar. Suas fidelidades alteravam-se ao longo dos dias. Percebia a fragilidade da sustentação do desejo inicial de alistamento à luta armada, talvez por assistirem ao acúmulo de mortes lado a lado nas trincheiras de corpos tão jovens como os seus, ou por enfrentarem eles mesmos as dores e mutilações tão dramáticas. Reconheci em muitos que a iniciativa de pertencerem às tropas se devia à falta de um projeto de vida próprio e que a outros a guerra soava como uma possibilidade de inserção social. Qual teria sido a razão para meu irmão Miguelzinho?

Voltava na lembrança o relato tantas vezes ouvido em conversas familiares sobre o outro Miguel, nosso avô. Para a Guerra do Paraguai o Império chamava os homens ao alistamento, meu avô não foi, enviou doze escravos em 1865. Me indignava imaginar a crueldade naturalizada na nossa vida social e familiar daquele fato, doze homens, teriam seguido para uma guerra que não lhes diziam respeito, e de lá nunca voltaram. Morreram? Aquela guerra de 1864 a 1870 contabilizou como meros números a morte de quase 50 mil brasileiros, 3 mil uruguaios e 18 mil argentinos. Os escravos perderam-se nos caminhos de volta à condição desumana de objetos de um senhor dono?

Instigava-me compreender a natureza distinta entre os que são obrigados por suas carreiras militares, os mandados por distintas formas de convocação, dos alistados por vontade própria. Suas vidas a serviço de uma causa, passam a ser contabilizadas como número, em comum, ficam todos autorizados a matar, a um outro, tornado inimigo. A vitória tem como imperativo a dominação pela matança de pessoas. Em suma, um Miguel, ausente do campo de batalha recebeu pelo Império um título como honraria, por fazer em seu nome doze homens perderem a vida, seu neto Miguel voluntário, presente no conflito armado, ferido, em estado de coma recebeu um diagnóstico: concussão.

A COROAÇÃO DA VIRGEM: MEU PRIMEIRO ALUMBRAMENTO

Ainda menina, conheci pela primeira vez a sensação de plenitude, como um verdadeiro alumbramento, no exato momento em que depositei a coroa sobre a cabeça da imagem da Virgem, durante a cerimônia da coroação de Nossa Senhora. Outra ainda experimentaria, adiante na minha vida.

Era maio de 1914, mês de Maria. Na casa da esquina na base ladeira defronte da Rua da Matriz, em Passa Quatro, vivia no meu reino encantado acompanhada de minhas duas fadas madrinhas. Elas eram, talvez, de aparência pouco usual para as fábulas convencionais: uma velha senhora, a avó Rita, e a nossa faz-tudo, a bondosa Dita. Guardei lembranças do cenário, daquele alumbramento místico, associadas aos vários estímulos sensoriais. O cheiro dos perfumes e incensos, os sons das canções, a visão das cores e a delicadeza do toque. Tive verdadeiramente uma inspiração sobrenatural, encantada, como um anjo encarnado.

As emoções me transportaram e me tornei por alguns minutos um ser transcendente, sem materialidade, puro espírito, maravilhosamente integrada à unicidade divina. A emoção foi tão arrebatadora que mal podia transformá-la em palavras, descrevê-la diminuía seu caráter encantado. Mantive por muitos anos esse meu segredo íntimo com a divindade, como verdadeira graça alcançada. Recorria à sua lembrança e dele emanava um sentimento místico capaz de amenizar temores, tristezas e elucidar dúvidas. Meus momentos de prece me exigiam muita concentração, neles buscava reviver o privilégio da conexão direta com o divino, que supunha ter sido uma conquista dada pela intercessão da Virgem Maria.

– Manuelita – apenas minha avó tinha o costume de me chamar por um diminutivo, era saboroso ouvi-la com entonação particularíssima imitando um sotaque espanhol. – Por favor, veja quem está chamando no portão.

Era a comadre Nha Cidoca, pessoa muito simpática e queridíssima de vovó Rita, por quem acalentava referências de gratidão. Ela havia acompanhado vovó nos cuidados e consolos pelos infortúnios causados pela perda de seus seis recém-nascidos das sete gestações que tivera. Meu pai, Manuel, era seu terceiro filho e o único sobrevivente. Somente muitos e muitos anos depois seria compreendido esse fenômeno familiar com um nome difícil de ser pronunciado: eristroblastose fetal. Vovó, muito feliz pela volta à cidade, reatava a proximidade com os vizinhos e antigos conhecidos. Cidoca estava entre eles.

– Menina Manuela, mi fazfavor de pegá no portão as frores que consegui pravosmecê pramoldi fazer os arranjos da igreja, não carece de eu subir não, vi Dita dejahoje cedinho esfregando duro os ladrilho e o fato é que pros lados da ponte onde estive indagora tava que era barrera que só...

Peguei as flores de Nhá Cidoca e desavisada fui tentar escrever a frase dessa língua falada pelos antigos serviçais, incluindo Dita, forma que me era muito afetiva. Com um caderninho de desenho com letra muito caprichada fui compartilhar o que imaginei ser um exercício de português.

– Ei, vó! Veja se consegui escrever a frase da comadre Nhá Cidoca, ela fala quase uma outra língua, não?

Vovó Rita, olhando para a folha de papel onde havia transcrito as expressões da comadre, teve uma reação que me surpreendeu:

– Manuela, nunca mais repita isso. Cidoca não merece desfeita e você não deve fazer isso nunca, especialmente com pessoa de menor condição de posses e sem escola. Você precisa saber reconhecer nas criaturas a pessoa que ali está, seu valor, e Cidoca é pobre sim, mas de caráter nobre, honesta, generosa!

Com ar sereno e sério, pegou minha mão e lá fomos nos sentar no caramanchão junto da jabuticabeira, o lugar onde recebia repreensões como aprendizados profundos.

– Minha filha, além de a soberba ser pecado capital, é muito feio. Uma moça educada e católica não deve cometer falta como esta! Você parece não ter entendido o que lemos ontem mesmo na Bíblia e menos ainda o sentido da oração de São Francisco, os salmos de São Gregório. Como você pensa que retribuirá a graça de participar da festa da coroação da Virgem se o seu coração não estiver pleno de amor ao próximo, recheado de perdão e perfumado pela candura de palavras e intenções doces e santas?

Assustada e arrependida, já com as lágrimas brotando e escorrendo rosto abaixo, mal podia falar.

– Desculpa, vovó. Nunca pensei que isso pudesse ofender a comadre, e ela nem estava aqui quando escrevi. Mas prometo que não repito nunca mais, vou rezar mil ave-marias de joelhos.

Estava verdadeiramente arrependida e envergonhada. Mal entrei pela cozinha e me deparei com Dita chorando. Ela não gostava de ver desavenças entre mim e minha avó. Nos abraçamos e a deixei cuidando dos bifes no fogão de lenha. Corri para meu quarto, eu mesmo me punha de castigo.

Ali, no nosso reino de delicadezas, talvez essa tenha sido uma das admoestações mais sérias que recebi. Penitenciei-me com as orações e no dia seguinte, sentindo meu corpo leve, resolvi presentear por minha própria conta a comadre Cidoca. Escolhi o lenço de cabelo de que mais gostava e levei até sua casinha, uma das várias na fileira das geminadas, na rua de calçada alta, a dela era a terceira. Havia sido doada pelos avós, que eram padrinhos de vários de seus filhos. Nhá Cidoca, não entendendo a gentileza, foi devolver o lenço à minha vó.

– Nhá Ritinha, não carece o mimo que a menina Manuela levou.

– Cidoca, aceite a lembrança da Manuela. Presente dado de coração não se pode devolver.

Vi que a avó Rita fazia um sinal disfarçado e cúmplice, e a comadre entendera a seu modo que era preciso acatar aquela orientação. Prendeu mais que depressa o tal lenço nos cabelos e saiu cantando faceira.

O episódio da penitência me serviu para firmar uma espécie de pacto com os anjos. Não tive coragem de confessar a minha avó, mas o meu desejo profundo de menina era o de não apenas participar da coroação vestida como um dos anjos, mas eu queria ser escolhida para coroar a Virgem. Sabia que estar entre o seletíssimo grupo de meninas formando o cortejo de anjos rosa, amarelo e branco, ladeando o andor da Virgem, era uma honraria concedida à neta da Dona Rita do seu Miguel, não a mim, Manuela, propriamente. Todas aquelas meninas de anjos coloridos eram moradoras dali, também oriundas das famílias mais tradicionais, todas assíduas frequentadoras da cruzada eucarística chefiada pela Dona Antonieta Pereira. Pessoa cientíssima da conveniência de se acatar códigos não ditos, mas consolidados, bem como os benefícios decorrentes da sua obediência. Legados próprios das sociedades de castas, como a que vivíamos no começo do século XX. Nunca Dona Antonieta me escolheria, uma recém-chegada, para tamanha honraria, pois estaria subvertendo costumes. De algum modo disso eu já sabia.

A escolhida para a coroação era a única menina que usaria a vestimenta com o traje de anjo em azul! Para as meninas da minha geração, ser o anjo azul era uma glória. Trajando a cor do firmamento, essa escolhida se destacava em certo momento do cortejo angelical e tomando nas mãos enluvadas a pequena coroa, subiria até o ponto mais alto do altar central. Assim, a eleita, com suas próprias mãos faria a coroação da Santa. Durante toda a cerimônia, o interior da matriz ficava envolto em uma aura de emanações esbranquiçada pela queima dos incensos nos turíbulos fumegantes balançados pelos coroinhas. Apenas meninos eram coroinhas e vestiam uma túnica semelhante à dos padres, nas cores branca e vermelha. A sonoridade das músicas sacras entoadas pelo coro de vozes com todos os naipes era harmonizada ao som de um órgão de tubos. O maestro Camargo, organista de renome, vinha de São João Del Rey especialmente para a ocasião. O músico era filho daquela terra, e ali retornava todos os maios para a festa da coroação de Maria, considerada a mais tradicional do sul de Minas.

Como confessar aquele meu desejo, especialmente depois do episódio da suspeita da soberba? Estava certa de que perderia muitos pontos na admiração de vovó, o que me era doloroso. Ao mesmo tempo, sabia que ela era a única pessoa que poderia se empenhar para convencer Dona Antonieta. Porém, conhecendo as convicções de Dona Ritinha, sabia que pedir algum privilégio não seria de seu gosto. Concluí que o meu assunto era caso mesmo para um milagre.

Outra dúvida me assolava: a quem dirigir o pedido do milagre? A Deus, a Virgem Maria ou a algum santo? Não me parecia adequado um pedido daquele ser feito ao próprio Deus e não tinha certeza se eu seria mesmo merecedora.

Andava amuada pelos cantos, com Dita a me observar sem entender o motivo, quando me ocorreu que meu pedido deveria ser dirigido a um anjo. Na hierarquia do sagrado, anjos estavam mais abaixo, são mais próximos dos humanos. Isso significava que estão mais familiarizados com nossos desejos, mesmo que muitos deles sejam inconfessáveis. Anjos podem ouvir mesmo sem palavras, leem nossos pensamentos, talvez pudesse ser ouvida e atendida por um. Agarrei-me a essa convicção, e por muitos dias me escondi para rezar e pedir, rogar, prometer, até chantagear, mas só com bondades. Entregaria minha alma e minha vida às causas religiosas – e foi se formando em mim até uma ideia de ser freira. Não sabia como conciliar o sonho de normalista e freira, caso as escolas de preparação fossem diferentes, mas deixaria o assunto para depois de alguma evidência do milagre da coroação.

Certa vez, confessei apenas a Dita o meu desejo, com a promessa de que não contasse a vovó Rita. A partir daquele dia, todas as tardes tínhamos reunião de treino para a coroação no salão paroquial anexo à igreja. Minha aliada e cúmplice silenciosa se esmerou em preparar guloseimas de sequilhos, rosquinhas de araruta e até geleia de amora antes mesmo da época da fruta. Descobrimos uma árvore temporã no outro extremo da vila e tínhamos em segredo uma combinação de irmos juntas colher as amoras. Trago-as ainda na memória como as mais doces frutas da infância. Era uma imensa amoreira perto de um ribeirão, cujas frutas estavam muito adiantadas naquele ano.

Dona Ritinha acompanhava curiosa aquela movimentação. Indagava se não estávamos exagerando, mas o grau da cumplicidade entre Dita e eu era digno de admiração pela vó. Nosso intuito era o de sensibilizar Dona Antonieta, até que na última semana que precedia à coroação, a escolhida foi revelada. Era uma menina simpática, de nome Maria Tereza, estávamos na mesma escola onde cursávamos o primário elementar, ela em classe um pouco mais adiantada. Nós nos víamos sempre, mas não poderia dizer que era minha amiga. Vovó, sem perceber minha frustração, apenas disse que conhecia a família de Maria Tereza. Era filha do mais próspero comerciante da região e seu sobrenome Ribeiro até poderia vir de algum parente nosso distante. Mantive com certa tristeza minha dedicação às reuniões de ensaio. A escolhida já frequentava a cruzada eucarística muito tempo antes de minha chegada. A faixa amarela dela, que todas nós usávamos na missa, era larga e com várias listras azuis, sendo a minha ainda a das principiantes, fina e sem listra.

Na semana que antecedeu à festa, minha avó procurou saber sobre a cor do meu vestido de anjo e as devidas orientações para me aprontar. Naquele período do ano Dona Antonieta era uma destacada autoridade na igreja. Muito requisitada, cônscia da importância da participação da cruzada eucarística na festa do mês de Maria. Havia muitas ordens religiosas, talvez as mais numerosas fossem a dos Congregados Marianos, as Filhas de Maria, a Ordem Terceira Franciscana, a do Sagrado Coração e a dos Irmãos do Santíssimo. Mas nenhuma delas trazia a leveza colorida, contribuindo para o encanto estético e espiritual da cerimônia, como o agrupamento das crianças da Cruzada Eucarística. Nossa líder Antonieta foi muito gentil com vovó, pondo a nossa disposição roupas usadas por meninas em anos anteriores. Muitas famílias doavam a roupa de anjo após seu uso na cerimônia e elas ficavam como reserva guardadas com muito esmero na sacristia, para garantir a participação de crianças de origem familiar humilde. Dona Rita do Seu Miguel fez questão de aceitar a oferta. Queria manter sua identidade de pessoa sem vaidades, mas não tendo me servido nenhuma das roupas amarelas, com muita discrição vovó mal deixava transparecer a alegria que sentia de confeccionar uma roupa de anjo nova. Para ela, minha estreia na convivência religiosa da sua igreja era uma celebração.

No sábado pela manhã teríamos apenas que passar no salão paroquial para a distribuição dos respectivos lugares nas filas e tomar conhecimento de mais algum detalhe que a cuidadosíssima Dona Antonieta sempre tinha a nos acrescentar. Havia um nervosismo no ar, pois circulava a notícia de que Maria Tereza, a escolhida, estava doente com febre alta, e que talvez se tratasse de caxumba. Estranhavam o fato ocorrer no mês de maio, um pouco fora de época para os costumeiros surtos da doença. Cogitou-se deixá-la sob algum cuidado adicional, Dona Magnólia, sua mãe, tentava buscar uma maneira para manter sua presença, mesmo infectada, na festa da coroação. Logo foi desestimulada, especialmente pelas outras mães dos meninos coroinhas. A contaminação pela caxumba era mais temida para crianças do sexo masculino. Mesmo sem compreender, as razões me pareciam muito oportunas a serem consideradas, pois alterava a escolha já definida do anjo azul.

Dona Antonieta tinha uma grande decisão pela frente. Incautamente indagou quem das meninas gostaria de assumir o lugar da escolhida, a resposta teve unanimidade, todas queriam o lugar. Eu, mais assustada que nunca, tendo avistado a Dita na porta da sacristia, me dirigi para junto dela. Com voz sussurrada lhe indaguei contendo o choro.

– Dita, você acha que foram nossas rezas as causadoras da caxumba da Maria Tereza?

– Fale coisa assim não, Manuela. Nem pense nisso! Reza não pode fazer mal a quem quer que seja.

– Mas promete outra vez que não conta pra vovó Rita meu segredo de tanto querer ser a escolhida, promete?

– Deixa de bobagem, enxuga essa carinha e vai lá pra dentro com as anjas *pramode* a gente *sabê* logo como será liquidado esse assunto!

Dona Antonieta, saindo da sala ao lado onde se reuniu com o grupo de mães presentes, tinha o veredito final, supostamente em consenso entre elas.

– Meninas, como não temos tempo para preparar outra roupa azul, quero agradecer a Dona Magnólia, por sua bondade e seu espírito cristão. Ela cedeu a roupa de anjo azul, especial para a coroação, que será usada pela menina que melhor se ajustar com o talhe, pois não será possível nenhum ajuste para não danificar os ornamentos dos bordados. Vamos separar as que se aproximam do tamanho da Maria Tereza e experimentar em cada uma.

Bem, nunca pude saber exatamente quais forças celestiais foram as que me atenderam. Seriam as minhas rezas por intercessão do meu santo anjinho, seria a inclusão de Dita aos meus pedidos? No ano da graça de 1914, fui eu a escolhida para a coroação da Virgem, e ali vivi a epifania que muito me ajudou a orientar meus caminhos.

A CIDADE PAULISTA: SERRA ABAIXO

Do Morro do Passarinho fomos descortinar a vista panorâmica da cidade que passaria a ser a nossa nova morada. Maurício e eu acompanhávamos papai e o primo Mário, os dois empolgados a nos mostrar e descrever a paisagem como se houvesse uma combinação prévia entre eles. Suponho que a intenção fosse diminuir a tristeza expressa ainda nas nossas faces infantis, já saudosos da nossa vidinha tão organizada e alegre na casa em Passa Quatro. Olhando do alto seria mais fácil ter uma apreciação geral do lugar, dizia papai, reconhecer os lugares, identificar as construções em destaque, as torres, para apreciar a cidade que nos abrigaria, reter na memória sua paisagem margeada pelo Rio Paraíba do Sul emoldurada pela grandiosa Mantiqueira.

Duas imponentes edificações se destacavam, as escolas públicas. De um lado a Escola Normal Primária já então instalada no local da vistosa residência do Visconde de Guaratinguetá, após sua reforma e adaptação para a nova finalidade. Do outro lado, o Grupo Escolar Dr. Flamínio Lessa. Adiante avistávamos as torres de várias igrejas: a maior era a de Santo Antônio; ao fundo a do Colégio do Carmo e de São Benedito; e à direita a do Colégio São José. Nosso guia acompanhante, o Mário, garantia que ainda conheceríamos muitas outras igrejas, praças e lugares bonitos, como o Theatro Municipal e o Clube Literário. Afinal, havíamos feito a escolha certa ao mudarmos para Guaratinguetá, acrescentava na sua empolgação: "Vieram morar na Atenas do Vale!"

Aquela expressão me soava um tanto ofensiva — era como se com ela, diminuísse a importância da nossa terra mineira de onde víamos. Já a referência à cidade grega, eu ainda não entendia bem o motivo, ouvi diversas vezes naqueles primeiros dias e me parecia apenas um jargão repetitivo. A comparação superlativa só me foi compreensível muito mais adiante na vida, quando um amigo da família, precisando sair da cidade para continuar os estudos na faculdade de Odontologia e Farmácia que daqui fora transferida, repetia a frase modificada: "De Atenas do Vale nossa cidade se tornou apenas do Vale".

Mas na nossa ida ao Morro do Passarinho na metade da segunda década do século vinte, o Seu Manoel nos discursava do alto, sua admiração por reconhecer em São Paulo os valores republicanos se adiantando como um admirável exemplo nacional. Sua apreciação era especialmente sensível a reconhecer o progresso como expressão da paisagem urbana pelos prédios. As escolas eram exemplos, como inscrições permanentes, nada de casas alugadas e improvisadas como no tempo do império, afirmava. A educação pública chegou legando sua importância com destaque para a própria paisagem da cidade, seus prédios eram considerados por ele como monumentos. Será que a educação fará esse nosso Brasil uma nação do futuro? Quando lembro dessa cena ainda me intrigo imaginando de onde brotava aquele entusiasmo pelos valores republicanos e humanistas tão presente em meu pai, Manuel Leopoldo Ribeiro de Castro Fortes, um mineiro de Passa Quatro? Seria no seu tempo de estudante interno no Colégio Caraças? Teria necessidade de afirmar como correta, por antecipação, sua decisão de tantas mudanças na nossa vida familiar?

Quais motivações o teriam levado a escolha de um afastamento, quase ruptura, com seu grupo social e familiar de origem? A ousadia de mudar de atividade para manutenção material da família? Teria algum remorso pelo agravamento do sofrimento mental da minha mãe associado com a viagem e o parto prematuro?

Sem respostas conclusivas, retive na lembrança aquela singular tarde no Morro do Passarinho quando fomos apresentados à paisagem de Guaratinguetá.

CENA FAMILIAR DA NOSSA CHEGADA

Fomos todos de mudança: meus pais então com seus três filhos, eu Manuela, Maurício e Miguel, a avó Rita e Dita. Em Guaratinguetá, assim que chegamos, passamos a viver em uma casa alugada na Rua Vigário Martiniano. Estávamos outra vez morando perto de uma ladeira, não na mais íngreme da Vigário, onde mais tarde se ergueria o Convento Franciscano da Nossa Senhora das Graças, mas na ponta oposta, cujo aclive não era tão acentuado. Da nossa casa descendo até a rua transversal, na Tamandaré, por um dos lados tinha-se acesso ao Centro por vias curtas e tortuosas; pelo outro, adiante estava o caminho para as roças do Ribeirão dos Motas, da Boa Vista e do Machadinho, lugar da origem do filho mais ilustre da terra, o presidente Rodrigues Alves.

A casa com um traçado interno típico do colonial, fora erguida desde o nível do chão assentada acima do espaço do porão, era dividida por uma grande sala de jantar, com dois ambientes, atravessados por um largo corredor. Do lado onde foi posta a mesa retangular das refeições, era também o espaço privilegiado de conversas, de onde assistia o desenrolar do nosso novo cotidiano de imigrantes mineiros em terras paulistas. Da porta de entrada, direta da rua, se estendia uma pequena saleta com quatro degraus por onde se acessava o corredor de largas tábuas rangentes.

Um tapete do tipo passadeira foi logo providenciado, era preciso abrandar o som do caminhar para não despertar o sono delicado do nosso Miguel recém-nascido. Os cômodos da entrada, distribuídos de cada lado da passagem, com portas de folhas duplas ficaram sendo os quartos de dormir, menos um deles, com janelas para a rua, onde foi adaptado o escritório do papai. Após a sala estavam distribuídos o banheiro, a despensa, ao fundo a cozinha, e outros quartinhos como prolongamentos de várias adaptações que o casarão sofrera para sua expansão.

– Ô de casa! Com sua permissão, Seu Manuel, não estou conseguindo abrir a tramelinha do portão lateral para entrar pela cozinha.

– Vá entrando, Mário, agora você já é pessoa de casa, venha pela frente mesmo. Na pressa de entrar com a charrete, acabei danificando a tramela.

De meu quarto distribuindo peças de roupas nos gavetões da cômoda, com o barulho das vozes, já fui me adiantando para a sala, queria me inteirar das novidades pelas conversas do Mário. O portão estava mesmo enroscando no chão, o que dificultava sua abertura por inteiro, e meu pai se justificava.

– Quando cheguei ainda há pouco, o cavalo estava quase morto de sede e não esperou que eu conseguisse destravar a tramela. São muitas coisas que precisam de conserto nessa casa velha, Mário! Será que você consegue um camarada da roça jeitoso para esses serviços leves de consertos?

– Com sua licença e boa tarde, seu Manuel. Tenho, sim, um moço muito bom de serviço, amanhã mesmo providencio para o senhor.

Era do feitio de meu pai o chamamento para o entorno da mesa.

– Venham todos, se acheguem aqui: Mãe, Dita, as crianças também, sentem aqui Manuela e Maurício – disse, nos indicando uma das laterais da mesa de jantar. – A Cecília está com o bebê no quarto, mas já a coloquei a par desse assunto.

Qualquer notícia para nos ser anunciada merecia uma convocação, sendo boa, seu anúncio em geral era feito durante as refeições, então merecia um minuto de atenção para um brinde. As crianças não tomavam vinho, para nossos copos nessas ocasiões especiais tínhamos limonada adoçada com melado.

Sempre à mesa, era a nossa velha távola retangular. Ele considerava que o cotidiano sempre merecia uma pausa, um recorte no dia, para que as coisas não se sucedessem continuamente iguais. Seu raciocínio era: "A vida não pode ser apenas um moto continuado. Os dias carecem de um tempinho – que seja – de reflexão, eles nos ajudam a distinguir os fatos, decifrar as emoções, clarear nossos propósitos, senão nos igualamos às galinhas, só ciscando!" Ali seria o anúncio formal do que todos já sabíamos, mas possivelmente sua fala ampliava a importância.

– Sei que o Mário já é conhecido de vocês, mas quero comunicar, deixando bem claro, que além de ser nosso parente, nascido nestas terras, meu primo de segundo grau, ele será o administrador da fazenda e meu braço direito e esquerdo para tudo por aqui. Sente aqui na mesa que está saindo um bolo especial com o famoso cafezinho, não é, Dita?

– Sim senhor, Seu Manuel, que Deus proteja o sinhô Mário e nós todos – respondeu Dita, saindo para o lado da cozinha com seu passo de balanceio suave.

Dita era a pessoa da casa que parecia ter se adaptado mais rapidamente, parecia até mais feliz, agora no comando das tarefas contando com uma nova ajudante, a Lena. Já minha avó Rita ia ficando aos pouco mais à vontade, consolidando o papel da liderança feminina na dinâmica da casa. Com a mudança, a tristeza de minha mãe havia se agravado; estava bastante reclusa, ainda não se recuperara do trauma do parto prematuro do Miguelzinho.

Aquela seria nossa velha nova casa por um período não muito longo, até que os negócios de papai se estabilizassem, quando passamos a residir no Largo do Theatro, não muito distante dali.

Minha avó, se adiantando nas conversas, queria já declarar a aprovação da escolha de seu filho, para que Mário passasse a ser a pessoa de confiança dos negócios.

– Pois então, seu Mário, não pude ainda agradecer pessoalmente todas as providências. Manuel enumerou muitas que senhor fez por nós nesses dias atrás, enquanto ficamos retidos em Cruzeiro. Sei que nosso parentesco facilita a aproximação, mas é fácil reconhecer que estamos diante de pessoa honesta e de bom coração. Acabei de chegar da igreja e já agradeci também ao padroeiro daqui o Santo Antônio, pelas tantas graças que apesar de tudo, estamos recebendo. O meu marido, seu tio, Seu Miguel, nunca deixou de estimar muito todo o parentesco português, que ficou por estas bandas paulistas daqui, mesmo não tendo convivido o quanto gostaria com seu irmão Henrique.

Mudando de lugar na mesa, vovó foi se aproximando do meu pai e seu gesto carinhoso, um toque de mão junto ao ombro dele, parecia ser revelador da sua importância na hierarquia doméstica. A velha senhora matriarca de voz meiga era consciente da sua importância, ainda que as decisões só aparecessem expressas nas falas pelo filho. Vovó queria transparecer pelos seus relatos, ser testemunha da antiga ligação familiar de Mário.

– Me lembro muito bem da última vez que vocês estiveram em Passa Quatro, só não tinha me dado conta como o tempo passou depressa e você, Mário, na minha lembrança ainda um rapagão, agora já é esse homem feito!

– Sim, senhora, Dona Rita, o falecido tio Henrique, pessoa muito estimada era meu padrinho, foi praticamente quem me criou na fazenda. Com ele aprendi de tudo um pouco, o que me dá coragem de aceitar, não sem medo, o oferecimento de seu filho, o primo Manuel, para o ofício de administrador. Espero corresponder a essa confiança.

– Você estudou aqui na cidade? Meus netos, Manuela e Maurício, contaram da ida de vocês no alto do morro. Voltaram impressionados, como você conhece tudo por aqui!

– Então, dona Rita, o padrinho 'perreou comigo pelos estudos, não queria que eu, por ser órfão de pai, deixasse de estudar. Mas eu não dava mesmo para os assuntos do estudo, não gostava da cidade e só depois de repetir três vezes no grupo escolar, ali mesmo no Flamínio Lessa, consegui concluir o quarto ano. Já era um cavalão no meio da criançada, foi só então que o padrinho me autorizou a voltar a morar na roça. Tenho só que agradecer. E ele era quem mais falava bem dos senhores todos, a parentada de Minas, acho que deve ser coisa dele – lá em cima – acertar essa vinda de vocês agora para cá, só sinto é muita pena de ele não estar mais por aqui conosco.

Meu pai parecia já inquieto com a conversa alongada da sua mãe, e dando por finda sua comunicação ao redor da mesa, foi se levantando.

– Mário, agora com todos bem avisados, aceita mais um café? Vamos trabalhar. Precisamos separar a papelada, anotar as providências, logo você se acostuma com meu jeito meio sistemático.

Voltando-se para a vó Rita, papai acrescentou interrompendo sua saída na direção do escritório:

– Mãe, as terras do lado dos Motas já estão acertadas, vou assinar a escritura no cartório essa semana.

E, se voltando para o Mário que ainda não se levantara da mesa ocupado em arrumar um brinquedo quebrado do Maurício, continuou:

– Estou achando longe para o deslocamento do gado. Boiada para cá, boiada para lá! Os Motas estão para cá, o novo matadouro municipal está do lado de lá do rio, no Pedregulho, não é? O que você acha, Mário?

Minha avó visivelmente queria se manter na conversa e introduziu outra indagação:

– Manuel, você havia dito que estava negociando com duas propriedades, a outra não deu certo?

As tratativas para a aquisição das terras do lado das Pedrinhas, lado de lá do rio, ainda não tinham sido concluídas. Ali os negócios eram mais complicados, as propriedades já estavam divididas pelas heranças e eram de pessoas consideradas ilustres da cidade. As fazendas antigas, então retalhadas, eram colossais propriedades de muitos herdeiros, viúvas e não raro havia filhos naturais, causando toda sorte de demora nos inventários para os acordos, nem sempre muito amigáveis.

– Está em andamento, mãe, mas deve demorar. Ainda não dei por perdido o negócio. A senhora sabia que as terras todas das encostas da Mantiqueira, desde Pindamonhangaba até Lorena, pertenciam ao fazendão Conceição do Engenho? Lembro do meu pai fazer menção a uma pessoa importante aqui de Guaratinguetá junto do governo do Império, o Manuel José de Melo, o capitão-mor que hospedou o Dom Pedro antes da independência. Era ele o dono desse fazendão quando a comitiva real estava a caminho da capital da província de São Paulo. Depois o próprio capitão-mor foi quem transformou seu engenho de açúcar, e se tornou um dos pioneiros para as atividades e negócios em fazendas de café. Agora somos nós que estamos trocando os cafezais por gado. Já entendi que não é do agrado de muitos dos fazendeiros essa nossa empreitada.

– Mas, seu Manuel – interveio Mario, voltando ao assunto do gado –, para o comércio de boiada não vai ser preciso andar muito para os lados de lá do rio. Vai depender também dos acordos para o transporte no trem, não?

Mário demonstrava ser uma pessoa perspicaz, mudando o rumo da conversa. Aproveitou a deixa para incluir minha avó nos assuntos, atitude pouco comum para com as mulheres naqueles tempos. As conversas de negócios eram em geral consideradas como apenas masculinas.

– Por falar em trem, dona Rita, a senhora já conheceu a estação nova daqui de Guaratinguetá? Ela fica na rua da Igreja de Santo Antônio, lá embaixo depois do mercado.

A inauguração da estação havia acontecido no ano anterior. Na verdade, aquela era a terceira inauguração da estação, pois desde 1877 a estrada de ferro já estava em funcionamento na região. Os munícipes eram pródigos em afirmar que Guaratinguetá possuía uma das mais bonitas estações de trem, construída pelo famoso engenheiro do Rio de Janeiro Paulo de Frontin. E Mário queria fazer jus a impressão de ser conhecedor de tudo por ali.

– A torre é um colosso, tem quatro relógios. Do lado de dentro da estação tem até sala de banho para as senhoras e um café, que nas paradas do trem, serve quitutes de primeiríssima ordem aos passageiros. Ouvi dizer que o negócio está sendo tocado pela Sinhá Porcina, a melhor boleira dessas bandas. Dona Rita satisfeita pela consideração do sobrinho, não se faz de rogada e prossegue.

– Ah! Mário, é bom sim visitar a estação daqui. A de lá de Passa Quatro, conheço muito pois está bem defronte da nossa casa, também é muito distinta. Vou ter o prazer de dar um pulo qualquer tarde dessas, assim que as coisas aqui em casa estiverem mais organizadas – respondeu vovó. E dirigindo-se a mim, completou: – Você irá junto também, Manu.

– Se for do gosto da senhora, vejo direitinho os horários das paradas do trem, quando for lá cuidar de saber os detalhes sobre o transporte dos bois. Posso providenciar uma charrete e terei muita honra em acompanhar a tia e a menina, se é que a senhora me autoriza a tratá-la como minha parente.

Os dois, Mário e meu pai enfim se retiram da sala e foram continuar suas tratativas no escritório para pôr em pé os novos negócios de criação de gado, parte de laticínio e parte de engorda para corte.

Minha avó aos poucos ia se familiarizando com o modo paulista de viver. Afirmava não diferir muito do jeito mineiro, apenas lhe chamava a atenção o gosto um tanto exagerado das senhoras dali por contar grandezas, especialmente de pessoas e fatos passados que ela não conhecia, sobre os quais em nada podia opinar. Mais tarde compreendeu que aquela atitude de discrição por desconhecimento era tomada como uma qualidade de caráter entre as novas amigas. Logo tratou de cultivá-la como um valor que a distinguisse. Poucas semanas após nossa chegada já estava integrada nas atividades da igreja da paróquia de Santo Antônio, sem deixar de frequentar em ocasiões especiais a da Nossa Senhora do Rosário dos Homens Pretos. Felizmente minha avó não viveu para assistir a triste demolição dessa igreja da praça de baixo, em 1935.

Em nossa casa de mineiros recém-chegados à cidade, tínhamos dificuldade para com os nomes das praças, então simplificamos a distinção pela localização, chamando a de baixo e a de cima por referência a ladeira de comunicação entre elas. Referíamo-nos a Igreja do Rosário como sendo "a da praça de baixo" para distingui-la da "praça de cima" onde estava a Matriz de Santo Antônio. Para as pessoas da cidade parecia natural os tantos nomes diferentes que as praças recebiam. A praça de baixo, alguns moradores mais antigos se referiam a ela como Largo do Rosário, Largo da Quitanda, Praça da Feira ou do Mercado. Ela oficialmente já tinha sido Largo do Paço, Largo da Cadeia, Largo Municipal e até foi também Praça 13 de Maio. O curioso era o fato de que algumas praças trocavam de nome e a denominação anterior dela passava para outra praça em lugar diferente. A Praça 13 de Maio, que um dia esteve no centro, mudada de lugar, foi parar no outro lado do rio que corta a cidade, o Paraíba do Sul. Mas a praça de baixo, considerada o marco simbólico de maior destaque, viria a ser em definitivo a Praça Conselheiro Rodrigues Alves, depois da morte do presidente ocorrida em 1919. Mas até 1923, essa denominação, Conselheiro Rodrigues Alves, estava dada para a praça de cima, o Largo da Matriz. O presidente fora eleito pela segunda vez, mas não chegou a tomar posse, parecia muito justa a homenagem de seu nome, estar na praça considerada a principal, mesmo sendo a da ladeira abaixo. A morte do presidente abalou muito a população de Guaratinguetá, não se sabe se foi pelo contágio do vírus da gripe espanhola, embora tenha ocorrido durante o período da pandemia, se atribuía também ao agravamento de um problema cardíaco. Na ocasião, quando foi inaugurada sua estátua no centro da praça, ali já não existia mais o lindo coreto que ainda cheguei a conhecer onde acontecia garbosas apresentações musicais, foi demolido em 1916.

Vó Rita me recontava muitas histórias ouvidas das novas amigas, nelas acrescentando detalhes, alguns eram de sua própria autoria. Mas a comoção pela retirada do coreto, parece não ser exagero, muitos moradores julgavam ser o apreço pela música, uma identidade guaratinguetaense, que estava se perdendo. O mesmo se deu quando da destruição da Igreja do Rosário: foram muitos os lamentos e denúncias da insensibilidade dos governantes. Muitos consideravam ser uma verdadeira heresia, por abaixo uma igreja, coisa que se o padre João Filippo estivesse vivo não teria acontecido! Como também não teria ocorrido no mesmo ano da sua morte, 1928, a separação do então distrito de Aparecida da cidade de Guaratinguetá.

Mas aquele 1932 já era outro tempo, muito diferente de quando vivíamos muito bem acolhidos, como os mineiros do sul de Minas. Éramos os brasileiros irmanados na política do "café com leite", como foi chamada a sucessão das forças políticas entre São Paulo e Minas Gerais no começo da República. Agora nós, os mineiros, passamos a ser desconsiderados e ofendidos, muitos paulistas nos chamavam de traidores de São Paulo. Foi grande o sofrimento de pessoas da minha família. A guerra paulista nos deixou supostamente de lados diferentes. Pensava que se pudesse colocar cor na política, a do café com leite, seria preta e branca, nos seus altos e baixos, encerrada em 1930. O meu estranhamento era pensar que a ascensão de Vargas tinha sido apoiada também por muitos paulistas, mas agora com a eclosão da guerra a cor da política aqui no Vale do Paraíba tingiu-se de vermelho. Não exatamente por reconhecer nela ideias revolucionárias de uma nova ordem social, mas pelo sangue derramado entre irmãos da mesma pátria.

ESCOLA PARA AS CRIANÇAS

Em 1915, quando chegamos a Guaratinguetá nosso convívio familiar ampliou muito as interações entre nós, comparativamente à vidinha tranquila que se levava em Passa Quatro. A tristeza da minha mãe foi sendo caracterizada como doença da fraqueza dos nervos, mas no geral convivíamos de modo pacífico. Quatro anos antes, quando nos transferimos da roça para a cidade, eu acompanhando a avó Rita, minha mãe se mostrou contrariada a princípio, depois consentiu. Ela no seu alheamento agora raramente opinava nas decisões do cotidiano da vida da casa, se restringia a cuidar do bebê, quase nunca saía, não gostava de ir à rua. Passava horas ensimesmada, nessas ocasiões pouco se alimentava, não fosse o cuidado incansável, insistente e sempre afetuoso da Dita, que cuidava de preparar sempre as comidas de sua preferência. Mamãe tinha prazer em andar pelo quintal e cuidava muito do cultivo de roseiras, talvez conversasse mais com as rosas do que com as pessoas. Penso que com ela as rosas falavam, além de exalarem perfumes. Os assuntos da casa estavam remetidos à responsabilidade da avó Rita, mas as decisões sobre o modo da criação dos filhos não. Uma desavença entre minha avó e meu pai, que retive na lembrança, revela bem um episódio das divergências frente à nossa educação escolar.

– Manuel, hoje conversei com Padre Filippo, sobre a escola para Manuela – informava Vovó. Ela acolhia inteiramente a necessidade de apressar minha volta aos estudos escolares. – Acho que já está na hora de ser decidido, afinal viemos de mudança motivados também pelos estudos das crianças.

O padre consultado por ela fizera recomendação para que eu fosse para o internato do Colégio do Carmo e vovó parecia empolgada em transmitir minuciosamente as informações obtidas. O sacerdote fora muito elogioso à qualidade do ensino desenvolvido ali pelas irmãs da Congregação das Filhas de Maria Auxiliadora, iniciado desde 1892, portanto tinham experiência de ensino de mais de 20 anos. Seu relato extenso era uma tentativa de influenciar a opinião de meu pai. O colégio fora idealizado para dar atendimento às meninas pobres e abandonadas, construído com recursos de doações aquinhoadas pelo próprio padre Filippo. Contudo, explicara ele, para acomodar uma série de situações, tanto de ordem religiosa como da política local, acabou sendo inaugurado como um internato pago. Para ali foram atraídas meninas das famílias de posse, não só de Guaratinguetá, mas também de muitos lugares, da antiga província agora estado de São Paulo. A educação primária se iniciou ao mesmo tempo que a formação do noviciado, mas essa era dirigida especificamente para as que moças que desejavam entrar para a ordem religiosa como freiras. Dez anos depois, mais exatamente insistia minha avó fazendo citação do ano para demonstrar conhecimento, em 1903, o noviciado foi transferido para Lorena, cidade vizinha, indo para outra instituição da mesma Ordem Salesiana. Assim o Colégio do Carmo ficou com o ensino primário que se ampliou para formação de professoras, no internato pago, enquanto mantinha – para quem não tinha condições de pagar – os primeiros anos do ensino formal e a convivência cristã no regime de externato além das atividades do Oratório Festivo. No internato, além de formar as alunas até a quinta série, funcionava também desde 1910 o curso complementar para formação educativa de professoras, sempre pautado no amor a Deus e à Virgem. As irmãs Salesianas não se descuidaram da caridade cristã que ali sempre foi desenvolvida.

– Então, mamãe, pela explicação dada pelo padre, o colégio me parece mais indicado para moças ricas, com suas famílias vivendo longe, assim elas precisam ser alunas internas, e para as mais pobres sobretudo para as práticas religiosas, não é isso?

– Espere meu filho, me deixe acabar de explicar tudo o que o padre Fillipo me transmitiu – disse ela, já pressentindo uma ligeira divergência brotando nas opiniões entre eles. E foi adiante com seu relato:

– O padre João Filippo foi não apenas o idealizador como também a peça-chave na concepção do lugar, foi quem acompanhou diretamente a construção do colégio por quase cinco anos, de 1887 até sua conclusão. O prédio foi o primeiro da cidade construído com finalidade educativa, com boa localização se tornou o único na época, com serviço próprio de canalização de água potável, inaugurando uma nova visão de escola. Não foi nada fácil para o padre, lidar com as acusações que recebeu de parte da população da cidade, pelo fato do internato ser pago e dirigido a atender a aristocracia rural. No meu modo de ver, foram injustos com ele, felizmente com sua fé e a graça concebidas pela força divina pode superar.

Vovó falava com visível entusiasmo, já estava expressa sua opinião, em concordância com o padre, e eu assustada sem entender exatamente o resultado daquela conversa sobre a minha vida.

– E tem mais, Manuel, a Manuela cursou lá em Passa Quatro até a terceira série. Estando com 12 anos completos, está um pouco atrasada. O padre acha que o ensino de Minas deva ser menos puxado do que o daqui. Sabemos que ela foi ótima aluna lá, mas talvez precise de um período de ajuste, antes de ir direto para a quarta série. Ele pode ajudar a intermediar com as freiras para providenciarem uma adaptação especial para ela, o que evitaria que se atrasasse mais.

Eu, que estava com o Miguelzinho no colo, percebi que o tom de voz de meu pai tinha se alterado. Falava no seu tom mais grave, seu jeito de tentar disfarçar a irritação, modo que me era muito conhecido. Passei meu irmãozinho rapidamente para os braços da Dita e fui ficar mais perto da conversa, afinal o assunto me dizia respeito. Ninguém havia falado comigo sobre internato, mas meu pai já iniciava suas considerações.

– Mãe, também já me inteirei na cidade, mas com fontes fora da igreja. Não está em questão a importância, a liderança ou a consideração do povo daqui pelo Padre Filippo. Sei que ele sempre serviu à paróquia e só se tornou seu vigário, muito depois, e já realizou aqui muitas outras obras. Mas, nosso assunto agora não é sua reconhecida bondade ou seu prestígio. Estamos falando do futuro dos meus filhos. Não é nenhuma novidade meu esforço para que sejam pessoas diplomadas, o que a senhora também bem sabe, eu poderia ter sido e não fui. Mas também isso não vem ao caso agora – respondeu papai, limpando a garganta com um ligeiro pigarrear. – Sim, a senhora bem lembrou: considerei, ao escolher Guaratinguetá para refazer a vida, o bom preço das terras que pudesse adquirir com a venda das nossas de Minas e a existência de ótimas escolas para as crianças. Quanto às terras, tudo está se arrumando. Elas ainda não estão apropriadas para criar, engordar o gado, mas logo ficarão. Nem preciso mencionar a doença de Cecília e minha preocupação com ela, situação que a senhora está bem acompanhando e ajudando demais. Já disse e repito: a senhora terá sempre minha gratidão e o meu reconhecimento de filho. Agora, nesse assunto, falo como pai de família que também quer participar da orientação da educação das suas crianças: não quero Manuela no internato do Colégio feito para a educação das mulheres ricas da elite.

Aliviada, continuei a olhar e admirar ainda mais meu pai. Minha vó não parecia satisfeita, mas aguardava ouvindo atenta.

– Mãe, lá em Minas concordamos em tirar o ensino isolado das nossas crianças da casa da fazenda e a senhora foi quem mais incentivou a ida para a cidade. Também tem sido a senhora quem mais incentiva Manuela a ser professora diplomada, coisa que faço muito gosto. Guaratinguetá é uma cidade de muita tradição com a educação. Aqui desde o Império já existiam muitas escolas de primeiras letras. Agora nos novos tempos da República, o estado de São Paulo para mim é o exemplo para a educação pública. A alavanca para a construção de um Brasil moderno e soberano.

E prosseguiu:

– Então, por que colocar a menina no ensino interno religioso? Os dois, Manuela e Maurício, devem ir para a escola pública. Tive informações de que a Escola Normal Primária foi transferida de São Paulo para Guaratinguetá em 1902. Lá chamava Escola Complementar Prudente de Morais, e aqui ela já diploma os professores há quase 10 anos. Também o Grupo Escolar Flamínio Lessa fica bem pertinho da nossa casa, na rua lateral, é mais antigo que a Escola Normal, onde o Mário nos disse que estudou.

A decisão estava em vias de ser concluída, por meu pai.

– Além de tudo, com a doença da Cecília, a Manuela pode ajudar com os cuidados do Miguelzinho e deixar a senhora com mais tempo para as coisas da casa e da sua igreja. Tenho mais é preocupação com o Maurício, não quero esse menino solto na rua, mas também não posso levar ele comigo pra roça todo dia. Vamos ver como ele se comporta. Para ele, sim, se sair da linha poderá ir para o internato no Colégio São Joaquim em Lorena.

DAS LEMBRANÇAS DA AMIGA DINORAH

DAS LEMBRANÇAS
DA AMIGA DINORAH

OS ESTUDANTES DA "PROVÍNCIA" NA PAULICEIA DOS ANOS 1920

– Dinorah, Dinorah, tanto seu nome é muito singular como sua origem! Que revelação você ter nascido em Quiririm, um lugar de Taubaté!

Ivo havia se tornado não apenas uma companhia muita especial como meu grande amigo. Nossa diferença de idade, sendo eu anos mais velha; nossa origem em comum, da mesma região paulista de costumes conservadores; ele, um homem do seu tempo, lustrado por um verniz de modernidade. Tudo isso eram sinais suficientes para desde cedo entender que suas amabilidades não mereciam ser tomadas como relevantes – nossa relação se resumiria a uma boa amizade. Sentia-me, na época em que nos conhecemos, em plena juventude. Ainda era imortal. Só anos mais tarde me dei conta da finitude da vida, ainda solteira apesar de quase balzaquiana.

Ivo era galanteador, mas sempre respeitoso. Era uma companhia adorável para uma senhorita voltar para casa em horas já adiantadas, o que as moças casadoiras da burguesia paulistana não ousavam. Naquela noite em especial, a linha de bonde elétrico que partia do Largo de São Bento para os lados da Avenida Paulista tinha restringido seus horários devido à grave situação da seca em 1923. Ivo se ofereceu para me acompanhar até minha casa caminhando. Saíamos de mais um de nossos animados encontros na confeitaria Vienense. Fazíamos parte do grupo de acadêmicos de Direito, vinculados ao que julgávamos ser a vanguarda do novo movimento cultural nascente em São Paulo, os modernistas.

Ele tinha no rosto um ar cativante de menino grande, entre ingênuo e maroto. Era bonito, educado, afetivo, dotado de perspicaz inteligência contrastando com um modo distraído, sobretudo sedutor. A vida nos era leve, sem preocupações de sobrevivência material, cuidávamos de nossos sonhos, sempre mutantes.

– Não imagina como fiquei feliz quando descobri que além de colegas no Direito podemos ser mais que amigos! Por termos origem comum, somos do mesmo vale provinciano...

– Seríamos quase irmãos? – perguntei rapidamente, com segunda intenção. Queria deixar subentendido uma certa interdição entre nós. Não que me fosse desagradável receber os galanteios de Ivo, mas tinha intenção de demarcar sua inutilidade, se tentativa houvesse, de sedução como promessa de ligação amorosa. Os tempos dourados de sonhos românticos tinham ficado atrás. Não que tivesse a ilusão de só me aproximar de rapazes com a intenção de casamento futuro, pelo contrário. Já me incluía no raro perfil de mulher cujo projeto para a vida não se resumia ao casamento.

Ivo sorriu um riso amarelo. Tinha entendido meu recado e se manteve afável. Por um segundo me arrependi, como se tivesse arrancado um doce das mãos de uma criança, mas logo passou. Cada ser busca a felicidade onde possa intuir que esteja!

Após alguns passos ouvindo o ruído de nosso próprio caminhar, Ivo irrompeu nosso silêncio.

– Tem visitado o Vale do Paraíba, Dinorah? Sabia que Monteiro Lobato é seu conterrâneo de Taubaté e se formou na nossa faculdade?

Não gostaria de ver Ivo se afastar se desinteressando da nossa convivência, estava segura de que uma amizade entre uma mulher e um homem poderia ser construída além de impulsos físicos passageiros. Há algo mais etéreo e permanente nas afeições entre os humanos que as convenções muitas vezes impedem que floresçam.

Filha única educada em internato, órfã de mãe no final da infância, tinha avidez por amigos e Ivo bem que poderia ser um muito especial.

– Ivo, adoraria voltar com mais frequência ao Vale, não me falta motivação, mas talvez convites.

– Não seja por isso! Já está convidada para minha terra. Guaratinguetá, a "terra das garças brancas"!

– Obrigada, é realmente tentador! Tenho uma lembrança imprecisa de sua cidade.

Enquanto caminhávamos, aproveitei o percurso para contar um pouco sobre mim.

– Quando criança visitei muitas cidades da região, acompanhando meus pais em viagens de trem. Partíamos em geral de Taubaté e nossa direção era o Rio de Janeiro, onde meu pai se reabastecia dos produtos que vendia. No percurso, parávamos em várias das estações, nas cidades e nos vilarejos. Primeiro visitávamos os fregueses já cativos, para realizar as entregas e receber as novas encomendas. O intuito dos meus pais era manter a freguesia já conquistada e ir acrescentando novas. Minha mãe era ativa nos negócios, dotada de genuíno poder de convencimento, especialmente quando se tratava de tecidos femininos, peças de enxoval, cortinas, utilidades domésticas... Sempre tinha sugestões de novos modelos para peças de vestuário e boas ideias para decorações das casas. Ela era muito comunicativa. Pernoitávamos em muitos locais. As vezes as entregas demandavam deslocamento da estação de trem para as sedes das fazendas. Algumas eram grandiosas, especialmente as dos lados de Bananal, São José do Barreiro e mais adiante já entrando para os lados fluminense. Naquela época meu pai ainda era um mascate negociando artigos importados para a burguesia cafeeira, como gostava de reforçar.

– Interessante. Vocês atuavam como uma família de mercadores andantes vale afora e são de descendência italiana, não de árabe, não é?

– Sim, mas talvez houvesse algum cruzamento de antepassado mouro ou cigano, vai saber quais foram os caminhos daqueles ibéricos? Minha família italiana materna é do Sul e a paterna, do Norte. Sabe, Ivo, tenho mesmo um sonho de voltar a percorrer aqueles lugares, rever as cidades, procurar as pensões onde nos hospedávamos. Ouvir de novo, em lembrança, o som alegre do riso de minha mãe, encantando a freguesia, a face descontraída de meu pai, seguro de ser reconhecido como negociante habilidoso e honesto – suspirei saudosa.

Até então não me sentia completamente à vontade com Ivo, mas tê-lo como ouvinte atento às minhas lembranças infantis no Vale do Paraíba, deixar transparecer a emoção que me acompanhava quando faço referência à mãe morta, e perceber seu acolhimento generoso me fez sentir segura. Gostava de ressaltar em mim a racionalidade intelectual que a condição feminina nos exige, a nós ainda raras mulheres que nos aventuramos pelos ambientes tidos como "pertencentes aos homens". Mas ali brotava uma rara camaradagem entre nós: podia mostrar meu ser sensível, nostálgica, recordando um tempo passado da convivência familiar intensa, divertida e bela, muito diversa do modelo convencional.

– Seu pai se casou novamente? Você não teve irmãos?

– Nunca voltou a se casar, pelo menos não formalmente. Parece que meu nascimento fez gerar ou agravar uma lesão no coração de minha mãe, e acho que possa ser o motivo de não ter mais engravidado. Mas sua morte precoce foi por ter contraído tifo em uma dessas viagens. Adoecida, veio a morrer em poucos dias e meu pai se trancou na casa que ocupávamos em Quiririm. Emudeceu por meses e, quando voltou a falar se recusava a pronunciar o nome de mamãe, "Anunciata". Fui cuidada por um curto período pelas tias, depois pelas freiras do internato. Ele, saindo de sua mudez, dedicou-se a ganhar dinheiro.

– E conseguiu?

– Sim, meu pai tem essa capacidade.

– Na minha família, nas gerações anteriores, muitos tiveram essa capacidade para o enriquecimento, mas infelizmente parece que eu não fui o herdeiro dessa genética!

Não queria que meu amigo ficasse ensimesmado. Alguma preocupação envolvendo a temática relativa a dinheiro parecia tê-lo preocupado. Fui logo mudando o rumo da conversa.

– Mas com relação à sua pergunta sobre o Lobato, meu conterrâneo, desde o ano passado tenho acompanhado as matérias escritas por ele no jornal *Estado* e na *Revista do Brasil,* especialmente seu debate sobre os acontecimentos da Semana de Arte Moderna.

Percebendo a mudança no olhar de Ivo, que reacendeu, continuei meus comentários:

– Acho que as críticas de Lobato são impiedosas demais e indiscriminadas. São direcionadas tanto às manifestações artísticas quanto aos seus criadores. Penso que realiza um verdadeiro desacato ao que não cai nas boas graças de seu gosto. Por mim, dou vivas aos modernistas! E você, Ivo, tem acompanhado essa cruzada?

– Sim, acompanhei com mais atenção logo nas semanas que se seguiram os eventos do Teatro Municipal, mas as bravatas com as palavras, concordo com você, são excessivas.

Ivo transitava entre o delírio de se tornar artista, escritor e poeta ou partir rumo ao desconhecido em um cargueiro viajante. Ou, ainda, retornar advogado para sua cidade natal, Guaratinguetá. Ivo era um ser apaixonado sem que o objeto da sua paixão lhe fosse claramente reconhecível, como se o Deus romano Cupido o atingisse por uma flecha, mas distraído ou brincalhão não disparasse a outra correspondente, tornando-o capaz de paixões tanto intensas como fugazes, incluindo pessoas, planos e projetos.

O que na perspectiva de Ivo tínhamos em comum não nos outorgava circunstâncias idênticas. Ele, proveniente de família tradicional de Guaratinguetá; eu, filha de imigrantes italianos. Me reconheço muito grata à herança italiana de Quiririm, humilde e solidária, de onde carrego o gosto por conversas. Em meu pai essa característica, de conversador, depois que saiu do mutismo pelo luto, legou-lhe o encontro de amigos de prestígio, aliada a seu espírito empreendedor e a sorte. Essas características fizeram dele o que chamávamos na época de um homem rico.

Minha reputação no espaço familiar para os padrões do Vale do Paraíba paulista não era das melhores. Na ausência de minha mãe, meu pai me manteve um pouco afastada dos parentes brasileiros, o que de certa forma me protegia dos comentários preconceituosos e restritivos para com a vida das mulheres. Passei várias férias escolares em Quiririm, onde nasci, na comunidade italiana dos imigrantes, zona rural de Taubaté, de onde tenho agradáveis lembranças. Já mais para o final da adolescência convivi com os italianos da descendência paterna, quando meu pai, que então já acumulara algumas posses, possibilitava anualmente nossas viagens para a Europa. Instalávamos na casa dos tios que viviam no norte da Itália, na região do Veneto.

Há na vida de cada pessoa cenas que guardamos na lembrança como marcas significativas, verdadeiras tatuagens da alma, e não raro levamos longo tempo para decifrá-las inteiramente, mesmo aquelas que apenas distinguimos nos códigos extremos, como boas ou más.

Para as boas cenas, geralmente cuidamos, recuperamos no pensamento de tempos em tempos, e como um artesão que faz sua peça memorável, vamos lapidando seus contornos. No meu caso, para as lembranças codificadas como boas, busco rememorá-las sob novos ângulos, tanto de luz, de cores e, especialmente, dos cheiros. Meu padrão classificatório para as lembranças inclui um filtro adicional pela memória dos odores. Da cena do nosso caminhar noturno na noite retive um agradabilíssimo perfume exalado das florações das árvores de damas da noite dispersas no trajeto. Caminhávamos do centro de São Paulo, do movimentado triângulo entre Rua Direita, 15 de Novembro e São Bento, na direção do bairro Higienópolis, onde passei a morar com meu pai, quando saí do internato para dar continuidade aos estudos.

A caminhada noturna foi um marco: vimos nascer entre nós e consolidar-se uma verdadeira amizade. Passei a frequentar Guaratinguetá, conhecendo mais de perto sua família tradicional, herdeira do baronato do café. Tinha-o como um irmão caçula, não por vinculação genética, mas por escolha, meu querido amigo. Dos demais membros de sua família guaratinguetaense me aproximei na época de seu noivado com Manuela. Ela, para minha grata surpresa, a despeito de seu modo recatado de moça interiorana, se revelou sensível, sensata, diversa do padrão convencional das senhoritas da sua geração. Sempre apreciei muito a forma de ser de Manuela, mesmo tendo consciência das diferenças entre nossos valores, os meus sempre longe dos padrões médios aceitáveis do nosso tempo. Ela nunca demonstrou dificuldade em aceitar minha presença como uma amiga de seu namorado, anterior ao namoro deles. Afetuosa, acolheu-me desde nosso primeiro encontro. Fui uma das madrinhas do casamento deles, convidada pela parte do noivo, mas compondo o par com o irmão Maurício de Manuela, que na ocasião estava ainda solteiro. Em Guaratinguetá passei a ser a irmã de São Paulo, ao que Manuela costuma acrescentar, "Não apenas da capital, Dinorah é nossa irmã do mundo!"

INTENSOS ANOS 20: FUTURISMO, MODERNISMO, NACIONALISMO

Subíamos a Avenida Angélica no sentido da Paulista. Nossa conversa migrou dos assuntos intimistas das histórias pessoais vale-paraibanas aos temas brotados no encontro de estudantes da Vienense de onde saíramos há pouco. A diversidade nos animava frente aos comentários sobre o cotidiano da nossa faculdade, não nos escapava falar dos professores, alguns adorados e odiados em idênticas proporções. Mas a centralidade de nossos assuntos estava voltada ao entendimento mais profundo do sentido e das decorrências possíveis do movimento modernista nascente. A propósito desse tema, Ivo se lembrou da coincidência de uma festa que já devia estar ocorrendo, justamente naquela noite, um pouco mais adiante de onde estávamos, na Rua Ceará. Tratava-se da despedida da pintora Anita Malfatti, pertencente ao grupo modernista da Semana de Arte Moderna.

A pintora tinha acabado de ser contemplada com a bolsa do Pensionato Artístico para continuar os estudos de pintura na Europa. Desde a Semana de 22 ela se tornara reconhecida por seu pioneirismo na forma extravagante de sua pintura. Foi a artista com maior participação individual no evento, com vinte trabalhos expostos no saguão do Theatro Municipal.

Ivo soubera da festa por comentários no intervalo das aulas. Ali muitos de nós estudantes, vivíamos transitando nossos interesses entre teorias do direito e o encantamento pelo movimento de renovação das artes. Nossa academia de Direito foi reconhecidamente um polo irradiador do movimento editorial literário paulista. Os rumores eram de que haveria uma verdadeira celebração futurista, com a presença de artistas e admiradores do novo movimento cultural. Os amigos da pintora prepararam encenação de peças, painéis de variadas temáticas e músicas.

– Manuela sabe que eu tive oportunidade de conhecer pessoalmente a dona Anita?

– Nossa Ivo, que interessante! O que você sabe sobre ela? Afinal, qual é a motivação do Lobato em querer destruir sua obra?

– Sei que ela viveu na Alemanha, e lá estudou desenho e pintura. Sua família não tinha possibilidades de mantê-la fora do país depois da morte do pai, e um tio de nome Krug ligado a negócios da construção civil, na ocasião a apoiou financeiramente. Ela ficou por lá desde 1910, mas nos primeiros sinais da Grande Guerra na Europa regressou de volta a São Paulo. Aqui, não demorou muito, uns três anos depois, ela conseguiu fazer sua primeira exposição individual, e foi a partir daí que o Monteiro Lobato iniciou a crítica pelos jornais como um dos principais detratores de sua arte.

– Da minha parte, Ivo, penso que Lobato não consegue compreender o sentido da arte na pintura fora dos ditames clássicos. Ele consegue até admitir a importância de temas nacionalistas, mas desde que retratem. Admira paisagens tropicais, nossos indígenas, como fizeram os autores nacionais nos romances regionais.

– Sabe, Manuela, a leitura de textos tão raivosos me deixa enfastiado. Não concebo manifestações críticas às artes como disputas bélicas. Mas, voltando a nossa pintora, por intermédio de um amigo frequentador dos saraus da Villa Kyrial, é que sei que nos anos seguintes ela concorreu à bolsa de estudos, mas seu pedido foi sistematicamente negado pelo mesmo mecenas que, agora, acolheu seu pleito.

– O que será que fez o mecenas mudar de ideia? Quem é ele?

– É um homem importante, o senador Freitas Valle, principal responsável pelas decisões do Pensionato Artístico, de onde partem as concessões das bolsas de estudos aos artistas, especialmente para missões no exterior. Pois é na residência dele na Vila Mariana que fica a Villa Kyrial, conhecida como um museu eclético de gosto europeu. Ali o senador realiza encontros literários, banquetes e jogos, recebendo intelectuais, políticos e artistas.

– Não sabia que esse Freitas Valle é tão prestigiado. Sei que uma senhora de um palacete vizinho, logo na esquina de baixo aqui mesmo em Higienópolis, dona Veridiana Prado, a filha do barão de Iguape, tem esta tradição de organizar festas e apoio às artes.

– Sim, ela que inaugurou esta tradição, que o senador segue. Os convites para a Villa Kyrial são muito disputados, alguns colegas da nossa faculdade se gabam de já terem participado. São especialmente os filhos das famílias tradicionais. Mas nosso grupo, tem uma visão mais crítica. Aquelas atividades culturais são demasiadamente artificiais e afrancesadas, típicas da burguesia paulistana. Ivo parecia muito familiarizado com o tema.

– Mas apesar de entendermos essa forma de manifestação calcada na Europa como um sintoma da alienação cultural do Brasil, a aproximação dos modernistas nos tais saraus parece que tem emprestado outro vigor a eles. Especialmente pelas conferências de Mário de Andrade, dada a ousadia recorrente dele em reconhecer uma cultura nacional.

Contudo, os ares da onda de "paulistanidade" dos anos 1920 traziam dubiedades. De um lado o fervilhar crítico aos passadistas representava um arejamento das mentalidades conservadoras, do outro havia a convivência com os ilustrados da oligarquia cafeeira, que buscava revigorar e embelezar o passado paulista. Não raro faziam menção ao bandeirantismo paulista como fato apenas heroico, ofuscando a mais leve insinuação que suscitasse a presença indígena, dizimada na vastidão do Planalto de Piratininga. No ambiente cultural da Villa Kyrial a convivência com a diversidade talvez fosse mais retórica que efetiva. Assim, o aceite após reiteradas recusas para Anita Mafaltti da bolsa do Pensionato Artístico tornava o fato surpreendente e merecedor de celebração. Muito discretamente se comentava que talvez a recusa sistemática se devesse a provável influência das teorias eugênicas tão em voga na época, a pintora tinha uma deformidade na mão. O eugenismo, tinha contraditoriamente, aceitação crescente na intelectualidade nacional, e não apenas nos letrados conservadores.

– Dinorah, estou falando sério, há uma festa acontecendo por aqui! O professor Abreu, de Direito Constitucional, quando devolveu meu exercício corrigido, ao indagar de onde vinha meu perceptível interesse pela literatura, fez referência às revistas e sociedades literárias dos colegas do Direito – Ivo falava empolgado, fazendo uma pausa enquanto cruzávamos a rua. – O professor ressaltou, saudoso, a importância da nossa faculdade na construção do movimento cultural e político, desde antes da virada do século. – Então ele passou a se estender sobre o significado do termo "futurista", comentando que a apropriação acrítica na nossa realidade brasileira, sem considerar a natureza de sua origem na Itália, é negativa para o nosso movimento modernista. De tanto falarmos sobre a necessidade de separar o nosso modernismo do futurismo italiano, foi ele quem fez menção a festa na casa da Anita Mafaltti, julgando inapropriado chamá-la "festa futurista". Não estou inventando essa história!

– Não estou duvidando de nada, Ivo. Mas espera, esta tradição editorial da faculdade me interessa. Acompanho a *Klaxon*, a revista capitaneada pelo Oswald de Andrade... ela afinal é futurista ou modernista? – Queria mesmo era o privilégio de ver uma crônica escrita por mim, publicada ali, mesmo com dúvida sobre as diferenças. – Outro dia consegui na biblioteca as edições do *Pirralho*, essa também foi criada pelo Oswald, pena já não ser mais editada.

– Sim, Dinorah, a linha editorial do *Pirralho* era pré-modernista, e a *Klaxon* tem sido chamada de uma revista futurista. Mas, voltando ao assunto da festa...

Meu amigo estampou na face sua expressão de menino grande, quando me sugeriu animado:

– Dinorah, já que estamos tão próximos da casa da dona Anita, mesmo sem termos sido convidados, por que não vamos até lá?

Mais do que ser jovens, sentíamo-nos jovialmente livres e queríamos viver o que entendíamos pela revolução cultural do modernismo e suas rupturas. Sabíamos que aquela inventividade também estaria na vida cotidiana, então intuímos que não possuir um convite formal para o ingresso na festa seria um requisito contornável, sem importância.

Rapidamente inventamos ilações de vínculos de conhecimento com algum professor pelo qual pudéssemos ter sido convidados, argumento que usaríamos em último caso. Nossa justificativa ousada para entrarmos sem convites seria nosso apreço aos novos tempos anunciados na Semana de 22, a liberdade que viver na "Pauliceia Desvairada" nos outorgava.

A cidade de São Paulo passara a sediar desde o início da década de 1920 agitações culturais interessantes. Meu real interesse se situava muito mais na área cultural e artística do que no estudo do Direito, mas era exigir demais que meu pai italiano pragmático me autorizasse a cursar formação artística. Assim, entrar no curso de Direito e me formar bacharel foi a condição negociada entre nós para minha permanência em São Paulo. A memorável semana de 22 foi detonadora de muitas iniciativas, aparição de novos talentos, trazendo para o ambiente das artes empolgação nova, pela ousadia e novidade. A capital paulista, pela primeira vez sediava eventos de vanguarda capaz de figurarem ao lado da tradicional ebulição carioca. Eu e Ivo descobrimos que ambos estivemos presentes no Theatro Municipal nos três dias de fevereiro durante a semana de arte moderna, mas ainda não éramos amigos. Ivo se gabava também de já ter trocado boa prosa com o poeta Menotti numa conferência dele no Clube Literário de Guaratinguetá. Com tantas afinidades identificadas com a causa modernista, nos julgamos plenamente capazes de entrarmos naquela festa, e ali mesmo na calçada na rua Ceará, combinamos como seria nossa abordagem na entrada.

– Ivo, façamos uma performance representando um casal futurista. Podemos encenar os novos papéis que a vida moderna exige como está em um texto do movimento: o abandono da imagem da mulher tuberculosa lírica para uma Eva útil no lar e no trabalho; do vaqueiro transmutado em "caubói nacional" vivendo em uma cidade sintonizada com o mundo das chaminés, das lutas operárias, dos idealismos.

Eufóricos, nos sentindo preparados, seguimos até a entrada da casa. Sem que ninguém nos indagasse coisa alguma, entramos. Não supunha que minha vida mudaria de rumo depois daquela festa tendo Ivo como meu cúmplice.

Ali conheci um jovem estudante de medicina, Antônio Villas Boas, que seria meu inspirador constante para permanentes novas motivações intelectuais vida afora, minha grande paixão da mocidade, meu bem e de certo modo meu mal.

Muitas das boas lembranças acalentadas e lapidadas onde busco incluir também a memória olfativa, as mantenho nítidas. Para outras, não raro, no seu distanciamento temporal ao recordá-las as revejo com pouca nitidez como imagens sobrepostas. É o caso da festa futurista onde estivemos como "penetras". Posso lembrar do êxtase provocado por algumas declamações poéticas, da surpresa quando um grupo de pessoas que até então julgava fantasiadas pelo gosto ao exotismo iniciou uma performance teatral dispersas por entre os convidados. Suas falas aos poucos se sobrepunham às demais, e em alguns segundos o espetáculo se concentrava ao centro da ampla sala transformada em palco. Encenavam uma comédia ironizando na cena paulistana os contrastes entre os valores da tradição burguesa e a atuação irreverente dos comportamentos modernistas. Ao final da apresentação a fala estava concedida a quem quisesse ali fazer uma citação, um breve poema. Ivo e eu nos entreolhamos cúmplices, havíamos imaginado para nossa entrada uma atuação, e instigados pelo clima livre e festivo ao nosso redor nos propusemos a encená-la, como atores. Recebemos muitos aplausos, e aceitando a oferta de uma taça de champanhe que Antônio oferecia para nos brindar, ali vivemos nossa apresentação e encantamento. Como nos romances clássicos, apesar de a festa comemorar manifestações do modernismo, tive uma espécie de paixão à primeira vista, depois sublimada.

Antônio me expunha os fundamentos da teoria pansexualista freudiana, a partir de uma publicação feita pelo psiquiatra Franco da Rocha seu professor de clínica neuropsiquiátrica da Faculdade de Medicina. Explicava em detalhes como a nova teoria gerou intensa reação contrária dos médicos. Confesso que demorei algum tempo para decodificar se aquela conversa era verdadeira, ou se o aluno de medicina se apoiava na teoria pansexualista como um sofisticado modo de sedução a mim.

Muitas das vivências traumáticas são soterradas nos confins da consciência até estarem inconscientes, mas mesmo encobertas elas estarão ainda lá, e se modificam a tal ponto que as vezes a própria pessoa não as reconhece. Então transformadas, elas podem expressar no corpo sensações e emoções estranhas. As ideias freudianas trazidas inicialmente em solo paulista, se tiveram a intenção de expandir as fronteiras da psiquiatria como uma nova luz na transformação do curso das doenças mentais, conheceram forte resistência da representação médica tendo no Antônio Carlos Pacheco e Silva, o substituto de Franco da Rocha no Hospital Pineal, seu pertinaz opositor. O movimento psicanalítico foi dissociado da psiquiatria acadêmica em São Paulo, e esteve ao longo dos anos longe de ter uma cooperação amistosa entre os médicos. Esta condição de origem talvez possa ter favorecido para a psicanálise o desenvolvimento de formas de comunicação mais ampliada. O movimento de constituição da psicanálise e posterior institucionalização construiu então formas de divulgação que não eram dirigidas apenas à categoria dos médicos. Seus adeptos, entre eles e principalmente Durval Marcondes, tinham na imprensa leiga uma estratégia de fazê-la se tornar acessível e conquistar credibilidade social e científica. O embate entre os médicos marcou desde sempre em solo paulista a história da psicanálise.

Mesmo com formação universitária na área do Direito, fui me interessando e me aproximando dos assuntos da psicanálise, o que de certa forma moldou minha vida adulta, tanto profissional como afetiva, sendo a festa "futurista" um marco de minha iniciação. Antônio, encantado com a doutrina de Freud, nos anos seguintes, já como médico formado, se vinculou a um grupo restrito capitaneado pelo poeta médico Durval Marcondes. Alguns outros representantes do inicial movimento modernista, como o escritor e jornalista Menotti del Picchia, também fizeram parte dos primórdios da psicanálise em terras paulistanas.

Anos mais tarde fui instada por Manuela a escrever sobre esses tempos vida estudantil na São Paulo dos anos 1920, minha e de Ivo. Ela estava interessada especialmente em reconhecer a diferença de atitude de alguns dos antigos personagens do movimento modernista, quanto a adesão e apoio, ou não, a outro movimento dez anos após, em 32, da guerra paulista. Havíamos conversado quando a hospedamos na nossa casa em julho daquele ano, Antônio mais que eu, sobre a ruptura do grupo original do movimento modernista paulista. Teria sido a percepção da importância dos valores nacionalistas surgidos dos anos 1920, no amálgama que fermentou o modernismo em São Paulo, transmutado nos anos 1930 como ares de uma paulistanidade bandeirante e regionalista? Na Itália o movimento futurismo se vinculou fortemente ao nacionalismo fascista de Mussolini.

CONTURBADOS ANOS 30: SÃO PAULO, UMA NAÇÃO?

Os contornos da Serra da Mantiqueira são mais regulares nas suas ondulações contemplados da cidade de Guaratinguetá. Podem ser percebidos especialmente do ângulo da fronte da Igreja Matriz, na direção da estação de trem com seu enquadramento na paisagem como um plano frontal. Alguns detalhes da edificação emprestam especial harmonia nessa composição. Sua torre central, com influência da arquitetura vitoriana, provoca a doce nostalgia das estações ferroviárias europeias. O caimento lateral acentuado da arquitetura da torre contrasta ao suave declive das encostas moduladas na majestosa serra, vista à distância. As nuvens em permanente movimentação distribuem novas harmonias, como pinceladas esbranquiçadas da tela que vou desenhando mentalmente, e modificando com as mudanças de seus nuances de luz.

A Serra da Mantiqueira exerce sobre mim sentimentos peculiares. Sua presença imponente, irredutível ao tempo, servindo de moldura às cidades expandidas ao longo do Rio Paraíba, evidencia em cada uma delas detalhes que a singularizam no desenho de seus contornos. O reconhecimento da diversidade do perfil da montanha em cada trecho revela, na aparente regularidade da grande massa compactada de terra encoberta de mata, suas diferenças. Fiz da percepção dessas singularidades um agradável exercício de observação recorrente ao longo da minha vida. Transporto o que busco perceber na natureza física da paisagem, a diversidade, para nas pessoas reconhecer também suas particularidades. Na infância observava a serra junto da extensa planície do Rio Paraíba entre Tremembé e Taubaté, no Quiririm de minha ascendência. Ali se estendiam as plantações de arroz, entre construções esparsas de olarias, local de tios e tias se ocuparem em longas jornadas de trabalho, onde diluíam nas várzeas alagadas, a saudade das aldeias que deixaram distantes na Itália. Gostava de me imaginar uma pintora, cronista ou viajante me transportando no tempo, mas submergindo da sua contemplação me tornei caçadora de mim mesma pela escrita. Ainda gosto de descobrir por novos ângulos diferenças ressaltadas nas tonalidades de luzes e sombras, e por elas, imagens do presente, alcanço as passadas. Nessas a memória acrescenta odores, e sinto o cheiro das mangas maduras caídas, meio apodrecidas, nas tardes mornas sem vento nas temporadas das férias do internato, no Quiririm.

Vou me afastando aos poucos da viagem contemplativa que da ampla janela me transportei no tempo, quando ouço os sons trazidos por vozes. Cuido de impedir que a nostalgia me preencha em tristeza, faço das lembranças um aconchego na mente, como uma revisita saudando meus antigos lugares, suas paisagens com seus aromas e personagens, quase todos mortos. A sonoridade fica cada vez mais nítida, reconheço vir da sala ao lado, na acolhedora morada colonial dos pais de Manuela.

Cheguei a Guaratinguetá há poucos dias buscando um pouco de silêncio, queria me refugiar da ruidosa capital e do seu clima de agitação intensificado desde o outono, nesse quase inverno do ano de 1932. Viera para visitar os amigos aproveitando os festejos tradicionais dos santos do mês de junho. No intervalo entre o dia do padroeiro Santo Antônio e as fogueiras na roça do São João, estenderia minha quinzena de descanso. Me afastei da janela quando senti um leve toque no braço feito pelo Ivo. Não percebera sua proximidade, mas logo entendi seu pedido mais pelo olhar de súplica do que pelas palavras sussurradas. "Venha!" Seu gesto indicando que o acompanhasse nos levou para a sala onde a conversa em tom cada vez mais acalorado acontecia. Solicitava meu envolvimento naquela discussão.

Fui decodificando aos poucos a natureza do pedido quase sem palavras de Ivo. Amigos são para todas as horas! Não demorei a associar a situação que ali se desenrolava ao assunto que iniciáramos na noite anterior. Entremeando temas diversos e a despeito da tensão permanente entre eles, Ivo fez referência ao compromisso assumido com Manuela, de que gostaria de apoiá-la na tentativa de fazer o irmão caçula Miguel desistir do alistamento militar voluntário. O rapaz teimava em participar do movimento revolucionário, que dia a dia mais impregnava o ar das cidades do Vale, trazido por ventos belicosos, desde a capital. Por algum motivo, ainda por mim desconhecido, Ivo precisava dali se ausentar, mas tendo entendido perfeitamente sua preocupação com Manuela, a justa apreensão com o desejo bélico do irmão, não me furtaria de me juntar ao esforço familiar de dissuadi-lo.

Fui adentrando cuidadosamente na sala. Recostei na lateral do piano, dando lugar à passagem quase furtiva para a retirada de Ivo, até me aproximar do espaço entre as cadeiras dispostas em semicírculo. Os dois irmãos de costas para a entrada, mantinham com visível irritação, um duro diálogo. Ouvi com atenção aguardando o momento mais apropriado para entrar na conversa, enquanto Miguel falava.

– Maurício, o fato de você ter uma dúzia de anos a mais que minha idade não faz de você um porta-voz da verdade. Lembre-se: somos irmãos, não sou seu filho, ainda temos um pai vivo, atuante e presente. Agradeço suas ponderações, sua honestidade em expressá-las, mas elas não são suficientes para sustentar uma mudança de minha opinião. Mantenho firme minha convicção de servir a luta armada de São Paulo e quero me alistar o mais rápido possível.

A fala de Miguel foi suficiente para que me localizasse no assunto tão inquietante. Encorajada, entrei na conversa.

– Desculpem a intromissão, gostaria de falar com vocês, aliás a pedido de Ivo, um pouquinho da minha experiência vivida junto das consequências da guerra. Como suponho que vocês saibam, sou descendente de italianos e vivi por algum tempo na Itália, justamente no final da grande guerra e após ela. De volta ao Brasil, desde o tempo da faculdade quando passei a frequentar Guaratinguetá, trazida pela amizade de meu colega Ivo e logo acrescida pela de Manuela, considero vocês como parte de minha família. De você, Miguel, lembro ainda como um menino. – Achei prudente reapresentar um pouco da minha biografia, justificando opinar em assunto tão delicado.

– Dinorah, não tinha visto você chegar. Por favor, sente-se – de modo acolhedor Maurício me acolhia ao grupo. – Veja a teimosia inconsequente deste moleque, está me tirando do sério! Desculpe nosso tom acalorado.

Aumentando mais ainda o tom de voz, quase gritando, Miguel acrescentou:

– Não fico aqui nessa conversa nem mais um minuto. Desculpe, Dinorah, nada contra mulher participar de conversas nossas, mas ser chamado de moleque é ofensivo.

– Está bem, Miguel, retiro o que disse e peço desculpas. Vamos conversar em um tom mais ameno. Parecia sincero o esforço de Maurício para uma conciliação.

Gostaria de me fazer ouvir pelos irmãos em conflito, mas precisava ser cuidadosa. Percebi naquela sala a mesma sensação que já vinha sentindo há meses, um clima de irritabilidade, de intolerância, que se irradiava por completo na vida cotidiana, vindo das praças, das ruas, dos jornais. As pessoas se tornavam dia a dia mais tensas, a agressividade era uma nova constante nos diálogos, como se a polaridade fosse irredutível. Quem não estivesse a favor da luta armada era contra São Paulo, e isso tinha um forte apelo moral.

– Peço licença, imagino que talvez possa contribuir com alguma opinião. Ou seria uma conversa exclusivamente masculina? – Indaguei com ironia. Já sabia das duras penas que uma voz feminina sofria para ser ouvida naquelas famílias patriarcais. Percebendo que havia uma brecha (ambos tinham me consentido pelo olhar), prossegui:

– A terra de minha família paterna fica no norte da Itália, próximo à região de Veneza, e durante a Grande Guerra Mundial teve sua juventude masculina simplesmente dizimada, especialmente após uma lei italiana de 1917 chamada "Ragazzi del 99", que convocou os jovens ainda adolescentes, assim como você Miguel, a participarem dos combates na batalha do rio Piave. Morei por ali pertinho, vi e sofri as consequências de uma guerra e me tornei radicalmente pacifista, apesar das contradições dessas duas palavras juntas!

– Não me soa contraditório ser radical contra as ações de violência armada. Contraditório me parece usar a força armada para construir a paz. Ou, ainda, a benção da Igreja para as tropas em formação, autorizando que se descumpra o primeiro dos mandamentos da Lei cristã: não matarás! É como se o padre dissesse: matem seus irmãos! – retrucou Maurício.

Estava emocionada, aquele assunto me era muito caro. Perdi meus companheiros da infância, os meninos, das brincadeiras, os primos italianos foram como meus irmãos. Percebia que Miguel ainda me ouvia com certo distanciamento. Continuei.

– Então, meus argumentos são de alguém que sentiu e repartiu com parentes, especialmente com mulheres, tias e primas, muita dor, frente à desolação da guerra, pela morte dos nossos entes queridos, quase todos muitos jovens, sem contar as perdas materiais de todo tipo. Pela fome, pela destruição da paisagem, por tudo de ruim que a guerra irrecuperavelmente traz. E quero acrescentar.

Prossegui:

– Penso que as guerras, ou as revoltas armadas, ou qualquer variante de conflito armado, são evidências de verdadeiro fracasso civilizatório. Não vejo coragem, vejo fraqueza nas guerras. Entendo como situações decorrentes das vaidades humanas. Homens poderosos, na sua arrogância, soterram possibilidades de entendimentos e negociações então efetivam ideias estratégicas de violência. Convocam o povo para frente a frente, como lobos uniformizados, se matarem. Os atacantes e os defensores, são seres subjugados, prisioneiros com arma na mão, com a ilusão que a destruição do outro, os tornarão livres! Como vocês por certo já sabem, a última grande guerra deixou um rastro de sangue retirado da vida de quase 600 mil italianos civis. Estou falando de pessoas comuns, não soldados, que morreram pela violência das armas e todo sortilégio dos aparatos destruidores no decorrer de menos de três anos. A Itália esteve a princípio neutra, mas em 1915 iniciou sua participação no conflito europeu. No total geral foram 10 milhões de vidas perdidas e 30 milhões de mutilados.

Por alguns segundos houve silêncio entre nós. Recuperei-me da emoção que aquele tema me despertava. A conversa não era nada amistosa, era uma discussão familiar impregnada de paixões e ressentimentos, mas não me furtaria a continuar opinar. Infelizmente as mulheres não têm voz na política, mas desejava incluir outros ângulos na análise, como substituir o instinto fomentado na tradição do poder pela dominação, pela construção do ideário de uma paz que liberta?

Ainda insegura de como melhor participar, de súbito me tomou a sensação física que experimentava descendo da face para todo o corpo, como a que me invadia no jogo infantil de pular cordas dupla. Aprendi com as crianças na fazenda em Quiririm. Fazíamos fila aguardando o momento preciso para entrar, um por vez, por entre as cordas sem tocá-las, e quando conseguíamos, o jogo consistia em saltar no exato ritmo do movimento delas, e enumerávamos os pulos gritando: um, dois, três.... Vencia quem fizesse mais pulos entre elas sem as tocar. Desenvolvi com a intuição possível a uma criança uma espécie de dom. Era um conhecimento corporal que consistia em absoluta concentração inicial até que sentisse meu corpo integrado ao movimento das cordas previamente ao instante de me lançar entre elas, integrada ao ritmo cadenciado das batidas. Dois dos jogadores se revezavam nesta função de "bater as cordas", que consistia em segurá-las pelas pontas e movê-las de modo intercalado e cruzado. O segredo de meu sucesso, anos mais tarde quando pude dar racionalidade ao que considerava um dom, foi o de conseguir absorver no corpo todo, a partir do olhar, o ritmo cadenciado do movimento das cordas e me antecipar a elas nos saltos. Como na brincadeira de pular cordas duplas o modo de entrada é essencial, também são a introdução de novos argumentos nas conversações; precisam ser introduzidos ajustados nos momentos precisos.

A antiga sensação física que me revisitava, alertava da necessária acurácia e, atenta, me preparei cuidadosa para entrar entre as falas de cada um dos interlocutores, como aprendera a fazer nas cordas, apenas no instante ideal. Então, aproveitando o aparente momento de dúvida de Miguel, me dirigi a ele.

– Miguel, você pode me dizer as razões pelas quais decidiu se alistar voluntariamente? A história que acabo de contar, que resultou em uma verdadeira carnificina humana, não o comove?

– Sim – respondeu ele secamente enquanto se aprumava, descruzando as pernas e elevando o tronco.

– No meu caso não é uma decisão precipitada, diferente da afirmação de Maurício. Tenho me ocupado há tempos na busca de uma efetiva motivação para minha vida, para além da mediocridade que impera ao meu redor! Tenho o privilégio de ser um paulista, diferente de todos da minha família, e sinto meu sangue ferver quando escuto ou leio sobre termos perdido a dignidade de povo heroico que conduzia o Brasil, que estamos deixando dissipar a bravura legada pelos bandeirantes, e principalmente estamos sendo humilhados pela ditadura de Vargas.

– Veja só, Dinorah! Ele repete um discurso de oradores profissionais, desses que nos visitam vindos de São Paulo desde que a Guarda Paulista, uma tal sociedade secreta, passou a organizar uma verdadeira milícia.

Pigarreando, por falta de água ou pela respiração encurtada entre as frases, Maurício continuou.

– Miguel, vamos examinar os antecedentes políticos. Os líderes desta agitação atual belicista partiram do Partido Democrático, do PD, quando no ano passado começaram a perceber o grande erro que fizeram em apoiar a Aliança Liberal e dar voz e vez a Getúlio, que concretamente perdeu a eleição para o candidato Júlio Prestes. Apearam o presidente Washington Luís do poder, e de resto, como se costuma dizer: "Quem pariu Mateus que o embale"! Mas eles não querem mais saber do acalanto ao tal rebento, que ajudaram a criar, depois que viram o monstrinho de perto! Então a ordem é arrebentar tudo? Será sempre o mesmo modo, pela violência bélica que se constrói mudanças na política? Quero me manter coerente com os princípios republicanos de meu partido, o PRP. A outorga da violência é função apenas do Estado pelas forças das corporações militares, mas apenas quando se esgotaram os argumentos e negociações para consensos.

Maurício parecia ter recobrado o ânimo, percebi que minha entrada na conversa permitia que ele estendesse sua análise. Revelar as intrincadas motivações políticas no período da organização do conflito paulista não era tarefa nada trivial. Sua motivação, a mim subentendida, era abrir alguma possibilidade crítica naquele espírito apaixonado e ainda pouco reflexivo do irmão caçula, arrefecer seu desejo heroico de medalhas como sentido para a vida. Continuando, se dirigiu a mim, mas seu propósito estava dirigido a compreensão de Miguel, prosseguiu.

– Dinorah, estive na semana passada na nossa saudosa escola do Largo São Francisco na capital, fui rever e conversar com os amigos do meu partido, como você sabe ainda sou filiado ao PRP, o Partido Republicano Paulista. Almoçamos por ali mesmo no Largo, pude assistir e sentir a agitação da moçada do centro acadêmico com a ideia da preparação da luta armada. Para eles o propósito é insuflar com palavras de ordem, enfurecer o povo como massa de manobra, depois distribuir armas aos civis, e convocar para a luta fraticida.

Intervim, interrompendo Maurício antes que engrenasse mais argumentos.

– Desculpe, Maurício, me permita uma síntese para não me perca no raciocínio de vocês dois. Então Miguel pretende ir para o combate se alistando como voluntário, se aliando aos insurgentes pela dignidade do povo paulista do qual se sente parte. Quer contribuir na derrubada do governo de Vargas. Já você, Maurício, pondera que este governo que aí está chegou ao poder derrubando Washington Luís, há dois anos impedindo a posse do eleito

Júlio Prestes. Ou seja, Getúlio Vargas para se tornar governo deu um golpe como "revolução" mesmo sem tiros, mas para tanto precisou e recebeu apoio também de paulistas. Principalmente da parte do Partido Democrático que se aliou à Aliança Liberal. É isso mesmo? E continuei minha síntese, propositalmente ampliada, para dar mais visibilidade para a evidência do argumento de Maurício, apontando uma atitude dúbia dos insurgentes para a luta armada. O intuito era que Miguel se abrisse a considerar também esses argumentos:

– Então, este mesmo grupo paulista que apoiou Getúlio a se tornar governo agora trocou de lado na atuação e quer sua derrubada usando a força das armas. Falta acrescentar, Maurício, que no atual momento também o seu partido, o PRP, rompeu a histórica oposição aos democratas do PD e, desde fevereiro, estão juntos na construção da "frente única" por São Paulo. Não é isto?

– Sim, você conseguiu juntar nossos argumentos – completou Maurício. Era claro seu intuito de enfraquecer a tese de Miguel de que ser paulista bastava para ser apoiador da luta armada. – Gostaria que Miguel ouvisse também um pouco da historicidade, para entender melhor de onde parte a motivação real do conflito. E continuou:

– Então, Getúlio saiu de Itararé de trem em outubro, quase um ano e meio atrás, vocês sabem, em 1930, vindo do Sul, sem que houvesse a batalha prevista, ou seja, os paulistas não apresentaram nenhuma resistência. Chegou à estação da Luz na nossa capital, onde havia milhares de paulistas para aclamá-lo. Foi recebido pelo Francisco Morato, do Partido Democrático, e triunfante foi chamado de presidente do Brasil pelo jornal *O Estado de São Paulo*. A edição de 27 de outubro de 1930 estampou a aclamação de Getúlio. Falando diretamente a mim, acrescentou:

– Sinceramente, Dinorah, eu teria vergonha se fosse o redator do jornal *O Estado de São Paulo*, mas não parece ser o caso do

Júlio de Mesquita Filho, que aplaudiu Getúlio e agora se tornou seu maior opositor e agitador para sua derrubada, mas não por uma ação política competente, na minha avaliação. Poderia ser articulada negociação com pontos claros de uma pauta com prazos, estabelecer consensos, mas não, escolhem e incitam a população para o caminho da luta armada.

Maurício reafirmava existir uma contradição dos paulistas, especialmente os do Partido Democrata, ao que julgava oportunismo. Eu estava notando pela expressão de enfado que aquelas explicações todas não estavam fazendo sentido para Miguel. Parecia que Maurício dirigia a argumentação para me fazer contraponto. Estava ali aliada a ele no propósito de demonstrar a Miguelzinho a insuficiência de razões para uma convocação de guerra civil por São Paulo. Mas não consegui conter a continuação.

– Pessoalmente, não vi e não vejo com bons olhos a formação da Frente Única Paulista. Sei que é meramente estratégica, mas não perdoo o oportunismo do PD em dizer que só agora Getúlio se tornou inimigo; ficaram ao lado dele até março do ano passado. Tivesse o PD conseguido nomear como interventor de São Paulo o Francisco Morato, o partido não teria mudado de lado como eterno ressentido. Não queremos o Vargas, o todo-poderoso na sua arrogância de um governo provisório que já toma feição de definitivo, como não queremos a ingerência dos tenentes na nossa vida civil em São Paulo. Não precisamos das ideais deles e do Clube 3 de Outubro que formaram. Não aprovo a militarização da política!

Maurício parecia exasperado.

Ponderava que, se Getúlio já havia consentido desde março a nomeação de Pedro de Toledo para a função de interventor, que era um paulista e um civil, e que todo seu secretariado foi organizado apenas com os nomes indicados pelos próprios paulistas, aquele deveria ser um tempo de consolidar essa conquista.

Enfim São Paulo não aceitou ser conduzido por nenhum tenente do grupo getulista, o que entendia ser importante ser reconhecido como uma conquista. Desde o final de janeiro no comício no aniversário da cidade, a sucessão de fatos demonstrava que os esforços de mobilização popular, eram já parcialmente vitoriosos. Com o povo indo às praças, nos comícios de denúncia, ampliava a compreensão das massas, afinal com a movimentação popular crescente desde o 25 de janeiro os paulistas estavam impondo condições sobre o governo provisório, demonstrando sua força de mobilização. O novo secretariado inteiramente civil de Pedro de Toledo, aceito a contragosto por Vargas, era um triunfo, os paulistas foram sempre contrários à indicação dos militares, não aceitaram os tenentes do Clube 3 de Outubro a ocuparem o governo.

– Então vejam, foi iniciado um movimento popular contra a militarização da política em São Paulo, e agora querem conciliar a desmilitarização pretendida com a convocação da luta pela força militar? E temendo a possível insuficiência agora querem armar também os civis pela mobilização miliciana da Liga Paulista?

O principal argumento de Maurício se resumia:

– Antes de conclamar a população para apoiar uma intervenção pela força militar, haveriam de se esgotar os espaços de negociação, criando mecanismos de manter ativa esta pressão. Mas a fala demorada do Maurício estava deixando o Miguelzinho desatento; na sua fisionomia transparecia não estar nem compreendendo aquelas informações que o irmão trazia, e menos parecia estar interessado em refletir sobre elas.

Eu, me apoiando na lembrança da antiga brincadeira das cordas, me concentrei na busca de agregar na conversa um novo argumento, talvez um de motivação menos racional e mais afetiva. Com gentileza interrompi a verdadeira aula de nomes e datas que

Maurício, em tom professoral, nos proferia. Certamente aquelas tantas citações fariam parte de alguma matéria jornalística que ele deveria estar preparando para o Correio Popular, ou seria no Farol? Ainda me confundia com os nomes dos jornais locais de Guaratinguetá onde ele era correspondente. Tentando mudar o rumo das argumentações para além do quadro partidário paulista de que Maurício tinha pleno domínio, propus nova questão:

– Eu me surpreendo com você, Maurício. Como você consegue acompanhar tão bem a movimentação política da capital estando aqui em Guaratinguetá? Sem dúvida suas informações são preciosas, mas queria introduzir outro ponto. O que vocês acham da tese defendida por Monteiro Lobato sobre a separação de São Paulo da nação brasileira? Sei que muitos paulistas pensam igual, mas são receosos de explicitar essa posição.

– Sou um deles, mas não tenho medo nem me envergonho – disse Miguel rapidamente, buscando concluir a conversa.

– Miguel, não seja inconsequente. Você defende a separação de São Paulo do resto do país?

Maurício fazia esforço para não perder a calma, não se deixando levar pela atitude de provocação de Miguel, e quis lembrar ao irmão a origem da sua família.

– Miguel, você já deve ter ouvido a expressão "pau rodado". Sabe o que significa?

No vale do Rio Paraíba, as famílias tradicionais, com posses oriundas dos tempos áureos do café, chamavam os emigrados de outros estados de "pau rodado", por alusão aos materiais sem serventia que costumavam ser carregados nas águas durante as enchentes. Quando as águas baixam, restam os paus rodados das cheias. Sem dúvida era expressão de chacota com conotação ofensiva.

– Pois bem, não apenas uma vez fomos chamados assim. Nossa família veio dali de perto, mas somos de cima da serra, do sul de Minas. O fato de você ter nascido na fronteira não o diferencia tanto da gente mineira. Essa argumentação preconceituosa já causou constrangimento suficiente, especialmente ao nosso pai, um homem trabalhador honesto, educado, que tem ajudado os paulistas a prosperarem. Que tipo de guerra é essa que quer separar brasileiros pela força armada?

– Exigimos uma Constituição! – afirmou Miguel, utilizando o mesmo tom discursivo do irmão mais velho.

– Sim, concordo com você, mas outra vez vamos olhar para a contradição que se estampa nessa conclamação para justificar a luta armada. O próprio Vargas já assinou o decreto em maio, no mês passado, para o novo código eleitoral e as regras para a reunião da Assembleia Constituinte.

A argumentação de Maurício mais uma vez parecia pertinente. Getúlio há mais de três meses já se comprometera com a chamada para a nova Constituição. Os defensores da luta armada insistiam em ignorar o fato, como se não tivesse existido.

– Mas quem pode acreditar na palavra desse ditador, chefe de um Governo Provisório, que já parece querer ser definitivo? – Acrescentou Miguel.

– Pois bem, penso que a verdadeira "luta" de São Paulo deve ser na direção de angariar os apoios de outros estados, para juntos impormos a vontade de que não se adie nem mais um dia a data já definida, 3 de maio de 1933, para a nova Constituição. Defendo que nos próximos dez meses devemos construir uma grande mobilização para que o estado de São Paulo seja de fato a locomotiva do Brasil. Se dependesse de mim, esta luta seria de argumentos e negociações políticas, não seria uma luta pelas armas.

Eu não tinha conseguido na minha última intervenção melhor resultado. O argumento da separação do estado de São Paulo do país fez exacerbar a radicalidade da atitude de Miguel. Os irmãos entraram em uma seara familiar e interpessoal, era visível a necessidade do caçula de se diferenciar do mais velho pela sua condição de naturalidade. Ser um paulista o fazia receptível à conclamação bélica da instigante propaganda pela luta armada, parecia outorgar-lhe condição de superioridade familiar. Estávamos diante de um adolescente em busca de autoafirmação? Tentei outra vez mudar o eixo dos argumentos.

– Também pude ler com atenção o texto do decreto de Vargas, parece que há mesmo modificações importantes para nós dois, Miguel – tentei falar em tom conciliatório e amistoso. – A adoção de voto secreto já passou da hora de ser adotada e a idade mínima diminuída de 21 para 18 fará de você, Miguel, um eleitor. E nós, mulheres, poderemos também participar da vida política do país. Chegarão a nós as conquistas das mulheres sufragistas da América do Norte.

– Sim, Dinorah, vocês poderão participar da escolha do chefe da nossa república de bananas – acresceu por fim Maurício, ironizando. Mas Miguel não parecia querer desanuviar a conversa. Continuando seu tom pouco conciliatório.

– Maurício, as coisas não são na prática como você coloca aí nos seus artigos para o jornal. É muito fácil datilografar sobre papeis em branco, mas quero ver quem trará de volta os nossos mortos que as forças da ditadura fizeram! Ou você, com tantas informações, não ficou sabendo do que aconteceu na esquina da Barão de Itapetininga com a Praça da República, na capital, há um mês? – a fala de Miguel era novamente em tom exasperado.

– Eu sei, sim. Os quatro da sigla MMDC, que a Liga por São Paulo adotou para a estratégia de seu aliciamento. Eles não eram estudantes da nossa escola de Direito, como tem sido alardeado, sabia disso, Dinorah? Então, saibam vocês, os jovens que morreram após o confronto em 23 de maio último, foram o Mário Martins, que era um fazendeiro natural de São Manoel, cuidava da fazenda em Sertãozinho e tinha 31 anos. O outro, Euclydes

Miragaia, era um auxiliar de escritório de 21 anos de São José dos Campos que estudava na escola de comércio do largo São Francisco. O Dráusio era um ajudante da farmácia de seu pai, um tenente reformado do Exército, tinha 14 anos. E o Américo Camargo era um comerciante de 30 anos de Amparo.

– Maurício – respondi –, em nada essas informações sobre os rapazes fazem deles menos vítima da situação de descontrole na capital. Para mim são dignos de nossa compaixão e de nossa homenagem.

– Sim, Dinorah, eles foram mortos, mas há também responsabilidade pelos que buscam aumentar a arruaça. Pelo que entendi o grupo descontrolado se formou ao final do ato defronte do palácio do governo no Campos Elíseos. Também não aprovo a atitude dos fanáticos da Legião Revolucionária que atiraram. Mas essa história está contada em partes, houve sim uma provocação desnecessária e irresponsável. Como se estivessem à procura de um cadáver.

– Pois é, a comoção diante de um cadáver já tem contribuído com a história nessa nossa República, não é? – acrescentei, mas já estava exaurida pelo tanto que aquela conversa estava se prolongando, e já não sentia que Miguel estivesse minimamente atento aos nossos argumentos. Mas Maurício ainda quis acrescentar.

– Sim, Dinorah, a morte dos jovens da sigla MMDC me faz lembrar a mesma motivação que ocorreu com a morte do vice-presidente João Pessoa da chapa do Getúlio. Acabou, como você deve ter acompanhado, no estopim para a ascensão da Aliança Liberal. Aquele homicídio teve como motivação uma traição conjugal: foi o advogado João Dantes o assassino confesso de João Pessoa. Parece inacreditável que uma mentira, construída ardilosamente como verdade, uma falsa notícia, tenha o poder de se tornar uma questão de política nacional, como se a ordem de matar o Pessoa tivesse vindo do presidente Washington Luís.

Felizmente, com a entrada do Seu Manuel na sala, o pai dos irmãos em conflito, o clima tenso da conversa foi amenizado. Ele se dirigiu a mim, atenciosamente, como era seu habitual tratamento, indagando sobre questões do tempo. *Estaria eu preparada para uma semana com chuvas em Guaratinguetá?* Com seu gesto característico de assentar o cabelo revolto, já grisalho e um tanto rarefeito, foi se sentando à minha frente na cadeira que restava vazia na sala junto à janela. Olhou para fora na direção da Serra, em tom quase de brincadeira dissimulada.

– Pois é, parece que vem mesmo um chuvão por aí, tomara que não cortem a eletricidade. – E sorriu, olhando especialmente para mim. – Já pedi a Dita que nos traga da casa da Manuela uns candeeiros de querosene; pode ficar descansada, Dinorah, que não ficará no escuro como da última visita.

– Obrigada, Seu Manuel, mas na minha vida nômade já me acostumei à falta de luz, lógico que só de vez em quando. Mal consigo imaginar como já vivemos sem eletricidade um dia!

Seu Manuel ainda exibia seu porte hígido e forte, saído da mocidade com os traços que demonstravam um envelhecimento harmonioso, de pessoa na lida com serviços braçais do campo, mas afável no trato, gentil, o que não era a tônica masculina do lugar.

Dirigindo-se ao filho caçula, perguntou:

– Então, Miguelzinho, os pais de seus dois amigos já se resolveram, vão autorizá-los para o alistamento?

– Sim, senhor, falei ainda hoje com o Mário e o Milton, eles já foram lá na Casa do Soldado deixarem seus nomes registrados. Peguei com eles os papéis que eu vou precisar que sejam assinados pelo senhor, porque ainda não completei 18 anos. Eles ainda não receberam as roupas e o resto, mas já anotaram os tamanhos deles. Estão aguardando os locais de treinamento.

– Vamos conversar para uma definição amanhã sobre esse assunto. Ainda não consegui explicar o suficiente para sua mãe, que hoje não estava se sentindo bem. Não vou decidir antes de que todos estejam esclarecidos dos riscos. Seus argumentos eu já ouvi, você conhece minha posição contrária, como também a de seus irmãos, Maurício e Manuela.

Interrompendo o pai, com visível emoção, Miguel se apressou:

– Pai, não quero desobedecer, mas insisto que por ser apenas eu o paulista da família essa condição seja levada em conta. Não é apenas a idade que me impede de ir para a luta armada à revelia de todos. Compreendo minha obrigação como filho, mas o chamado pela liberdade da minha terra se mistura à motivação da minha própria liberdade.

Intuindo a retomada da discussão pelo gesto das mãos e face do Maurício, o pai, assumindo sua condição de autoridade, sem agressividade, concluiu:

– Peço que a discussão entre vocês seja encerrada. Amanhã comunico a minha decisão.

Aliviado, Miguelzinho se levantou pedindo licença e se retirou da sala, com a justificativa de que os padres do colégio ainda mantinham o calendário das provas e precisava estudar muito ainda naquela noite.

CONVERSAS INTERROMPIDAS

Na conversa entrecortada, com visível dificuldade de falar sobre os próprios assuntos afetivos, Ivo tentava caracterizar aspectos do clima de tensão que se estabelecera no relacionamento entre ele e Manuela. Parecia que o sofrimento com a morte do filho desencadeara uma sucessão de interditos mal resolvidos entre o casal. Não ouvira suficientemente cada um, apenas recebia de terceiros insinuações ou frases meio veladas, que as coisas não se ajeitaram desde que o pequeno Ivo Bento se fora. Não levava adiante esses comentários, queria ter possibilidade de conversas francas com cada qual, me sentia autorizada a certas intimidades por ter sido escolhida como madrinha daquele casamento.

Ivo ainda não conseguira explicar as motivações que o levaram a mudança aparentemente abrupta, deixara o escritório de advocacia estabelecido na cidade sob os cuidados do sócio, seu cunhado Maurício. Aceitando o convite para se tornar assessor jurídico em uma repartição federal, foi trabalhar no Rio de Janeiro. Eu pouco participei das reviravoltas na vida do casal, mas parece que a crise conjugal deles já se anunciava há algum tempo. Pretendia naquela minha estadia – quem sabe – ajudar ao menos com minha escuta.

Ainda não tivera oportunidade também de estar a sós com Manuela, havíamos combinado um passeio na tarde seguinte até a chácara de uma amiga comum para os lados da Caixa D'agua. Maria Augusta, a filha do casal, nos acompanharia, faríamos um convescote em um local de bela vista, quando supúnhamos criar momentos para nossa conversa mais reservada.

Com Ivo, a conversa iniciada após o jantar, quando nos dirigimos para a varanda, foi interrompida com a entrada de Dita.

Recusar seu insubstituível cafezinho seria uma ofensa sem perdão para pessoa tão afável. Mais tarde, quanto todos se reuniram na sala, recuei a um canto junto de Ivo, na tentativa de retomar o assunto, e em tom quase sussurrado, ele me pediu que deixássemos para o dia seguinte, alegando que seria melhor uma conversa em local mais reservado. Gostaria de relatar os atropelos na vida e os desdobramentos que se seguiram, desde o ano anterior, com a morte do filho.

Eu conhecia o espírito errante de meu amigo. Reconhecia o profundo sofrimento dele e de Manuela com a perda tão inesperada do Bento Ivo. Mas confesso que aquele modo misterioso, evasivo e um tanto ausente de Ivo aguçou a minha curiosidade e preocupação, ainda estava sem entender. Ah! Esse "ragazzo" tinha mesmo a alma inquieta! Não seria nada condescendente se houvesse alguma aventura amorosa dele, mas infelizmente essa ideia não era improvável. Já cumpria a função de conselheira sentimental de Ivo desde que seus originais galanteios a mim dirigidos se transformaram em fraterna amizade. Ainda teria mais alguns dias da minha estadia ali, o que nos possibilitaria tempo e lugar adequado para que melhor explicasse a motivação de seu comportamento. Essa era minha intenção, que infelizmente acabou sem ser concluída.

DOS INFORTÚNIOS DA GUERRA

TENSÕES NA CIDADE: NAS RUAS, NO INSTITUTO, NAS PESSOAS

Cheguei à capital de São Paulo já na madrugada da quarta-feira no dia 20 de julho de 1932. Pela manhã fui admitida na segunda turma do Curso de Enfermagem de Guerra do Instituto de Hygiene. Fizeram-me uma concessão especial, pois o curso já havia sido iniciado na segunda-feira. Trouxera comigo uma carta de indicação dos médicos do Hospital do Sangue de Cruzeiro, o comandante Dr. Benedicto Corrêa e seu assistente Dr. Felipe Caronni. Nela mencionaram a necessidade em contar com maior número de auxiliares treinados para a assistência aos feridos, e pela urgência, justificavam ser o pedido fora da data regular do início. A excepcionalidade fazia também menção às dificuldades próprias do estado de guerra na região do Vale do Paraíba, os deslocamentos para acesso à capital estavam muito comprometidos. A abrangência planejada inicialmente para a atuação do hospital se mostrou, na prática, acanhada. Sustentar a ampliação carecia de número maior de pessoas na divisão das tarefas, além de manter o funcionamento do hospital em si, era necessário dar suporte ao fluxo de encaminhamento de todo o setor norte dos combates.

No dia anterior havíamos realizado um verdadeiro périplo desde a cidade de Cruzeiro, passando por Guaratinguetá, onde demoramos mais que o previsto. O escuro da noite gelada nos pegou ainda distantes da capital. Meus companheiros de viagem, Tereza e Seu Nequito, atentos ao meu estado de tristeza e preocupação, buscavam manter em revezamento uma conversação leve e pequenas gentilezas ao longo de todo o trajeto. De trecho em trecho Tereza nos oferecia água fresca e alguma guloseima retirada de um seu misterioso embornal. O marido, para cada uma das cidades indicadas nas placas que deixávamos para trás, contava uma história pitoresca, parte do seu vasto repertório de vendedor viajante. Entremeando suas narrativas arranjava um modo de dar realce para sua habilidade de bom condutor de veículos, vez ou outra dividia os méritos com o atual bom estado da pista da rodovia. Seu Nequito admirava a atuação do chefe do Estado deposto Washington Luiz, enfatizava com elogios sua atuação de político empreendedor que quando presidente do estado de São Paulo cumprira sua promessa de campanha: "Governar é abrir estradas".

– Vejam o estado deste recapeamento feito em 1928. Já completa 4 anos e ainda parece um tapete negro...

Depois de São José dos Campos a estrada seguia para a esquerda do Rio Paraíba, na direção de Mogi das Cruzes; foi um longo percurso até aparecerem os sinais da entrada da cidade de São Paulo. Uma cerração descia nas ruas desertas do Centro, esfumaçando as placas de indicação, o que nos obrigava a rodar muito lentamente com os vidros meio abertos, apesar do frio. Havia muitas ruas interditadas na região do bairro da Luz, obrigando-nos a fazer desvios à procura do trajeto que nos levasse para os lados do bairro Higienópolis. Com alguma dificuldade encontrarmos a direção da Avenida Angélica, que era a nossa referência para o endereço da nova casa de Dinorah.

Uma sopa quente e saborosa nos esperava, comidinha de alma, no dizer da nossa anfitriã. Sua terna acolhida nos aliviava a exaustão da viagem. Chegamos com a noite já adiantada nas horas. A insistência de Dinorah em hospedar Tereza e o esposo foi decisiva para evitar a imprudência de saírem em busca de algum hotelzinho no centro ou mesmo a ida até o bairro do Cambuci onde afirmavam ter parentes portugueses. A cidade à noite estava em parte sitiada pelo estado de guerra. Convencidos e exaustos, pousaram ali mesmo, no anexo da casa nova, onde ainda seria instalado o consultório médico de Antônio. Mesmo saudosas e com muitos assuntos pendentes entre nós, prevaleceu o bom senso de deixarmos nossas conversas para o outro dia, o compromisso com o curso seria bem cedo e meu cansaço era visível. Ainda assim tive dificuldade para aprofundar o sono – foram inúmeras as interrupções com sobressaltos, as lembranças sobrepostas misturavam imagens entre vigília e sonho. Em estado de semiconsciência, revia a face estática de Miguel com a respiração compassada que se misturava à expressão de angústia dos últimos momentos de vida de meu pequeno Ivo. O cansaço me venceu e dormi por um par de horas.

Com a claridade rompendo sob a porta do quarto, saí da cama, ainda um pouco atordoada. Não me permitia e nem conseguia ter muitas horas no descanso noturno. Levantei insegura, não desejava incomodar a rotina da casa, cuidava para não fazer ruídos no caminho até o banheiro.

– Bom dia, Dona Manuela. Vi quando a senhora desceu, mas não quis incomodá-la quando percebi que estava com o rosário na mão.

– Bom dia, Alzira. Desculpe minha intromissão andando pela casa. – Tentei iniciar uma conversa sussurrada, disfarçando meu constrangimento, como se tivesse sido surpreendida em local onde não devesse estar. – Sabe, desde ontem quando chegamos, reparei que agradável devia ser esse jardim de inverno! Imaginei ser aqui um lugar ideal para fazer minhas orações matinais; prefiro rezar pela manhã fora da cama.

Já conhecia Alzira desde Guaratinguetá, preta com tonalidade acobreada de pele, olhos oblíquos, nariz adelgaçado e boca larga com dentes bem alinhados, ressaltados no sorriso amplo. Não era pessoa que passasse desapercebida pela simpatia e pelos belos traços que maturidade não apagara. Mudei o tom para uma conversa amistosa, já refeita da sensação de inoportuna.

– E você continua uma boa observadora, enxergou logo eu carregando o terço! E como está, já faz tempo que não nos víamos, não?

– Sim, senhora, faz tempo mesmo. Soube por Dona Dinorah das tristezas que passaram no ano passado pelo seu filhinho e agora seu irmão! Mas Deus há de dar força para a senhora e Nossa Senhora Aparecida, da nossa terra, há de ajudar que seu irmão Miguel fique bom logo!

– Pois é Alzira, além de rezar, agora vim para essa cidade grande com a disposição de aprender a cuidar de doentes. Dinorah deve ter comentado com você sobre o curso de enfermagem que vim fazer?

– Falou, sim, senhora.

– O café já está passado, fiz um bolinho de fubá cremoso. Posso servir? A senhora fique à vontade para escolher se prefere tomar seu café da manhã na copa ou na sala de jantar! Dona Dinorah recomendou que não esperasse por ela, porque a senhora tem compromisso logo cedo.

– Por favor, Alzira, não quero ser tratada como visita. Onde Dinorah costuma tomar café da manhã? — Queria que minha presença não alterasse a rotina da casa.

– Então sirvo na copa mesmo. Seus amigos, o motorista e a esposa, já tomaram café. Disseram que iam esperar a senhora para ensinar o caminho até o curso. Estão ali no quintal tirando dúvidas com o Seu Inácio, que sabe tudo dos lugares desta São Paulo!

– Muito obrigada.

Acolhi a oferta me encaminhando até a copa. Era minha primeira vez na casa nova de Dinorah, que agora era dividida com seu companheiro Antônio, pelo menos por alguns períodos, mas como adiamos nossa conversa noturna, ainda sabia pouco da rotina do casal. Nos dias de plantão no Hospital Psiquiátrico parece que Antônio ficava em sua antiga chácara pelos lados do Juquery.

– Alzira, sua mãe está bem? Continua em Guará com seus meninos?

– Meninos, dona Manuela, já são quase moços! Estão espalhados, um na roça, outros na cidade, mas são todos trabalhadores. Minha mãe cismou de se mudar para Aparecida desde que da separação de Guará, já faz uns anos.

– Ah! Sim, Alzira, a Dita lá em casa não me deixa esquecer nunca dessa data...

– Então, a mãe já queria se mudar para mais perto da santa. Quando veio o decreto do Papa fazendo Nossa Senhora Aparecida a padroeira do Brasil, minha nossa! Não consegui segurar mais a velha, a alegria dela dava gosto de ver! Agora está lá numa casinha que o pessoal do Comendador Rodrigues Alves ajudou conseguir. Justo no pé da ladeira do Santo Carmelo. Enquanto ela tiver saúde e força nas pernas vai subindo a ladeira, assiste a missa todo dia. Continua a fazer os quitutes para vender, e nem precisa andar longe, consegue ali perto da sua porta mesmo. Está como quer!

– Que bom, Alzira, fico feliz por ela. Também em saber que tiveram ajuda, foram tantos e tantos anos de serviço para a família dos Alves, não? Você também morou com eles não foi?

– Foi sim, Dona Manuela. Vim ainda menina para a capital e morei com eles pertinho daqui, neste mesmo bairro. Depois fui com a família para o Rio de Janeiro ainda no tempo que Dona Ana Guilhermina vivia e o Conselheiro foi ser o presidente da

República. Depois voltamos para São Paulo, era mesmo muita mudança porque ele era um homem muito importante. Mas depois daquela sua morte tão triste, quem poderia imaginar que um homem tão bom e inteligente daquele era para ter gripe espanhola? Bem, ele já não estava nada bem, não se sabe se quem o levou foi a gripe ou não. Estava eleito outra vez, a senhora sabe. Mas Deus é quem guia nossos destinos, não é mesmo, Dona Manuela? Só sei que quando voltamos para Guará não achei jeito mais de continuar com a família deles. Então logo me casei e fui morar com meu finado marido. Depois, quando fiquei sem ele, os meninos já meio crescidinhos e sempre muito acostumados com a avó, que a bem dizer criou eles mais que eu mesma. Foi quando conversei bem com cada um deles, e com muita gratidão pela casinha da mãe, as coisas ficaram mais sossegadas, e calhou de eu conhecer Dona Dinorah por intermédio da Dita da casa da senhora. Nós nos acertamos e eu vim trabalhar com Dona Dinorah aqui em São Paulo por uns tempos e fui ficando... Só mesmo Deus é quem sabe da gente, não é mesmo? Mas agora com Dona Dinorah não sou mais só como cria da casa, tenho meu dinheirinho que vou guardando, precisão é o que não falta.

A expressão usada por Alzira me deixou reflexiva. Não era a primeira vez que um desconforto e certa tristeza me invadiam ao pensar sobre a vida das mulheres ao nosso redor! Sim, a Dita, era da casa, ela era considerada *cria* da nossa casa. Não foi escrava, mas o quanto de fato era livre? Com todas as diferenças entre a origem das famílias, a minha e a do presidente Rodrigues Alves, a relação com os serviçais não me parecia muita diversa. Será que a mentalidade escravocrata ainda estava presa ao emaranhado dos nossos costumes que mantínhamos como naturais? Ela, Alzira, saíra de seus laços originais, ganhava agora seu próprio dinheiro, foi isso que ela tinha dito, que agora era uma empregada assalariada. E Dita? Também fui eu quem iniciou seu primeiro pagamento em dinheiro, depois que me formei, escolhi uma classe para lecionar e passei a receber salário. Mas quando parei de ser professora após o casamento, fui muito criticada pela família do Ivo, julgavam não ser competência dele assumir o custo do dinheirinho mensal da Dita, que afinal eu inventara! Devo ser justa com meu marido, dele nunca ouvi reclamação nesse sentido. Dita demorou para ter coragem de sair de casa para algum gasto de suas reservas ajuntadas dentro do seu bauzinho. Foi só na festa de São Benedito quando ela foi escolhida como festeira, que fez sua inaugural compra. Fomos juntas escolher os tecidos e adornos percorrendo casas de comércio no largo do Rosário. Ela muito desajeitada por estar naqueles ambientes, mas seus trajes para a festa mereciam seu sacrifício, seriam muito especiais. Devia muito a Dinorah ter adquirido o que ela chama de alguma consciência crítica, mas concretamente tendo adquirido a tal consciência e compreender ser insuficiente apenas a piedade católica, isso me fazia agora diferente? Lembrei da atitude e das palavras do Maurício, na nossa conversa antecedendo minha partida; elas ainda me ressoavam. Sua preocupação principal, antes mesmo de saber sobre o estado de saúde de Miguel, foi com o fato de eu ser uma mulher casada andando sem o marido. Acredito que ele tinha restrições à minha estadia na casa da Dinorah, temia o efeito da proximidade com pessoa tão liberal de costumes. Não aprovava a ligação afetiva dela com Antônio por ele já ter sido casado, mas jamais se incomodou com nossos tios e primos que mantinham duas famílias, uma na roça e outra na cidade. Bem, mas estávamos em um tempo de guerra, e esses pensamentos sobre a vida das mulheres eram muito complicados para me ocupar a mente naquela manhã. Guardaria para a noite, quando estivéssemos eu e Dinorah a sós. Então teríamos muito a conversar!

Saindo, no jardim encontrei Tereza e Seu Nequito, que seguiriam para Santos continuando o périplo para resgate da tia portuguesa. Dispuseram-se a me levar de carro até o Instituto de Hygiene, no intuito de que assimilasse mais facilmente o percurso. Não estávamos distantes: pela Avenida Angélica subindo até o cruzamento e virando à direita se acessava a Avenida Municipal, que naquele ano tinha mudado sua denominação para Doutor Arnaldo, nome ainda pouco utilizado. Ladeando o Cemitério do Araçá seguimos adiante e logo estacionamos em frente ao imponente edifício do Instituto.

Precisaria ainda de alguma orientação dos conhecedores daquele trajeto para planejar meu deslocamento diário, queria conhecer como usar o bonde elétrico, desejava ser uma interiorana capaz de vencer o medo atávico irradiado pela cidade grande. Dinorah me preveniu que o racionamento de combustível era rigoroso e seria impossível seu motorista me conduzir com o carro, ele se disporia a me acompanhar caminhando. O fato de ser pequeno o percurso entre a casa onde me hospedava e o Instituto me pareceu providencial, sobretudo considerando a realidade paulistana.

Quando finalmente nos despedimos, vi partir meus companheiros de viagem que conhecera há apenas três dias, me sentindo como se separasse de antigos amigos. E como tal nos abraçamos. Recomendei lembranças e agradecimentos especiais a dona Nina, pretendia estar de volta a Cruzeiro o mais rápido possível. Uma espontânea empatia havia surgido entre nós, de alguma forma a presença deles me emprestava segurança. Reconhecia neles uma identidade regional que nos aproximava, mesmo sendo mineira de nascimento, era grande meu vínculo ao interior paulista do Vale do Paraíba. Sozinha a partir dali, reconheci se aproximar uma sensação de medo, adentrava um mundo completamente estranho! Respirei fundo impedindo uma lágrima que queria se soltar.

Sabia que precisaria vencer muitas inseguranças. Aquele momento da entrada seria crucial como marco de um novo tempo! Empinando o peito e erguendo a cabeça, como na recomendação de minha avó Rita, quando adentrávamos o Largo do Rosário na tradicional Guaratinguetá. Era preciso assumir o mesmo ar de pretensa altivez das mulheres paulistas, dizia vovó, somos mineiras com orgulho! Caminhei com lentidão suficiente para que o sapato não escorregasse no pedregulho fino que circulava o jardim ainda em formação. Subi contando os degraus para me certificar de que entraria no prédio do Instituto com o pé direito. Não foi difícil encontrar o serviço de secretaria com a apresentação da carta de referência que trazia. Ali obtive as orientações do local das aulas daquela manhã, o programa detalhado de todo o curso e uma agenda de reunião com a coordenação da professora responsável Iracema Niebler, para organizar minha reposição dos dois dias anteriores. As aulas seriam nas dependências do próprio Instituto. Era evidente a grandeza do prédio de três andares recém-inaugurado.

Nos dias que se seguiram ouvi entre funcionários em tom de reclamação o desagrado com a mudança do Instituto de Hygiene para aqueles lados, ditos por eles, como desabitados das várzeas do Rio Pinheiros. Lamentavam a saída da sede anterior, que por estar situada no centro da cidade seria mais conveniente ao acesso das pessoas, na antiga residência da baronesa de Piracicaba. Tomei os comentários como nostalgia ou saudosismo do antigo endereço. As mudanças nem sempre são facilmente assimiláveis, comigo se passava algo parecido. Admirando a fotografia na antessala da diretora, a sede original do Instituto estampada no palacete colonial me irradiou uma saudade, mesmo não tendo vivido os tempos imperiais. Ali estava retratado um lindo jardim com vigorosas palmeiras contrastando com a delicadeza de uma balaustrada talhada em ferro; como teria sido a vida dos que ali viveram com a baronesa? Senti a saudade que imaginava terem sentido aqueles antigos moradores do palacete.

Dias depois passei a compreender melhor as tensões permanentes no cotidiano daquela instituição, Instituto de Hygiene, por meio de explicações de uma colega. Conheci Virginia Bicudo no intervalo do almoço, era aluna do curso regular de Educação Sanitária. Nos aproximamos e a sua acuradíssima percepção e as tantas informações que me disponibilizou me fizeram entender a importância da Saúde Pública de São Paulo, e um pouco sobre o clima de tensão. Desde a designação do primeiro interventor nomeado pelo governo provisório getulista, instalou-se arraigada disputa por prestígio dos médicos paulistas, muito insatisfeitos com as atitudes autoritárias dos federais. Mesmo com a troca de vários interventores do estado, a intenção inicial deles de ali instalar um quartel militar havia causado inestimável atraso nos planos da Saúde Pública paulista. A obra daquele prédio com amplas salas de aula, laboratórios e biblioteca tinha sido concluída no ano anterior, com o desenho arquitetônico todo detalhadamente planejado para funcionar com atividades próprias de um Instituto. A Hygiene não era mais considerada apenas uma simples disciplina do currículo médico, ainda que o seu Instituto se mantivesse como anexo da Faculdade de Medicina ao lado. A Hygiene passou a ser mais que uma disciplina, era o fundamento que orientava a nova Saúde Pública, o novo modo de se executar as ações de proteção das pessoas, incluindo também a prevenção das doenças. Assim o Instituto de Hygiene funcionaria como centro de pesquisa, mas também como uma escola para a formação de quem pretendesse trabalhar na Saúde Pública, que passou a ser orientada por um novo código sanitário pronto desde 1925. Para tanto foram inaugurados ali vários cursos entre eles o de Educação Sanitária, que Virgínia estava prestes a concluir. A sensibilidade e gentileza da nova amiga eram genuínas, não tive coragem de perguntar se sua vida de mulher negra, naquele cenário de brancos, era difícil. Esperava que nossa amizade se fortalecesse, sabia que seria preciso muita confiança e intimidade para uma conversa dessa natureza.

A imponência do edifício me fez recordar a visita ao morro do Passarinho com meu pai, quando me foi apresentado os prédios escolares de Guaratinguetá em destaque na paisagem. Aquele dali havia sido erguido com parte do financiamento por compromisso firmado entre o governo estadual e uma fundação americana a "Rockfeller" que também havia ajudado a criar a Faculdade de Medicina e Cirurgia de São Paulo. Para os médicos era inaceitável a atitude dos interventores getulistas que desconhecendo toda a importância e a história da saúde em São Paulo cogitaram de mudar a destinação do prédio. Os médicos acabaram vencendo a peleja, mas na vida agitada daquela instituição as marcas da disputa permaneceram.

Ingressei na segunda turma do curso de enfermagem de guerra. Era significativa a maioria feminina na frequência — dos 100 inscritos eram apenas 13 os homens. Esta quantidade de pessoas interessadas nos ensinamentos de enfermagem de guerra, a princípio, me impressionou muito positivamente. Aliviava-me a preocupação de ser tomada como uma tresloucada irmã de soldado ferido, afinal com tantas pessoas também interessadas podia supor que muitas motivações estariam ali representadas. O curso estava planejado de modo que teríamos aulas diárias em tempo integral, incluindo também dois sábados, seguidos de um período de estágio hospitalar. Esta era a parte que mais me interessava, mas só teria início na primeira semana de agosto. Na escala de distribuição dos alunos, meu nome constou na lista do hospital Santa Catarina, localizado na Avenida Paulista. Como não conhecia nenhum dos demais hospitais disponibilizados ao apoio da nossa formação – Santa Casa de Misericórdia, Hospital Alemão e Policlínica –, confiei na informação de que aquele seria o mais próximo de Higienópolis.

A imponência do prédio do Instituto de Hygiene me lembrou o da Faculdade de Odontologia e Pharmácia, que foi Theatro do meu familiar largo onde residia em Guaratinguetá. Apenas pelo mesmo valor simbólico de lugar de prestígio, pois eram incomparáveis em dimensão e importância, mas pensar nas equivalências, contudo, não sei bem a razão, me acalmava.

Fui com o passar dos dias percebendo a inutilidade da exigência a que eu própria estava me submetendo, dando explicação a todos do porquê tinha me matriculado naquele curso. Nas conversas, mesmo as informais com os colegas, professores e funcionários, flagrava-me em tom justificativo. Aos poucos fui me sentindo menos insegura, consciente da importância do curso de enfermagem no contexto dos dias intensos da guerra e no novo sentido que buscava para a minha vida.

EM GUERRA INTERNA

A primeira semana do curso de enfermagem de guerra introduziu ao meu cotidiano paulistano uma rotina muito intensa. Uma década após ter sido diplomada normalista, tornar-me estudante outra vez era mais um dos desafios que a recuperação de Miguelzinho me impunha. Necessitava me inteirar de disciplinas que fugiam da minha zona de conforto. As aulas enfocavam fundamentos da área biológica, temas apenas abordados superficialmente durante minha formação de professora. Apesar dos nomes pomposos que apresentavam, os conteúdos não me pareceram muito complicados. As matérias eram ministradas com as noções teóricas de anatomia, fisiologia, histologia, bacteriologia, imunologia, patologia e epidemiologia de guerra. Ao longo dos dias foram acrescentados conteúdos mais operacionais, como técnicas para coleta e exame de urina e muitas outras necessárias à rotina padrão da enfermagem.

Eu ansiava especialmente pelo aprendizado voltado aos cuidados com os pacientes, mas este só teria, infelizmente, na parte prática, quando estivesse no estágio hospitalar. Muitas vezes, acordada e outras até dormindo, a lembrança do meu irmão inerte na cama da enfermaria, me chegava, aumentando minha ansiedade para a volta. Era imposição do curso que as atividades desenvolvidas no Instituto de Hygiene, com duração de dez dias, serem requisitos para exercermos as demais. Eu teria que exercitar a paciência na espera do estágio hospitalar, previsto para agosto. Contava não só os dias, mas também as horas para meu retorno junto ao leito de Miguelzinho, queria descobrir um modo de adiantar o curso.

Na minha pacata Escola Normal quase todos se conheciam por nome ou apelido, incluindo a origem familiar dos colegas. As perguntas que os mais velhos me faziam assim que era apresentada era sempre: "Filha de quem?" ou "Gente de onde?". Já ali na capital, no agitado Instituto, eu estava no meio de uma multidão de desconhecidos, entre rostos simpáticos e muitas caras amarradas. Algumas pessoas tinham expressões presunçosas, o que dificultava diferenciar professores de alunos. Éramos muitos, as novas turmas se iniciavam sem que necessariamente a anterior já tivesse concluída, cada uma com cem alunos, mas o requisito do estágio hospitalar ser ao final era mantido. Minha intenção de fazê-lo simultâneo não encontrou guarida. Com o passar dos dias, me aproximei de alguns colegas da turma, especialmente as mulheres cujo nome também se iniciava com "M". Na lista de chamada, os nomes próximos à "Manuela" eram as muitas "Marias", e passamos a nos agregar em pequenos grupos para algumas atividades práticas. Naturalmente foram se formando muitos outros grupinhos nos intervalos das aulas e no período de descanso para o almoço. A insegurança, que até então me dificultava conversar com pessoas que não tivessem sido diretamente apresentadas a mim, foi logo superada. Percebia que todos vivíamos tempos de exceção nas nossas vidas, mesmo que nossas motivações fossem diversas.

Em muitas rodas ouvia, espantada, o tom de entusiasmo cívico com palavras exaltadas que incitavam a coragem dos paulistas ao enfrentar o inimigo. Para essas pessoas era preciso eliminar os inferiores, para que o sangue superior bandeirante triunfasse! Fui percebendo minha distância daquele universo ruidosamente ufanista inflado pela luta armada. Também me surpreendia com os diversos apelos separatistas, discursos mesclados de hierarquias valorativas entre pessoas por origem de raça e cor. Percebi, não raras vezes, que o esforço da formação de enfermeiros se vinculava menos a pugnar pela saúde dos soldados e mais a colaborar para a vitória da guerra paulista.

Os dias me traziam disposições ambivalentes. Ora sentia ímpeto de deixar clara minha opinião contrária à carnificina das trincheiras, ora me deixava silenciar, resignada na condição minoritária de defesa intransigente de qualquer vida, e não apenas as de um dos lados do conflito. Socorreríamos os paulistas e deixaríamos morrer os outros? Ainda assim não desistia de perscrutar em conversas reservadas o encontro de outras opiniões, com ponderações equilibradas, raras, mas que me ajudaram a viver o complexo tempo daquela guerra.

Na sexta, dia 22, as aulas foram encerradas mais cedo para nos permitir assistir à cerimônia de formatura da primeira turma do curso de Enfermagem de Guerra. Aquela se iniciara já na segunda feira no 11 de julho, quase imediatamente à eclosão do movimento armado, que se deu num fatídico sábado à noite, o 9 de julho de 1932. Será que o curso como estratégia de apoio ao conflito armado já estava sendo preparado? Não tinha como ter aquela resposta. O anfiteatro do piso térreo do Instituto já se encontrava quase lotado e algumas pessoas se aglomeravam no imponente saguão de entrada. Fiquei surpresa com o clima solene, e como não conhecia nenhuma das autoridades que ali se cumprimentavam, minha amiga Virgínia, com voz baixinha, ia me identificando as pessoas por seus nomes e cargos. A feição de um senhor de bigode discreto e cabelos alinhados me parecia familiar. Tratava-se do próprio diretor do Instituto, o professor Geraldo de Paula Souza, que abria a sessão. A lista dos personagens presentes nomeados foi longa com muitos professores do curso de medicina, contudo os que recebiam maior aplauso eram os novos ocupantes das secretarias do Estado.

– Agora são todos paulistas!

Ouvi a frase entusiasta de uma senhora desconhecida que tinha se sentado a meu lado. No outro, Virgínia me mantinha informada irradiando seus comentários como uma novela de rádio. Ela me explicou que a presença do representante do governador Pedro de Toledo, ex-interventor nomeado por Vargas, que mudou de lado e passou a apoiar a intervenção armada, rompendo com o governo provisório, emprestava importância política ao evento. Ali estava acontecendo um ato muito maior do que uma singela formatura de um curso breve de enfermagem, era justamente seu caráter voltado para a guerra que se destacava. As presenças dos médicos-professores demonstravam o apoio desse setor à causa paulista.

Como em formaturas usuais, houve juramento e a entrega dos certificados para os alunos. A professora Iracema, nossa coordenadora de curso, apresentou no seu discurso uma homenagem às patronas da enfermagem, com as proezas humanitárias de Florence Nightingale na Guerra da Criméia e de Ana Nery na Guerra do Paraguai. Aquela fala me fez recordar a conversa com a enfermeira Lourdes na pensão em Cruzeiro, que já tinha me contado a respeito da intrigante vinculação da origem da enfermagem com as situações de conflito armado. De alguma forma, eu assumidamente pacifista, também me incluía agora na trama da guerra! Estava na capital para fazer o curso de enfermagem como um passaporte que autorizasse minha permanência na enfermaria no Hospital de Sangue de Cruzeiro! Em muitas dimensões, agora era possível dizer, a guerra estava em mim, e eu estava em guerra contra ela. Ali, na cerimônia que presenciava, percebi que estava cercada de um crescente entusiasmo pela luta armada, o que aumentava minha tristeza e desejo de estar ao lado do Miguelzinho. Como estaria sua evolução?

Naquele julho de 1932 parecia que o inverno encurtava mais seus dias, a luminosidade diminuída rapidamente a partir das cinco horas da tarde, o que deixava o percurso da volta do Instituto na direção de Higienópolis um tanto assombroso. Era preciso caminhar ladeando o longo muro do Cemitério Araçá pela antiga Avenida Municipal, até que se alcançasse o final da Avenida Angélica. No término da formatura já era noite, e parti junto com um grupo de alunos que também seguiriam na direção de Higienópolis. Graças ao convite de Virgínia, tinha me integrado a eles, o que me possibilitava dispensar os cuidados de Dinorah com meu retorno, ampliando aos poucos minha autonomia de caipira na capital. Virgínia, que tudo parecia saber, se tornaria uma amiga com quem manteria correspondência por muitos anos. Mas a distância quando ela passou a viver na Inglaterra, onde foi estudar psicanálise, foi rarefazendo nossos contatos.

No retorno, o passo apressado pelo frio, que aumentava com uma garoa inesperada, não nos impediu de fazer comentários sobre cada detalhe da formatura que acabávamos de presenciar. Pela primeira vez consegui expressar meu incômodo enquanto caminhávamos. Sentia como insuficiente a ênfase dada nos discursos acabados de ouvir sobre o sentido ou a importância do cuidado assistencial da enfermagem. Eu julgava que esse devesse ser o principal foco de preocupação e aprendizado. Não me sentia à vontade, ou minimamente segura, para explanar de forma clara minha aversão à guerra. Já tinha escutado várias vezes pelos corredores serem os mineiros e gaúchos uns traidores, e que os paulistas deveriam dar o troco em represálias. Eu tinha receio de ao revelar minha origem ser alvo de alguma agressão direta.

Ser mineira em São Paulo parecia ser uma ameaça aos espíritos cívicos separatistas que a guerra fazia aflorar? Curiosamente atravessava a própria Rua Minas Gerais com tais pensamentos; dali já se podia avistar a casa de Dinorah, então pude me despedir dos novos colegas.

A TRÉGUA NAS NOITES

– Dinorah, você, que é pessoa letrada e diplomada no Direito da São Francisco de São Paulo, queria uma opinião sua, ou melhor, uma sugestão...

– Querida, chegou! Desculpe, nem a ouvi entrar, como foi seu dia escolar?

Das duas semanas do curso, nas horas que passei na casa de Dinorah, me sentia como suponho sentir, o peregrino no deserto ao encontrar um oásis. Ali aplacava a aridez dos dias, envolta na dualidade de minhas emoções para suportar aquele o período. Me acalmava, recompunha a mim mesma a necessidade do curso de enfermagem para estar junto aos cuidados do irmão ferido e contava os dias e as horas para meu retorno. Na vivência dia a dia no Instituto me surpreendia com atitudes que muito me incomodavam, entre elas o desrespeito com os poucos colegas negros. Ouvia muito referências sem entender completamente o objeto da teoria do eugenismo. Gostaria de antecipar o período do estágio hospitalar, a previsão de início dessa última etapa do curso, para minha turma, seria apenas na primeira semana de agosto. A escala apresentada pela coordenação mostrou meu nome na lista do Hospital Santa Catarina.

Naquele início de noite, apesar do cansaço imenso que se acumulava desde a noite da minha chegada, estava desejosa pelas poucas horas agradáveis junto ao amparo que a presença de

Dinorah me trazia. Percebia sinceridade de sua amizade em cada detalhe de seus cuidados, sua genuína atenção para comigo, com meu estado físico de abatimento e principalmente afetivo.

– Dinorah, o que devo fazer ou quem procurar para tentar abreviar o tempo do curso? Você conhece alguém do Hospital Santa Catarina? Estou escalada para lá.

– Manu, acho que Antônio poderá ajudá-la melhor que eu nesse caso. Ele se formou aqui em São Paulo, apesar de ter iniciado o curso de medicina em Salvador. Conseguiu a transferência e, se não me engano, pôde cursar quase toda a parte prática nos hospitais daqui, então certamente conhece esses meandros. Vamos esperar, ele não deve demorar. Enquanto isso podemos tomar um calicezinho de um vinho do Porto... Ou talvez você prefira um lanchinho agora, uma sopa? Alzira já nos deixou tudo prontinho.

– Ah! Então enfim vou conhecer pessoalmente seu príncipe misterioso, nosso famoso doutor Antônio! Confesso que algumas vezes nas suas cartas, pelas descrições e comentários, cheguei a pensar que esta criatura fosse mais uma de suas ficções literárias.

– Talvez seja mesmo, Manuela, mas garanto que, se há alguma criação imaginária, ela está sobreposta a uma essência corporal, uma materialidade real de terno amassado, gravata frouxa e fala mansa com delicioso sotaque baiano. Ele deve chegar logo mais, bem, descontando o atraso usual desse senhor...

– Querida, se não se importa, vou preferir subir antes para um banho quentinho que sua adorável casa tem me proporcionado. Já sei, nem precisa repetir, economizando água e força elétrica, porque estamos em guerra...

– Ah! Manu, falando em guerra, o Maurício ligou para lhe dar notícias do Miguel, ele teria telefonado para a pensão de Dona Nina e conversou com um doutor de nome, não me lembro...

– Alberico Nepomuceno, nossa! Diga-me, aguardava ansiosa por essa ligação!

– Isso mesmo, Dr. Alberico. Então, as novidades me pareceram tranquilizadoras, o estado de saúde do Miguelzinho melhora e há sinais de superficialização do coma, foi o termo que Maurício utilizou.

– Jesus, que bom! E o que mais contou?

– Bem, você sabe o jeito do Maurício, sempre oscilando entre ironia e drama, mas senti, apesar de a ligação estar com um ruído de fundo, que seu tom era verdadeiro, disse estar bem mais esperançoso e insistiu para que eu tranquilizasse você. Quando sugeri que talvez vocês pudessem falar mais tarde, afinal ouvindo dele próprio sua preocupação seria mais bem aliviada, argumentou estar de saída para a fazenda do Taquaral. Não estaria em casa nesse final de semana, aproveitaria para levar a notícia sobre Miguelzinho e ver como estavam os familiares de vocês. No final concluiu que, fora a guerra, está tudo bem por lá.

– Fora a guerra! Sim, este é meu irmão Maurício! Dinorah, não imagina quanto essa notícia me aliviou. Vou aproveitar o tempo do banho para rezar um pouco e agradecer, mas desço em minutos.

– Calma, tome seu banho com vagar. — E com ironia acrescentou, aproveitando para ajudar a me descontrair. — Aconselho que reze vestida, não sei como serão recebidas as preces de uma mulher com corpo nu!

A estadia de Manuela em minha casa, a despeito das tristes contingências que a trouxeram, muito me enternecia, ao mesmo tempo que me gratificava ser merecedora da sua confiança. Desde sua chegada eu a observava tensa e imaginava seu esforço para se manter com aparência controlada, completamente dedicada aos afazeres de um curso estranhos ao seu habitual campo de interesses. Nossas conversas mais íntimas sobre suas tristezas acumuladas, vínhamos realizando em prestações, aproveitávamos nosso chá antes de nos recolhermos nas noites frias. Manuela faz parte das mulheres de aparência frágil que nas dificuldades da vida se tornam gigantes. Ser aceita pelo casal, ela e Ivo, como espécie de confidente dupla, me obrigava a um cuidado sutil, me mantinha atenta a não atribuir julgamentos parciais, não gostaria de trair a confiança de ambos. Na minha escuta, quando comigo compartilhavam suas desventuras, buscava o propósito de ajudá-los de modo equilibrado. Os dois mereceriam meu afeto e atenção. Jamais me perdoaria se causasse mal a qualquer um deles. Fui cúmplice, atuei um pouco como casamenteira, acreditava na possibilidade de que pudessem superar aquela fase crítica. Afinal, não se diz que o sétimo ano dos casamentos, é o que traz a primeira grande crise do relacionamento?

Minhas idas a Guaratinguetá desde a amizade firmada no convívio com Ivo, ainda no nosso tempo de estudantes, eram mais frequentes, depois do casamento deles em número menor, mas ainda os visitava em datas especiais. Fui me aproximando da convivência dos familiares de ambos, naturalmente desenvolvi maior empatia aos da Manuela, onde me sinto acolhida de forma simples e generosa. Na minha última estada por lá por ocasião das festas juninas, pude ouvir de Ivo, sua versão e circunstâncias. A morte prematura do pequeno filho significou ao casal um infortúnio sem precedentes, uma dor digna das tragédias. Conheço bem a alma inquieta de Ivo e reconheço o quanto o casamento foi capaz de acalmá-lo. Considero sem a menor dúvida ter sido a perda do filho para Ivo, que carregava seu nome, Ivo Bento, uma fatalidade difícil de ser suportada. No entanto transferir culpa à Manuela, transformando-a em uma quase vilã não me parecia em nada adequado. Lamentei observar que aquele seu comportamento não diverso de um certo padrão, eu o reconhecia lamentavelmente como reação típica masculina diante de grandes dissabores. Talvez sejam formas de disfarce da insegurança, quando buscam identificar, ou pior, criar culpados, adotando um mecanismo mental capaz de extrair de si qualquer responsabilidade. Seriam os filhos-homens exageradamente poupados e mimados, por mulheres-mães dissimuladamente autoritárias, e no caso de Ivo, rigidamente conservadora, a origem da dificuldade? Argumentava que o exagero dessa atitude, de culpabilidade ao outro, parecia ter conduzido o relacionamento entre eles para uma situação de impasse. Nossa conversa manteve um tom de afabilidade e meu amigo firmou um propósito de refletir mais longamente sobre as efetivas possibilidades que levaram a doença e morte de seu pequeno. Nas trocas de correspondências que tivera com Ivo meses atrás, tinha apenas suspeitado, que seu desejo de sair de Guaratinguetá, aceitando o convite para trabalhar no governo provisório de Vargas, não era uma casualidade fortuita, mas sim uma elaborada estratégia de fuga.

Infelizmente nos dias que passei hospedada na casa dos pais de Manuela, com ela mesma, não tive tempo de aprofundar esses assuntos mais íntimos. Fomos tomadas pela urgência de tentar demover, do irmão Miguel, o desejo de partir para a guerra paulista como voluntário. Desde o início da semana, quando pelo telefonema de Manuela, soube da triste notícia envolvendo o acidente sofrido por Miguel no combate armado, tenho um aperto no peito. Uma sensação de pesar revelando a insuficiência de nossos esforços para detê-lo do empenho belicista. Minha admiração por Manuela crescia. Diante da tragédia, responde com uma corajosa atitude de enfrentar todas as condições adversas para sair da sua cidade e vir para a capital. Suporta a ausência do marido, delega o cuidado da filha Maria Augusta à sogra que passara a tratá-la como concorrente, e se submete como estudante, a ser aprendiz para cuidar de feridos. Dos restos humanos devolvidos das batalhas, de uma guerra, que ela abomina por seu arraigado humanismo e seu espírito cristão. Enfim, seu gesto decisivo para transformar em ações práticas as intenções, foram adotadas, pela reflexão feita diante do pavor de assistir mais uma morte na família. Miguel para Manuela, sintetiza no seu emocionado relato, mais que relação fraterna entre a irmã primogênita e o caçula da família. Seus cuidados para aquela a criança que assistia crescer, buscavam formas de compensar em muitos períodos a ausência da mãe. A situação de adoecimento de dona Cecília, pessoa tanto afável como frágil, a retirava da possibilidade dos cuidados do lar. Manuela vivia naquele período camadas sobrepostas de sofrimentos, a própria dor pela perda do filho, a decorrente desarmonia instituída no casamento pela injusta atitude de Ivo, agravados pela imponderável evolução da grave situação de seu irmão. Entendia que estava diante de uma mulher forte, machucada e magoada pela vida, lutando por reencontrar sua paz interior, repensando alguns de seus próprios valores. Conseguia perceber pelo seu linguajar e nas atitudes, que ela se mantinha apesar das vicissitudes, sustentada na sua firme convicção religiosa. Além de sentir ternura o relato que ouvi de Manuela a propósito de sua sensação de êxtase e arrebatamento movida por sua conexão com a divindade, na coroação da Virgem, me despertou a vontade adormecida de me reaproximar da religião. Contudo manter, como meu companheiro um homem que já foi casado, me impedia. Nossa situação de convivência matrimonial, mesmo dividindo nosso viver sustentado em um relacionamento de respeito e amor, não era assimilada nas convenções da igreja. Essa condição criou um impedimento de recebermos a benção religiosa. Essa lembrança me fez reviver a sensação estranha entre sofrimento e vergonha, quando desavisadamente no confessionário recebi do padre a reprimenda por minha escolha proibida para os cânones da Santa Igreja: Deus não pode abençoar o pecado!

No toque duplo da campainha que ouço, seguido do som do mover de chaves, me faz reconhecer o anúncio da chegada de Antônio, me retirando das divagações. Vi-o entrando, e enquanto se deteve sobre o tapete da entrada se dirigiu a mim em tom amoroso.

– Boa noite, minha querida! Um homem trabalhador, pontual e apaixonado não merece um beijo de recepção? Entro na brincadeira do meu companheiro:

– Melhor seria se invertesse a ordem dos adjetivos, mas sua impressionante pontualidade de hoje, sim, o faz merecedor de um beijo e mais uma taça de vinho que já vou lhe servir! Aceita?

– Aceito os dois, o beijo e depois a taça! Um minutinho que vou pendurar a capa e tirar as galochas, a garoa apertou no caminho do consultório do Durval até aqui.

Nossa cumplicidade afetiva se estabeleceu há anos, entre outras afinidades, por conseguirmos um convívio suave. As noites das sextas-feiras nos eram especialmente caras, aproveitávamos para nos atualizar sobre nós mesmos, cultivando um ambiente afável para nossa retrospectiva semanal. Por não compartilharmos em todos os dias da semana a mesma moradia ali de Higienópolis, o arranjo de vivermos juntos foi adaptado às nossas necessidades profissionais. Com a aproximação do final da tarde da sexta, sentia uma alegria pueril, diria mesmo quase infantil. Em tempos normais costumávamos sair para um passeio, mas com o clima da agitação bélica ao redor nos oprimindo, buscávamos nos proteger ficando em casa. Fui logo anunciando as condições que faziam Antônio satisfeito, comida e bebida no nosso aconchego familiar.

– Alzira conseguiu comprar, não sei onde nem como, um bom naco de carne seca e fez especialmente para o Doutor Antônio um guisado à moda baiana! Segundo ela, já não se acha mais carne fresca em nenhum açougue, nem com muito esforço. Ela preparou também uma sopa.

– Minha querida, vamos nos aquecer com o vinho enquanto ainda o temos, esquecendo, por uma horinha que seja, a insensatez dessa guerra. O grupo de estudos da tarde hoje foi um fracasso. O texto do Freud que levei horas e horas para preparar não conseguiu ser mais importante que a discussão sobre a legitimidade ou não do que está ocorrendo com o controle das informações deste nosso estranho tempo.

O estado de guerra nos era permanente, entrava por todos os lados no cotidiano da vida de toda a gente. Costumávamos sempre compartilhar nossas vivências cotidianas, ultimamente nossa tônica era exemplificar as tantas e diversas formas de manifestações que o permanente clima de tensão, não raro de violência, vinha modificando os comportamentos das pessoas. Ambos cuidávamos de ampliar a percepção, queríamos evitar que também naturalizássemos atitudes hostis.

Antônio chegava do encontro do seu grupo de estudo sobre psicanálise, reunido quinzenalmente no consultório do médico Durval Marcondes, entusiasta da nova causa. Eu tivera uma tarde de escritora em crise de inspiração. Aproveitei para sair e encaminhar providências triviais da manutenção cotidiana, mas fui surpreendida por situações inusitadas de uma cidade em permanente tensão.

– Antônio, também tive uma vivência desagradável quando saí esta tarde. Havia uma agitação logo ali na Rua Bahia com a chegada de um esquife. Trazia o corpo do Fernão de Moraes Salles, o presidente do Clube Comercial, aquele que fica no Anhangabaú. Você sabe, não é?

– Sei, sim, Dinorah, o Fernão Salles é, ou melhor era, uma pessoa de muito prestígio. Muito conhecido, morreu há poucos dias, não é?

– Sim, e a viúva dele, dona Lucila, estava escoltada, assim me pareceu, pois, o aglomerado que foi se formando na entrada da casa era grande. Um senhor meio sisudo me chamou a atenção pelo número de medalhas presas no paletó do terno, não parecia ser uma farda militar o que vestia. Parei com a intenção de não me demorar ali, apenas quis entender melhor a movimentação, ele se aproximou e espontaneamente se pôs a me explicar as circunstâncias da morte do nosso quase vizinho.

O Fernão Salles, além de presidente do Clube Comercial e fazendeiro, se alistou porque tinha experiência militar anterior. Segundo este senhor das medalhas, ele estava atuando como comandante no setor leste protegendo a fronteira paulista com Minas, para os lados de Pouso Alegre. As tropas federais sob o comando do imponente Juarez Távora, no dizer do senhor, chegaram e aniquilaram o batalhão que o Salles liderava. Afirmava ser suas informações seguras, pois infelizmente tinha um sobrinho seu, também em atuação naquele batalhão, um jovem voluntário, ferido, fora internado no hospital em Pouso Alegre. Nem ousei perguntar em qual dos lados o sobrinho lutava.

– Nossa, Dinorah, quanta notícias de morte e nem ao final do mês chegamos!

– Pois é, eu me afastei dali com o peso desses acontecimentos, com o pensamento em Miguel, o irmão da Manuela. A guerra fazendo mutilações nos jovens de lado a lado... Bem, confesso que minha comoção acaba sendo maior pela pessoa com quem tenho proximidade, ainda que entenda racionalmente que não há racionalidade nenhuma nisso.

– Então, Antônio, o quão grave pode ser essa condição de Miguel que Manuela diz ter o nome de uma concussão? Depois você me explica direito, não quis insistir com minha dúvida enquanto ela me fazia o relato.

– Sim, explico. Apesar de não conhecer pessoalmente o Miguel, desejo muito que ele possa sair com vida e sem sequelas dessa situação.

Mas minha história vespertina era mais estendida, então continuei meu relato.

– Minha aventura da tarde não acabou aí, pois ouça ainda outro inusitado. Mal cheguei na esquina da Angélica com a praça, deparei ali com muitas pessoas da tal campanha de doação de ouro. Uma senhora que não conheço, mas lembro de sua fisionomia de algum lugar, me abordou de modo impositivo para que eu tirasse e doasse o anel de nosso compromisso de casamento. Resolvi não argumentar as razões de minha negativa e fui saindo, atravessando a calçada, e de longe a ouvi gritar me chamando de traidora.

– Sim, minha querida, os ânimos estão acirrados. Pois, na nossa reunião, o Menotti quase perdeu a compostura quando afirmei no meio da discussão que o controle de informações com a intenção de filtragem, em qualquer circunstância, tem um nome: censura!

– Mas qual era a situação que vocês discutiam?

– Alguém o questionou sobre sua conduta atual diante da guerra paulista não ser coerente com sua atuação quando esteve ativo como parte do grupo dos modernistas de 1922. E, de fato, suas posições eram veementes em defesa da liberdade de expressão, nos textos que ele publicava enquanto era da redação da Gazeta. Seu posicionamento atual, sendo conivente, justificando a censura das notícias que chegam dos fronts da guerra, parece não reconhecer seus posicionamentos pela liberdade, que fizeram parte de suas bandeiras anteriores. Toda a discussão se iniciou quando eu relatei a situação presente, nos jornais que cobrem os acontecimentos da guerra nos seus lugares de batalha.

Antônio, ainda aquecido mentalmente com as questões vivenciadas no grupo de estudo, se acomodou melhor no sofá estendendo as pernas sobre uma banqueta e continuou.

– Então veja se é exagero, no jornal de ontem, o Correio de São Paulo estampou que São Paulo é uma fortaleza inexpugnável. Na edição de hoje o Estado de São Paulo refuta a notícia da derrota dos paulistas em Itararé, uma notícia que tinha saído em outro tom pela Gazeta. Mas desde o começo da semana já se sabe no comando militar que a fronteira do sul do estado em Itararé caiu, foi tomada pelos federais. O jornalismo parece adotar um conceito de verdade um tanto frouxo, não é? Quem não está lá junto do front e lê os jornais acredita em qual das versões? Em Itararé qual dos lados da briga foi vitorioso, os paulistas ou os federais?

– Parece que em estado de guerra, o que primeiro se mata, é o compromisso com a verdade – retruquei. Queria tentar mudar o nosso rumo de conversa antes que Manuela descesse, então emendei:

– Me desculpe, Antônio, sei que não conseguiremos esquecer essa guerra, mas vamos acalmar nossos corações. Manuela subiu para um banho e logo descerá para conhecê-lo. Você sabe como eu esperei este momento do encontro de vocês! Rapidamente recolhendo as pernas e melhor se ajeitando, como se preparando para o encontro, ele respondeu:

– Lógico, lógico, querida! Havia me esquecido. Tem razão, é um momento precioso para espairecermos a tensão acumulada da semana. Então vou procurar aquela partitura que ganhamos do Villa-Lobos no navio e você poderia tocar um pouquinho de piano. Depois ponho no gramofone um daqueles discos novos que trouxe da Casa Edson, pode ser?

– Pode, sim. Toco uma e você outra. Peço sua ajuda para distrair Manuela, acho que deve estar no seu limite de contenção, gostaria de vê-la mais tranquila, um pouco que seja. Mal terminava a frase e a vejo descendo a escada vindo se juntar a nós. Aproveito para teatralizar um papel de uma anfitriã e com exagero faço as apresentações.

– Ah! Aí está ela! Agora assumo meu papel da anfitriã que tem a honra de apresentá-los: Manuela, este é o Antônio. Antônio, eis Manuela!

– Encantado!

Antônio pareceu ter gostado do clima e não perdeu a ocasião para mostrar seu lado especial de um homem com atitudes sempre muito afáveis.

– Dinorah, como boa escritora que é, quase sempre tem nas descrições de pessoas muita fidelidade ao real, mas neste caso não conseguiu me fazer imaginar quão encantadora é sua melhor amiga.

– Obrigada, Doutor Antônio, muita generosidade relevar minhas olheiras e o meu indisfarçável cansaço – a resposta de Manuela acompanha o rubor que fez aparecer na sua face.

– Por favor, não use este tratamento de doutor, vamos nos permitir chamar apenas pelo nosso nome, afinal já me considero, por extensão da Dinorah, também seu amigo.

Me apressei em estabelecer o bom arranjo que aquela apresentação possibilitava.

– Isto mesmo, Antônio e Manuela e pronto! Vocês não podem medir minha alegria e quanto esperei este tão adiado encontro pessoal entre os dois, apesar da pena que sinto pelas circunstâncias que agora nos juntou, mas...

Antônio se apressou em não deixar o clima resvalar para tristeza, que inegavelmente todos tínhamos no coração por diferentes situações, em comum os três éramos contra a luta armada.

– Então, Manuela, como está indo esta sua corajosa empreitada de um curso de enfermagem de guerra?

– Antônio, acho estranho usar apenas seu nome sem o doutor na frente, mas vou me esforçar. Iniciei o curso com dois dias de atraso, então de quarta até hoje precisei correr atrás de todas as pendências das matérias em aulas de reposição. Confesso que estou bem cansada.

– Nossa, Manuela! Cuidado com o excesso. A Alzira tem me dado notícias suas, todas as manhãs. Estou sabendo que você se levanta ainda com o escuro, que fica nas leituras até às oito, e depois sai para o Instituto.

Em tom de brincadeira continuei.

– Pensam que não controlo todo o movimento da casa? Viu, Antônio, mesmo da cama quentinha, me levantando às oito e meia, logo pela manhã já sei de tudo! Ah! Manuela, vamos ver se Antônio tem alguma ideia sobre a possibilidade de antecipação do seu estágio, no Santa Catarina, acho que você mesma consegue explicar melhor a ele sua necessidade.

Nossa noite foi agradável, vivemos momentos especiais de interação entre pessoas tão queridas meu companheiro de vida e uma grande amiga. Conseguimos acomodar nosso tempo presente ao lado, permitindo ao passado chegar e fluindo sem saudosismo, nos rever nos próprios caminhos percorridos. Por eles nos tantos momentos recordados, lá estamos nós, nos deslocando em movimentos diversos, lento, apressado, deslizante, trôpego, mas permanente. Uma agradável sensação de unidade temporal parece iluminar o presente, e por essa luminosidade fugaz apenas sondamos o caminho à frente, um futuro se apresenta, impreciso ainda, mais adiante. Vi em muitos momentos o brilho luminoso dos lindos olhos de Manuela se reacenderem. Sempre a arte nos emprestando a magia, ali a música nos aproximou, tocamos piano e cantamos suavemente, nela repousamos. Naquela mesma noite combinamos que acompanharíamos Manuela até o Hospital Santa Catarina, no intuito de fazê-la conhecer o percurso e procuraríamos pelo médico colega de turma de Antônio, que ali atuava para pedir ajuda.

O SÁBADO FATÍDICO

Finalmente pude conhecer a experiência de andar no bonde elétrico paulistano.

Havíamos combinado de nos encontrar perto das onze horas. Meu compromisso do sábado no Instituto era restrito ao turno da manhã. Caminhando de longe, ao deixar atrás a Rua Minas Gerais, já os avistei na varanda da casa de Hygienópolis. Antônio tentava conter as folhas do jornal alinhadas para sua leitura, a brisa teimava em espalhá-las jardim afora e Dinorah, estirada na rede, cantarolava de olhos fechados se aquecendo no sol de inverno.

O frio tinha amainado. O céu típico de inverno, sem nuvens, deixava a manhã do sábado perfeita para caminhadas. Optamos por fazê-la na volta; na ida utilizamos o bonde, até o Hospital Santa Catarina. A simples tentativa de encontrar alguma possibilidade para antecipar a conclusão do meu curso me animava, e conhecer o bonde da linha 36 me alegrou. Fui apresentada ao que me serviria para percorrer parte da distância dali até o hospital. O bonde 36, que logo aprendi seu percurso, partia da Praça do Correio e subia a Avenida Angélica, entrava pela Rua Maceió, depois virava à direita na Consolação até adentrar e percorrer toda a Avenida Paulista. Sua direção era para o bairro do Paraiso, depois o da Liberdade, então pela rua Vergueiro voltava ao ponto de partida no centro.

A elegante Avenida Paulista muito me encantou! Conhecia um pouco da capital federal onde estivemos em viagem de núpcias. De lá carreguei muitas recordações alegres, na beleza verdejante do Jardim Botânico caminhamos abraçados, e como crianças provamos a delícia de pastéis de bacalhau nos quiosques. Ivo se propôs a me vendar os olhos até que chegássemos bem defronte ao mar. Contemplá-lo pela primeira vez tendo o olhar perdido na sua imensidão, respirar sua áurea brumosa e úmida, foi um dos deslumbramentos vivido quase sem fôlego. Não tinha a intenção de estabelecer comparação entre as nossas grandes cidades dos extremos do Vale do Paraíba, Rio-São Paulo, mas aquela via urbana na sua simetria elegante me pareceu muito especial. Meus acompanhantes, Dinorah e Antônio, faziam comentários como se fossem guias turísticos. Destacavam cada uma das lindas casas e mansões, dispostas lateralmente atrás das largas e cuidadas calçadas sombreadas. A regularidade do arranjo das árvores próximas ao meio fio contrastava com a diversidade dos estilos arquitetônicos das construções. Os detalhes para os quais eles me chamavam atenção e me faziam perceber, nas casas, os levavam a supor as nacionalidades das famílias que ali demarcavam seus novos territórios de poder. O estilo mourisco, as colunas gregas, as exageradas inclinações dos telhados recortados, próprias das estações de neve europeias, iam nos dando indicações de possíveis pertencimentos a árabes, judeus, italianos, espanhóis, portugueses. Aqui e ali eram incluídas histórias pitorescas e até algumas trágicas daqueles tão bem aquinhoados proprietários. Ricos ou novos ricos, fazendeiros de café, empresários da capital paulista que rapidamente se transformava. O Parque Villon, com seus pergolados vistos de dentro do bonde, despertou em mim o desejo de um dia poder voltar e caminhar por ali. Que florações teriam quando o inverno acabasse? Defronte ao parque de onde se descortinava o vale do rio Anhangabaú, ficava o restaurante do belvedere Trianon. Dinorah sugeriu que parássemos ali para um lanche, assim que concluíssemos nosso propósito no hospital, e aproveitaríamos também para nos exercitar em nossa caminhada, que ficara adiada.

– Pois então, Manuela, aqui se concentra a elite paulistana, privilegiadamente nas suas moradias. Fico com a impressão de que por aqui tudo está muito calmo, não sei se os ruídos da guerra ecoam entre essas alamedas.

– Não estou assim tão certo disso, Dinorah.

Antônio estava muito bem informado do dia a dia da cidade, especialmente sobre o que se publicavam nos jornais e os personagens da sociedade paulistana, a observou em dúvida.

– Não sei, não, Dinorah, pode ser que um ou outro fazendeiro rico destas mansões tenha conseguido retirar da lista os filhos reservistas da convocação para a guerra, mas não deve ser a regra. Na nossa conversa, melhor dizendo, na discussão ontem no consultório do Durval, o Menotti garantia que se isso aconteceu, foi exceção. A elite também está aderida à causa paulista de derrotar Getúlio pelas armas, exemplo disso é a Liga de Defesa Paulista criada pelo Guilherme de Almeida, que congrega muitos fazendeiros de café e profissionais liberais endinheirados.

O diálogo entre meus amigos me indicava que o apoio à empreitada da guerra era grande na capital, mas não absoluta, como queriam me fazer crer muitos dos colegas de curso no Instituto. Aproveitando para entrar na conversa, os cobrei.

– Vocês falam nomes de pessoas que a mim são desconhecidas com tanta familiaridade que fico envergonhada em perguntar quem são eles. Estou fazendo uma lista desde ontem a noite, já tenho: o Durval, o Menotti e agora o Guilherme de Almeida, mas ainda vou acrescentar outros mais, assim que lembrar os nomes.

Dinorah veio ao meu auxílio, se animando para ser ela a porta-voz biográfica dos personagens.

– Desculpe, Manu, mas vamos lá iniciar a apresentação dessas figuras... Começo por Durval Marcondes, um médico que foi veterano do Antônio na faculdade de medicina daqui. Ele tem sido o precursor do estudo e atuação na psicanálise no meio médico. Acho que posso afirmar que a mudança de direção na carreira médica do Antônio, de cirurgião para a psiquiatria com a psicanálise, veio por meio dessa amizade. Certo, Antônio?

– Sim, Dinorah, mas quero acrescentar para Manuela alguns detalhes, se me permitem.

Trocamos olhares cúmplices eu e Dinorah, parecia que nosso companheiro de passeio era também contador de histórias. Percebendo nossa brincadeira, mas se sentindo desafiado, Antônio foi adiante no seu relato.

– Manuela, eu era ainda um tímido estudante baiano, transferido aqui para São Paulo. Atuava como uma espécie de estagiário do grupo do professor Montenegro na cirurgia quando graças ao Durval pude fazer o primeiro curso de psicanálise para médicos em 1924, que ele organizou na Santa Casa. Antes, nossa aproximação tinha sido motivada pelo interesse comum, não na medicina propriamente, mas na literatura. Li casualmente poemas que Durval publicava na revista Klaxon dos modernistas e aquilo me chamou tanta atenção, que por isso fui procurá-lo na faculdade. Ele é formado uns anos na minha frente, o que a princípio me dava certo constrangimento para essa aproximação. Aqui em São Paulo, muito mais que em Salvador de onde eu venho, há uma certa hierarquia entre os estudantes. Mas criei coragem e certo dia o abordei. Para minha grata surpresa, me tratou de forma muito atenciosa. Antônio foi se estendendo, quis comentar algo comum entre nós dois, o fato de não sermos paulistas.

– Então, Manuela, ontem quando a ouvi dizer do sentimento que a faz se sentir estranha no Instituto de Hygiene, entendo muito bem do que você está falando. Demorei anos para conseguir lidar com a percepção de desprezo nos olhares dos colegas sobre mim, um rapaz baiano, um mestiço negro meio clareado, sempre com ar surpreso nesta Paulicéia! Sim, devo muito ao Durval Marcondes e lhe sou grato, não é fácil ser aceito no restrito grupo médico de São Paulo, e tudo piora quando não somos nascidos aqui. Achei interessante me aliar ao sentimento de rejeição descrito por Antônio, também tinha vários exemplos em momentos diferentes da vida:

– Pois então, Antônio, acho que se hoje de alguma forma consigo com certa facilidade dizer desse sentimento despertado algumas vezes na relação com os colegas do Instituto, é porque também tive como você, desde muito cedo aprender a lidar com ele. Fui adotando mecanismos a me proteger desse dolorido sentimento de não pertencimento. O reconheço pela primeira vez quando mudamos para Guaratinguetá vindos de Minas, minha avó Rita me ajudou muito. Mais tarde percebi algo parecido, era a forma que atualmente posso chamar de preconceituosa, das pessoas com relação à doença de minha mãe. Dinorah a conhece, de tempos em tempos ela se torna reclusa, seu ar ausente, me punham desde adolescente em permanente vigilância para protegê-la. Me tornei adulta precocemente talvez por precisar suportar a atitude de reserva das pessoas para com ela. Penso que trocamos naturalmente os papéis entre mãe e filha. Tive com isso muitas mães, além dela a dona Cecília, o quinhão maternal de mãe-avó Rita e outro pela meia-mãe Dita. Depois mais adiante na vida, quando já me sentia relativamente integrada ao dia a dia social da cidade, sem o sentimento de exclusão, conheci o Ivo. Nosso namoro foi relativamente breve e nossa paixão intensa me levava a relativizar qualquer incômodo que pudesse significar restrição a estarmos juntos. Mas hoje, voltando a analisar aquele período, reconheço que o incômodo que não sabia como verbalizar na minha relação com a então futura sogra, a Dona Ignácia, era a sensação da adolescência retornada. O ar, o jeito da gente paulista dali carregava desprezo aos que vieram de fora! Minha salvação foi ter encontrado em Ivo muito apoio. Infelizmente não posso desconsiderar, como alguém um dia me apontou, ter sido a boa situação financeira de meu pai, não por parte de Ivo, mas de muitos da sua tradicional família dos Alvarenga Mello me aceitarem com este sobrenome. Definitivamente, os paulistas não são fáceis!

– Meus queridos, Manuela e Antônio, peço que não se esqueçam de que sou paulista, não acho interessante tanta generalização. Vamos aqui circunscrever cada situação em seu contexto específico. Vocês se viram às voltas com expressões da sociedade paulista muito especiais. Um com a elite médica paulistana, a outra com a elite cafeeira do Vale do Paraíba.

– Tem razão, Dinorah. Vamos com calma, Manuela, com nossa reclamação aos paulistas, senão perco a mulher amada! Mas gostaria de contar-lhes um caso, como um exemplo. Um fato que aconteceu comigo há uns dias, enquanto o bonde não chega.

E prosseguiu:

– Me mostraram lá no hospital onde trabalho, no Juquery, um jornaleco de nome *O Separatista* que esteve circulando por aí. É obra de um ensaísta com ares de grande intelectual, Rubens Borba de Moraes, mas não é só dele, tem colaboração de muita gente importante. Neste número, li o editorial escrito por um conhecido promotor público chamado Alfredo Elias Júnior. Ele, como também o Menotti que citei antes, fez parte do grupo dos modernistas intelectuais que atuou na Semana de Arte Moderna de 22. O jornal prega com radicalidade a separação de São Paulo do Brasil! O mais grave é que eles escrevem como se fosse uma escolha majoritária do povo paulista, com a justificativa de que os paulistas estão cansados de serem a locomotiva brasileira a puxar os demais vagões atrasados e analfabetos. Alegam, para justificar a suposta superioridade paulista, a existência aqui de uma raça de homens superiores dotados de características físicas e morais advindas dos valorosos bandeirantes brancos. Como se aqui nunca houvesse tido a presença de índios e menos ainda negros.

Nossa conversa ali dentro do bonde estava desgalhando, eu própria estimulada pelas questões afetivas apontadas pelo Antônio me empolguei nos relatos pessoais, agora ele introduzia os modernistas, olhei para Dinorah, mas ela me parecia atenta. Me animei a prosseguir.

– Mas os modernistas, de tudo que já ouvi do Ivo, não eram defensores de ideais libertários, contrários aos conservadores vinculados nas tradições europeias, nas artes e também nos costumes? Manuela se aproximou mais se inclinando no banco para ser melhor ouvida por nós.

– Sim, Manuela, e se você me permite Antônio, gostaria de comentar esse assunto, afinal vivi um pouco próxima deste movimento como estudante junto com o seu Ivo.

Vou ser breve porque não demora o bonde chegará no ponto onde devemos saltar. A princípio sim, Manuela, os modernistas tinham mesmo a defesa intransigente da liberdade de expressão em suas várias manifestações. Mas o que aconteceu com o movimento, não muito depois de 22, foi uma profunda cisão. De um lado ficaram as ideias e as produções dos Andrade, do Oswald e do Mário, com defesa da redescoberta dos valores culturais brasileiros. Eles foram irreverentes, não pouparam críticas ao academicismo e ao apreço da burguesia a mimetizar desejos europeus. No entanto, mais ou menos já em 1924, a distinção dos ideais modernistas foi ficando clara. Oswald criou o movimento do Pau Brasil, e os outros mais próximos de Menotti, como o Plínio

Salgado, Guilherme de Almeida e Cassiano Ricardo, em 1926, organizaram o movimento verde-amarelo.

– Manuela, esse tema é uma das predileções de Dinorah, não repare na empolgação dela.

– Desculpe, se canso vocês com esse assunto, mas Manuela se mostrou interessada. Vou concluir. Sabem, penso que para nós hoje sermos críticos à opção pela luta armada, para um São Paulo autônomo, é interessante o recuo nos dez que nos separam da semana de Arte Moderna. Entendo estar na cisão dos modernistas, a origem da incompreensão do sentido do nacionalismo. Alguns o assumiram de forma fragmentada como regionalismo, e fazem nessa obsessão na defesa intransigente da guerra separatista, a crença de uma paulistanidade superior, bandeirante. Aquelas considerações me deixaram confusa.

– Obrigada Dinorah, gostaria mesmo de poder entender melhor esta separação dos modernistas, não precisa ser agora, podemos voltar nesse tema outro dia.

– Para concluir apenas, no continuado dos anos, já em 28, a separação foi se acentuando, pelo lado de Oswald criou a radicalidade de mais um movimento com o Manifesto Antropofágico, que muito tem relação com a psicanálise, por isso me ocupo do tema, pela afinidade com o que ouço de Antônio. Pois bem, os outros reinterpretaram os valores nacionais do ideário modernista, tomando-o restritamente e considerando apenas o regionalismo paulista, e criaram a Escola da Anta. O clamor original do modernismo inicial era pela valorização dos elementos culturais brasileiros, em detrimento da veneração que os artistas traziam em suas obras de valores europeus e especialmente franceses. O grupo da Escola da Anta defendia o patriotismo, valores nacionais, mas de modo ufanista e racista, tornando a identidade regional paulista, como a única capaz de representar o Brasil todo. Antônio estava preocupado com nossa descida.

– Bem, querida não vamos dispersar agora, deixemos para mais tarde a continuação da lista da Manu, olhem onde já onde o bonde nos trouxe! Quase no cruzamento da esquina do Sanatório. Daqui já consigo avistar o prédio da escola em frente ao Hospital Santa Catarina. Manuela, o nome daquele colégio agora é do conterrâneo da terra em que você mora, do Rodrigues Alves. Li que as aulas foram suspensas desde a semana passada para alojar membros da movimentação de guerra. Acho que vamos saltar.

– Um minuto, senhoras, vou me certificar com o motorneiro.

Depois de trocar algumas breves palavras com o homem que conduzia o bonde, Antônio retornou:

– Sim, vamos nos preparar para descer assim que o bonde pare completamente.

– Manuela, não se preocupe em descer apressada, vamos com calma. Como baiano não entendo a pressa arraigada paulista, prefiro ir com calma e segurança, acho um perigo se levantar antes da parada completa.

Descemos com os cuidados necessários e com a calma baiana. Nos detemos por um momento na esquina para admirar a avenida Paulista de outro ângulo.

– Bem, se me permitem mais uma história... – Antônio disse rindo, e antes que respondêssemos, iniciou.

– Sabem, sempre que vou descer do bonde, me vem à mente uma história que ouvi de meu meio irmão baiano que viajou recentemente para o México. Ele quer ser pintor, e se encantou com um artista de lá que desenha de grandes painéis nas paredes. Foi para lá conhecer o artista o Diego Rivera e sua obra. Pois a companheira do mexicano, acho que é esposa mesmo não sei, sofreu um acidente horroroso de bonde em 1925. Teve uma lesão grave na bacia que a deixou imóvel na cama por anos. Acho que o detalhe da história que me faz recordar quando desço do bonde, é a coincidência dela ser na ocasião estudante de medicina. Bem, mas em decorrência das lesões causadas pelo acidente precisou abandonar a faculdade. Hoje já é uma pintora conhecida no México, a Frida Khalo. O interessante deste triste acidente é que por não poder sair do leito, o pai dela que é fotógrafo, adaptou uma prancheta à cama, espelhos no teto e a estimulou a pintar. Seus quadros iniciais foram autorretratos de muitos ângulos, roupagens diversas, e especialmente suas expressões faciais de sofrimento e dor. E tudo isto deve ter sido pela pressa em ficar em pé no bonde em movimento. Então Manuela meu conselho a você, que será uma nova usuária, sempre se mantenha sentada se segurando enquanto o bonde estiver em movimento.

– Mas estamos todos bem até aqui, chegamos! Antônio com esta história estranha você assusta Manuela, logo na sua primeira viagem. Então entremos ali, pela entrada principal.

– Dinorah, talvez seja melhor primeiro nos apresentarmos, estou vendo a madre superiora adiante. É aquela do sotaque engraçado de quem já lhe falei, vou indagar a ela sobre meu colega Doutor Piragibe. Ele continua operando aqui, acho que poderá ajudar a resolver, ou pelo menos acolher o desejo da Manuela de antecipar o estágio.

– Bom dia, madre Gertrudes.

– Boa tarde doutor, Cavalcante. Acertei?

– Sim, madre. Como está a senhora? Conheci poucas pessoas com uma memória tão boa! Foi com a senhora que aprendi o cuidado de me dirigir aos pacientes da enfermaria sempre pelo nome e sobrenome, mas no meu caso sempre conto com as anotações do prontuário. Estou longe de ter essa prodigiosa capacidade da senhora.

– São os muitos anos de prática com os enfermos, Doutor Antônio Cavalcante. Além disso, pronunciar os nomes brasileiros me ajuda a diminuir o sotaque. O senhor anda sumido, não apareceu mais para auxiliar nas nossas cirurgias. Está operando na Santa Casa?

– Não, madre, tenho operado pouco, me dedico cada vez mais aos pacientes mentais e ultimamente também à psicanálise, apenas no Hospital Juquery. Lá, ainda sou requisitado para algumas cirurgias de urgência dos internos. Peço desculpas em ocupar sua atenção madre, antes queria apresentar as senhoras que me acompanham. A doutora Dinorah e a nossa amiga de Guaratinguetá dona Manuela, que está aqui em São Paulo para o curso de enfermagem de guerra no Instituto de Hygiene. Vim trazê-la para conhecer seu hospital, pois aqui ela fará o período de estágio, não é Manuela?

– Muito prazer, senhoras. Doutora Dinorah, também é médica? E dona Manuela enfermeira?

– Não, madre, sou formada em Direito e Manuela, nossa grande amiga do interior é professora.

– Não sou enfermeira madre, vim fazer o curso básico de preparação para cuidados com enfermos em tempo de guerra, e pretendo voltar para lá o mais rápido, devo atuar como voluntária junto à equipe que se deslocou daqui da escola de medicina para a organização do Hospital do Sangue em Cruzeiro. Retomando a conversa, Antônio prossegue com as explicações de nosso propósito ali.

– Madre, procuramos o doutor Piragibe para nos orientar sobre a possibilidade de Manuela antecipar de alguma forma o estágio previsto, ela está aflita para concluir o mais breve o curso para retornar a Cruzeiro. Tem lá seu irmão ferido, internado, está em coma.

– Que Deus, por intercessão da nossa Santa Catarina, proteja os enfermos. Mas o seu colega Doutor Piragibe partiu junto com a equipe do Doutor Montenegro. Também tinham a missão de organizar assistência aos enfermos na frente de batalha, pelo que eu entendi, para o lado sul do estado de São Paulo. Estamos muito "desfaltados", ou melhor desfalcados. É assim que se fala, não é?

– A senhora, apesar do sotaque, tem uma desenvoltura fantástica na nossa língua. Não deve se preocupar com detalhes, poucas pessoas se comunicam tão bem com os pacientes como a senhora.

– Bondade do senhor, doutor. Minha comunicação com os doentes vem mais da minha alma do que da mente que organiza a fala que pronuncio, deve ser por isso que eles me compreendem.

– Entendo sua aflição, minha filha, e abençoo seu gesto, mas já posso adiantar que quem coordena e organiza o estágio não somos nós do Santa Catarina. Aqui apenas disponibilizamos nossas enfermarias, mas toda a responsabilidade de ensino está com o corpo de professores-médicos do Instituto. Acho que a professora dos senhores, a enfermeira que conheci, quem vem tratar com nosso diretor clínico, seria a melhor pessoa para ajudar a senhora. Mas reconheço como muito justa sua pressa.

Nos entreolhamos com visível decepção por minha parte, Antônio parecia ter sido pego de surpresa com a informação da ausência do médico que avaliara como interlocutor. Sem muita convicção, prosseguiu.

– Bem, diante disso, nos resta agradecer. Vamos então tentar ver no próprio Instituto alguma possibilidade, está bem assim, Manuela?

Estava um tanto atônita com aquele ambiente, o cheiro profundo de limpeza, a elegância das freiras que passavam apressadas sem nenhum ruído no andar, os quadros nas paredes e aquele piso rigorosamente encerado e brilhante, tudo ali me surpreendia pela dimensão ampliada. Certa tristeza me abateu, a impossibilidade do meu pleito estava anunciada se dependesse da coordenação do curso.

– Peço desculpas aos senhores por não ter convidado para nossa sala da diretoria, servido um café, uma água.

– Não se preocupe, madre, a senhora já nos orientou e somos gratos.

– Estou na correria, ainda há pouco, menos de uma hora atrás, chegou no nosso pronto socorro o general Klinger, o comandante da guerra. Foi ferido por um projétil no braço e parece que trouxe com ele o clima do conflito cá para dentro. Preciso tomar algumas providências, os repórteres invadiram nossas dependências, não sabem ainda distinguir os ambientes para fazer sua função de cobertura jornalística.

– Nossa, madre, o que aconteceu?

– Foi um acidente horroroso que deixou outro importante militar ferido, este infelizmente faleceu no próprio local. Parece ser alguma explosão de morteiro ou algo assim que estavam testando.

A madre parecia falar consigo própria, ao recordar algo de seu passado ainda na Alemanha.

– Lá de onde sou originária, ensinavam às crianças que não se pode brincar com fogo. Mas parece que nem mesmo a grande guerra ensinou a humanidade que resolver os problemas com armas mortíferas não é coisa de Deus. Nunca pensei que no Brasil e em São Paulo havia de assistir uma guerra. E já se afastando, ainda nos convidou a conhecer a capela da Ordem religiosa da Santa Catarina de Alexandria, fundada na Alemanha pela bem-aventurada Regina Protmann,

– Reparem nos lindos vitrais laterais, e orem por nós, se puderem por mim também, tenho muita tristeza por tudo que está acontecendo e o que ainda está por vir se os espíritos não forem apaziguados. O doutor que bem conhece todo nosso sanatório, ou melhor, já não devo dizer assim... nosso hospital, poderia fazer a gentileza de mostrar o caminho às senhoras.

O ambiente de uma capela sempre foi um bálsamo para mim. Pedi licença ao casal de amigos e me ajoelhei no primeiro banco, precisava de um momento íntimo com Deus. Deixaria nas mãos do Senhor a condução do que fosse mais adequado para a salvação de meu irmão. Saindo da capela reencontrei os amigos à minha espera. Antônio já estava inteirado de muitas notícias novas daquela manhã.

– Pois então, senhoras, o acidente que feriu o General Bertoldo Klinger para ele parece não ter sido muito grave, o mesmo não ocorreu com o Coronel Júlio Marcondes Salgado, o comandante da Força Pública de São Paulo, que morreu ainda pela manhã no mesmo local. Eles estavam acompanhando, em um terreno descampado para o lado de Santo Amaro, a demonstração de uma arma de artilharia feita pelos engenheiros da Escola Politécnica. Uma das granadas que deveria ser disparada de dentro de um canhão não conseguiu ser projetada para fora do tubo e explodiu dentro. Os militares foram atingidos por estilhados lançados para todos os lados. O coronel Salgado foi ferido tendo sua artéria carótida seccionada e morreu possivelmente de hemorragia em minutos. E além do general Klinger um major de nome Marcelino da Fonseca também foi ferido e transportado.

– Dinorah, você não vai acreditar no que acabei de saber, que a sede das reuniões que preparavam a guerra estava na nossa vizinhança, na Rua Sergipe, ali em Higienópolis. Agora não é mais um segredo, não se preocupe, a guerra já está em pleno curso.

– Antônio você nem parece médico, está mais informado do que meu irmão Maurício que escreve diariamente para os jornais em Guaratinguetá.

– Pois então, Manuela, me bastou uma ida ao pronto-socorro, enquanto você rezava, e as informações vieram até mim por antigos colegas que estão atendendo as emergências nos hospitais da cidade. Mas não se iluda, todos são favoráveis à guerra, os interventores que Getúlio pôs em São Paulo não apenas desagradaram os interesses da elite e dos donos de jornais como foram também muito hostis com os médicos.

– Confesso que não é fácil compreender toda esta rede de fatos, parece mesmo um jogo de xadrez. De minha parte, bem que tentei aprender, mas não fui muito além de decorar o movimento de cada tipo de peça. Nunca tive a paciência ou a esperteza necessária para prever a jogada do adversário. O ambiente no entorno do hospital estava carregado de energias tristes. Desejava caminhar um pouco pela avenida. Antônio prosseguiu com seu raciocínio, eu aguardava um momento adequado para ir andando.

– Para dizer com franqueza também não tenho grande apreço pela política partidária, este troca-troca de posições me dá certo enfado. Mas tendo escolhido viver em São Paulo, o desdobramento aqui – das ações do governo provisório – é tão presente no espaço social por onde transitamos, não é Dinorah? Acabamos, mesmo sem a vocação para assuntos da política, nos envolvendo pelo menos para acompanhar e poder argumentar com muitos dos amigos radicais.

– Sim, o Antônio tem razão, não podemos deixar de acompanhar, especialmente porque temos discordância com a opção pela luta armada.

Eram muitas notícias tristes e mais outra ainda estava por chegar. Ainda naquela mesma tarde soubemos da morte do herói nacional Santos Dumont, seu corpo seguiu do hotel litorâneo o balneário Grand Hotel de La Plage no Guarujá coincidentemente também para o Hospital Santa Catarina onde foi embalsamado. Dias depois conhecemos ser o suicídio a causa da morte, apesar da proibição pelo governador Pedro de Toledo desse fato ser revelado pela imprensa. A comoção foi enorme. O herói nacional, o grande inventor do avião, estava inconformado de ver seu notável invento ser utilizado como arma mortífera nas guerras. No caso brasileiro, na sua querida terra natal, não suportou mais assistir tanta matança entre os próprios irmãos.

Os ocorridos naquele sábado fatídico eram dificuldades para a organização da guerra. Um comandante morto já na segunda semana de combates, e o outro o General Klinger, chegou a São Paulo sem a tropa de reforço prometida. Ele foi escolhido pelo estado maior das forças revolucionárias paulistas, o General Isidoro Dias Lopes e o Coronel Euclides Figueiredo, para ser comandante geral, como parte da estratégia de buscar a adesão dos demais comandos regionais do exército brasileiro. Mas já naquele momento se sabia que as adesões que vinham sendo prometidas, de Minas e do Rio Grande do Sul, não se viabilizaram. Klinger seria então uma peça chave naquele jogo. Ele tinha sido o comandante da 6ª região do exército de Mato Grosso, e junto da promessa de adesão desse estado para a causa paulista, havia prometido se fazer acompanhar de centenas de combatentes com ele como reforço. No entanto o comando de São Paulo, tivera na semana anterior, ainda na terça-feira dia 12 de julho a infeliz surpresa, de tê-lo recebido chegando sozinho e de avião, sem soldados nem armas. O general Klinger, que também é gaúcho como Getúlio, havia sido seu grande aliado, um importante apoio na revolução de 30. A composição do governo provisório vinha acumulando desentendimentos entre eles. O General Klinger mudando de lado, vinha participando da construção de um novo pacto, outra vez revolucionário pelos militares, para derrubar Getúlio acompanhando os comandantes paulista e gaúcho do exército. Aqui em São Paulo as negociações preparatórias foram além dos militares, se iniciaram na sede do jornal *O Estado de São Paulo* com Júlio Mesquita Filho. Este apesar de também ter apoiado a revolução getulista de 30, mudou de posição, e ajudou articular a formação da frente única paulista dos partidos políticos, para a ampliação das ações contra o governo provisório. Assim a luta armada paulista teve a junção dos partidos políticos atuantes no estado, dos militares da força pública paulista, de praticamente todas as unidades do exército federal situadas no território paulista, parte da população civil mobilizada pela propaganda bem-feita da Liga Paulista e da elite paulista endinheirada, todos emprestando apoio à guerra.

Finalmente, caminhando na direção ao belvedere, não pude deixar de observar as belas luminárias centrais da avenida. Paramos para um lanche como Dinorah já nos anunciara, no elegante restaurante do Bulevar Trianon.

CONVERSA DE BELVEDERE

Dinorah sugeriu que ficássemos do lado de fora enquanto houvesse sol. Nos acomodamos em uma mesa de ferro torneada, os três de frente para a vista do Vale do Anhangabaú, ladeados pelas colunas gregas no Belvedere Trianon. Nos sentíamos aconchegados na tarde ensolarada. Aquele estabelecimento recreativo tinha sido na década passada o ponto de encontro da chamada "fina flor da burguesia paulista". Um lugar para "bem ver" e admirar a paisagem abaixo, que se abria em amplo campo visual. Mesmo modificada pelas intervenções urbanísticas, ainda era uma bela paisagem.

Sabia de muitas histórias do repertório de Ivo ambientadas ali. Quando ainda solteiro e estudante de direito no Largo São Francisco, vinha para encontros culturais dos modernistas após longas caminhadas desde o centro de São Paulo. Dizia não ter sido frequentador dos bailes e finos jantares, mas sabia descrevê-los e deles contar histórias. Penso que possivelmente, a mim, suas narrativas das antigas aventuras ali vividas tivessem filtros, e muitas vezes enquanto o ouvia imaginava quem seria a companhia feminina que pudesse estar na lembrança de meu jovem e belo marido, contumaz galanteador. Meu coração inseguro, pela escolha de me vincular a um homem de espírito livre, especialmente no princípio de nosso relacionamento, se acalmou em parte com os anos de convívio, mas foi com a maternidade minha maior mudança. Assim, o Bulevar Trianon que enfim estava conhecendo, já me era estranhamente familiar.

Dinorah, sempre muita atenta a mim deve ter percebido algo diferente na minha expressão, e me sondando sugeriu que aproveitássemos o ambiente para nos descontrairmos. Talvez eu tivesse sentido um ligeiro constrangimento pela presença de Antônio, mas me foi logo dissipada. Apesar de tê-lo conhecido pessoalmente apenas no dia anterior, o companheiro de Dinorah me irradiava confiança. Também não se tratava de um desconhecido, pois pelas nossas trocas de correspondência Dinorah já havia me posto a par de fatos, talvez os mais marcantes, da história da vida de Antônio. Era filho natural de rico fazendeiro baiano com uma mucama; suas privações na infância foram mais afetivas do que de materiais. A avó paterna o acolheu, sustentando sua educação e acesso à boa condição de vida, bem como tornando possível aos poucos que o menino sensível e acanhado se tornasse um jovem estudante exemplar. Com a morte da avó, Antônio se viu solitário no meio da grande família paterna, buscou dar consequência a seu projeto de viver longe. Obtivera apoio de professores para ser transferido da faculdade de Medicina de Salvador para São Paulo. Também acompanhei pelas cartas as adversidades que compartilharam durante o tempo de amizade, depois namoro até a decisão de viverem juntos, como casados, mesmo quando se mostrava impossível a anulação do casamento anterior de Antônio. Uma história de amor tanto ardorosa como fugaz, com a partida inexplicável da primeira esposa para a Suíça. A ausência por mais de dois anos de um dos cônjuges poderia, a princípio, possibilitar o processo civil de anulação do casamento. Não sabia os detalhes daquela viabilidade, mas a transformação da natureza do afeto entre ele e Dinorah, é o que me parecia um excelente enredo para novela de rádio. A amizade iniciada quando ainda estudantes, ele de medicina ela de direito, tornou-se o grande amor da maturidade, quando a antiga amiga passara a cuidar de seu caso de separação como sua advogada. Apesar de perder a causa da anulação, Antônio pôde conhecer um novo amor.

Tínhamos desde o dia anterior nos ocupado quase que integralmente de assuntos relativos ao clima de guerra, presente e permanente ao nosso lado. Em cada bairro, cada rua, cada ponto da cidade, nas conversas das pessoas, e pior, assistíamos já com duas semanas de conflito suas nefastas consequências dia a dia. Já eram muitos os mortos conhecidos, e outros tantos que não chegavam pelos noticiários, destruição de logradouros, e na capital os sinais de desabastecimento de alimentos básicos. Enfim nossa vida estava inexoravelmente mesclada à guerra, e contraditoriamente era ela, por seu efeito mortal a motivação que me fizera sustentar a decisão de renascer.

O rápido encadeamento dos fatos até a quase morte do irmão me traziam de volta à luta pela vida. Recordando na síntese dos acontecimentos com Miguelzinho, em cada etapa percebia a angústia da impotência em mim se ampliar. Desde a teimosia imatura do jovem aderido à causa paulista da luta armada, sua partida como voluntário para a frente de batalha, sua destinação para servir aos propósitos de matar exatamente junto ao túnel entre Passa Quatro e Cruzeiro, local de seu berço familiar. Eram muitas aflições acumuladas. A chegada da notícia vaga de sua baixa por ferimentos, já na primeira semana do conflito, e finalmente a constatação da gravidade de seu estado de saúde com o diagnóstico de coma por concussão, fizeram aflorar em mim um arrebatamento às avessas. Revi a morte me rondando e ceifando de meu convívio mais um ente querido.

A ferida ainda sem cicatrização aberta pela morte do Ivo Bento foi sangrando os fluídos da minha alma e por ela exaurindo meu desejo de estar na vida. Agora algo se me impôs, com urgência, voltei a desejar mais vida, junto com a convicção de dar outro sentido para minha existência. Nos meses passados sem energia, pouco percebi que me distanciava dos afetos de minha filha e do marido. Mal notei que minha primogênita Maria Augusta era cuidada cada vez mais pela austera avó paterna. De Ivo, nosso afastamento a princípio me era necessário, não suportava conviver com seu olhar acusador desrespeitando minha dor. Foi incapaz de reconhecer minha impotência frente ao arrebatamento implacável da morte da nossa criança. Ele me negou qualquer gesto solidário. Não tive mais sobre seu peito repouso onde pude descansar, como após o ato de amor quando geramos aquele filho. Não me estendeu a mão em apoio diante da fragilidade humana. Um dia, surpresa, me deparei com ele pronto para se mudar para o Rio de Janeiro.

Dinorah acompanhou de São Paulo a movimentação dele e de alguma forma sabia melhor sobre a decisão de sua partida do que eu mesma. Pressentindo que minha amiga me espreitava há dias, como nos velhos tempos, precisava de espaço para uma conversa de alma. Então me deixei levar.

– Ei, Antônio, como médico, consegue explicar o desfecho da doença tão inesperada do meu Ivo Bento? Sabem, eu me culpo com a dúvida se teria sinais que devesse ter visto? Como explicar o acometimento de uma doença tão grave como o crupe em um menino até então sadio, esperto, ativo, que parecia estar com apenas um resfriadinho banal?

– Manuela, essas doenças infecciosas das crianças são mesmo de acometimento agudo, inesperado.

Meu novo amigo se pôs com paciência a discorrer sobre a doença. Seu tom de professor se fazia mesclar por um ar de docilidade. Na medicina sua denominação é difteria, disse, ela é considerada uma das mais graves enfermidades infecciosas, e lamentavelmente pouca coisa se consegue fazer para salvar vidas ainda tão tenras. Assistira muitos casos quando ainda estudava na

Bahia. No interior do país a difteria costuma se apresentar como epidemia, tirando a vida de muitas crianças ao mesmo tempo, às vezes em uma mesma família, ou de uma mesma rua ou de um lugar. O que se recomenda é o isolamento dos casos para diminuir o contágio. Antônio me indagou, suponho que fosse para situar a singularidade do caso de meu filho.

– Mas pelo que ouvi de Dinorah vocês desconheciam em Guaratinguetá o relato de outros casos, não é, Manuela?

– Sim, completamente. Na verdade, eu pouco sabia de como se pega crupe, menos ainda da sua gravidade. Assim que percebi a falta de ar se intensificando na madrugada, a febre aumentando, o cheiro fétido que vinha de dentro da boca do Bentinho, fiz a Dita correr na casa do doutor Eurico, que não demorou quinze minutos. Passamos juntos o resto das horas em banhos, compressas com o próprio doutor nos assistindo. Antes de clarear o dia, fomos no carro dele para a Santa Casa. Me explicou que tentaria aliviar a falta de ar com uma abertura no pescoço da criança. Aquilo me deixou espantadíssima, mas tinha e ainda tenho, apesar de tudo, confiança no nosso médico. Mandei chamar o Ivo pelo caminhão de leite, ele já estava há dois dias sem vir para a casa. Mal amanheceu chegaram no hospital os avós todos, tios e também o padre. Foi tudo muito rápido, nem deu tempo para ser feita a tal abertura na traqueia. Fui sentindo o corpinho do meu menino esfriar, os lábios ficarem roxos, a vida esvaindo... Tudo parou, a morte levou meu filho e com ele o sentido da vida.

Não pude ali conter o choro, mas já conseguia relatar os acontecimentos, antes não. Meus amigos estavam visivelmente emocionados. Dinorah me segurou uma das mãos entre as suas.

– Nossa, Manuela, mal posso imaginar o tamanho de sua tristeza! Mas, minha querida amiga, você precisa parar de se atormentar com essa dúvida, como se algo mais pudesse ter sido feito.

Parece que assimilou a crueldade do Ivo... tente dissipar alguma culpa, mesmo latente, não a deixe tomar forma no seu interior. E o resfriado de Bentinho já vinha há muitos dias?

Respirei fundo, senti que apesar da dor, falar da minha tragédia, pela primeira vez relembrando detalhes da cena da morte de meu filho, me era necessário como um modo de expiação para o novo sentido que gostaria de dar à vida.

– Não, Dinorah, o resfriado apareceu por dois ou três dias, e quando me parecia que já estava sarando, na noite surgiu a febre alta e os acontecimentos sucessivos em apenas algumas horas na madrugada. O dia nascendo trouxe a morte de meu filhinho! Eu havia prometido a ele, enquanto rezávamos quando o levei para a cama, que assim que melhorasse iríamos para a fazenda, onde supunha estar seu pai. Bentinho adorava estar pela roça, falante que era, conversava com os cachorros, com as galinhas, risonho desde muito novinho. Queria ver seu cavalinho, presente do avô, e correr atrás dos patinhos direcionando-os em fileira para o lago. Seu sorriso doce conjugado ao olhar terno parecia nos acariciar na bondade inocente que irradiava a quem fitava. Muitas vezes me parecia que havia dado à luz um anjo. Na minha segunda gravidez, entre Maria Augusta e ele, tive um aborto espontâneo de poucas semanas. Então, com o nascimento daquele menino tão esperado, senti que recebera a verdadeira dádiva divina reafirmando sua Graça naquela pequena criatura. Triste é que a Graça Divina ainda não me fez compreender o motivo da brevidade daquela linda vidinha. Ainda sinto, ao conciliar o sono, sua pequena mão na minha, apertando em súplica pelo ar que lhe faltava. Repassei na mente muitas e muitas noites insones aquela agonia, me sentindo completamente impotente, me perguntando o porquê ter sido abandonada pelos céus. Precisei, sim, de muita oração e conselhos de meu confessor. Injusto foi ouvir do marido acusações, no próprio velório, como se fosse eu a responsável.

Dinorah voltava a se incomodar com o que também parecia não entender.

– Mas o que pode ter acontecido com o Ivo, Manu? Por que essa maluquice de a acusar assim?

– Não sei, Dinorah, não fazia nenhum sentido aquela reação contra mim. Cheguei a considerar depois que talvez fosse ciúme. Muito excepcionalmente lembro-me de ele se surpreender com minha disposição em frequentar a igreja, ele via como excessiva para minha idade, achava que apenas na velhice as pessoas desenvolviam maior vinculação com a religião. Nunca tivemos a mesma atitude religiosa, mas sempre nos respeitamos. Após seu momento de verdadeira fúria no velório, depois já em casa, quando eu não assimilava mais nenhuma fala, Dita, com seu costumeiro cuidado para me proteger, comentou que Ivo censurava meu comportamento. Teria dito que eu parecia estar atrás de padre, deixando os filhos abandonados! Dinorah, interveio.

– Manu, é muito intrigante mesmo. Posso afirmar que Ivo nas nossas conversas jamais fez referência a sua religiosidade como inconveniente, ao contrário cá e lá posso me recordar de referências um tanto jocosas, como ele não precisar se ocupar com questões da divindade porque você se ocupava por todos.

Senti que nossa amiga buscava atenuar em mim o sentimento de desamor que pudesse estar alimentando por Ivo, mas sem atribuir razão a ele. Me confortava sempre o cuidado de Dinorah, me senti livre para dizer-lhes de minhas suspeitas.

– Na verdade, passados mais de um ano e meio remoendo cada momento, chego a pensar que Ivo talvez possa se sentir culpado pela ausência durante os dias da doença de Bentinho. Fico supondo que alguma coisa ou alguém o teria retido longe de casa, pois sabia do resfriado do filho desde que pedi que levássemos o menino com ele para a fazenda, e ele se negou de modo muito enfático. Tenho dúvidas se ele esteve mesmo na fazenda. Na minha suposição indago: teria Ivo vivido alguma situação sobre a qual não possa falar? Teria um sentimento de culpa, talvez insuportável, e no seu mecanismo de defesa o transfere a mim? Sei que posso ser injusta, talvez vocês com a psicanálise me ajudem, pois nesse modo inconsequente ele se redime de responsabilidade, tornando-me culpada? Dinorah interveio:

– De qualquer modo, uma reação pouco usual ou inesperada para um tipo calmo e polido como Ivo! Vai entender a alma humana? Sim, Manu, talvez os psicanalistas possam dizer algo, não é, Antônio?

– Dinorah, as reações humanas são muito peculiares. Fico cogitando sobre os ensinamentos de Freud quando nos aponta sermos resultado da interação particular de muitas e cada história, e de suas relações que carregamos conosco de até três anteriores gerações. Somos portadores, ou herdeiros, de dores e assuntos mal resolvidos de nossos pais e avós. Eles são filtrados pela nossa percepção, nem sempre de modo consciente, agregados às interações do mal-estar dos nossos próprios tempos. Não raro nos surpreendemos com reações de pessoas que julgamos conhecer, e, no entanto, o inesperado deles nos põe perplexos. Sei notícias de Ivo sempre através de Dinorah, e estou desatualizado. Então, Manuela, Ivo não tinha abandonado a advocacia? Lembro que estava se ocupando mais de trabalhos rurais nas fazendas da família.... Agora aceitou um cargo no governo federal como assessor jurídico? Sem dúvida é pessoa de muitas habilidades!

A frase de Antônio me soou talvez com ambivalência, mas quis responder objetivamente.

– Não exatamente. Ele mantém seu escritório na cidade, mas sei muito pouco das suas atividades. Às vezes ouço algum comentário de Maurício, que é seu sócio, sobre por exemplo a inclusão da fábrica de tecidos entre os atuais clientes, motivo de comemoração.

Quanto aos negócios da família de Ivo, sei que a fazenda original dos Alvarenga Mello foi desmembrada e parte dela vendida para saldar dívidas. Com o envelhecimento de meu sogro, o Seu Joaquim, minha sogra Dona Icnácia não aceita que os tempos de fartura e opulência mudaram e insiste em manter um padrão de vida com gastos acima das posses. Ivo é acionado pelas irmãs só quando precisam de mais dinheiro. Os cunhados, ainda que ostentem belos sobrenomes de famílias tradicionais, não são exatamente homens empenhados na luta pela sobrevivência. O irmão primogênito de Ivo, o Gonçalo, tem grave rebaixamento intelectual como sequela de uma meningite na infância. Na ordem cronológica familiar depois de Gonçalo estão duas irmãs solteiras, depois as duas casadas, sendo Ivo o caçula. Ninguém se preparou para dar continuidade aos negócios familiares, e após décadas de terras improdutivas, as despesas vêm consumindo as antigas posses.

– Trata-se de uma história bastante comum na região do Vale do Paraíba, não é, Manuela? A despeito das antigas fortunas formadas no apogeu da cafeicultura.

– Parece que sim, Antônio, ouço outros relatos familiares parecidos, mesmo sem saber quem são os personagens. Como você sabe, não sou nascida em Guaratinguetá, por isso conheço relativamente pouco os nomes das famílias mais tradicionais paulistas do Vale do Paraíba.

– Já no meu caso, tenho aprendido sobre o interior paulista por Dinorah, que adora contar suas vivências e histórias...

– Então, Antônio, para corroborar com nossa contadora de histórias, vou resumir a minha para você ampliar sua lista. Meu pai faz parte dos fazendeiros que já no início da década de 1910 trocaram a atividade rural do café pelo gado, e se mudou com a família. Vendeu suas propriedades em Minas e comprou terras desvalorizadas em Guaratinguetá e Cunha, voltando-se predominantemente para a produção de carne e, mais recentemente, para o ramo de laticínios. Preciso admitir que já na vida adulta meu irmão Maurício tem contribuído para muitas mudanças nas atividades, antes só administradas pelo papai. Seus contatos e conhecimento jurídico têm ajudado a expandir os negócios. A família de Ivo sempre nos viu com certo desdém, somos considerados "gente de fora", ou em tom de pilhéria um tanto mordaz, somos chamados de "pau rodado". Dona Icnácia, é a mais conservadora do clã.

Dinorah me interrompeu para dizer de alguma súbita lembrança.

– Eu sei bem do que você fala, Manuela, pude sentir certa rispidez dela no trato comigo da última vez que estive na casa de vocês. Insisti com Ivo, mas sei que preferiu não me dizer com clareza qual era a questão. Presumi ser problema para ela nossa opção de vivermos juntos, eu e Antônio, sem casamento formal ou da igreja. Quis poupar você desse tipo de assunto, mas não foi tão casual ter me hospedado na casa de seus pais e não na sua e de Ivo. Ouvi, um tanto sem querer, um final de frase em conversa sussurrada entre mãe e filho, Dona Icnácia e Ivo, em que ela dizia ser a casa de vocês extensão da dela e como tal a aprovação da minha permanência ali como hóspede também dizia respeito a ela.

– Como assim, Dinorah? Jamais soube disso, por que você não me contou? Meu Deus, que tristeza você deve ter sentido! Uma descortesia desse tamanho, logo com você, nem sei como reparar isso!

– Viu? Tinha razão em não querer incomodá-la, sei quanto lhe desagrada a permanência em viverem no anexo do velho sobrado. Mas ouvi de Ivo que é a forma de ajudar financeiramente o sustento da casa grande dos pais. Enfim, Manuela, coisas de família, são sempre cheia de melindres.

Antônio, balançando a cabeça em concordância, concluiu:

– Quanto a isso, estou com Dinorah, alguns assuntos não merecem ser discutidos, precisam ser tratados, são sintomas. É preciso cuidado para tocarmos em alguns tipos de assuntos, podemos despertar os fantasmas. E, se me permitem a dureza das palavras, esses comportamentos, não raro, encobrem perversidades.

Começava a me habituar com certos termos estranhos usados especialmente por Antônio.

– Pode ser. A vida de dependência da casa grande, como a que vivemos por anos, Ivo e eu, com nossa liberdade de ir e vir vigiada, com escutas pelas frestas, sem intimidade para nossas conversas, e menos ainda para eventuais acertos de contas, fez nossa irradiante convivência empalidecer. Perdemos aos poucos o brilho, nos tornamos solitários a dois. Não sei mais quem é o homem com quem me casei tão apaixonada. Transitei do ciúme ao desinteresse pelas possíveis aventuras amorosas, e no último ano, após a morte de nosso filho, sinto que nosso amor vem definhando junto.

Antônio interveio.

– Calma, Manuela, os homens de nossa geração apenas anunciaram alguma mudança de comportamento com relação aos do século passado. Mas nada além de um verniz incapaz de resistir às primeiras chuvas, quanto mais às contingências como empobrecimento familiar, morte do filho e sabe-se lá o que mais.

– Antônio, sinto um tom conciliador masculino nessa fala, estou certa? – O tom de Dinorah era provocador.

– Não está, minha querida defensora das mulheres, uma sufragista! Aliás, a guerra paulista tem por parte dos federais entre outras motivações, algumas mudanças de costumes, nem sempre condenáveis. O texto de Vargas publicado em maio, o tal decreto que já marca a data convocatória para a nova Constituição, que os paulistas teimam em não ler ou se o leem não o consideram, insere o direito de voto às mulheres, e não vi nenhuma das bravas guerreiras paulistas apoiadoras da luta armada tocar no assunto, menos ainda admitir como uma possível conquista de direito para as mulheres.

A aproximação de um moço fez a expressão de Antônio mudar, interrompendo sua fala, e ele abriu um amplo sorriso.

– Veja, Dinorah, quem vem ali. Não é que quem é vivo sempre aparece! É nosso amigo Alvarenga.

– Senhores, como estão?

– Doutor Venâncio Alvarenga, esta é nossa amiga Manuela, de Guaratinguetá – disse Antônio apontando na minha direção, enquanto trocavam entre si saudações com toques sonoros nos ombros e braços.

– Muito prazer, senhora Manuela – disse em reverência, como se fosse beijar minha mão. – Olá, Dinorah, doutora das letras jurídicas e arrebatadora de velhos corações, como a senhora tem passado?

– Muito bem, Alvarenga, obrigada, mas veja bem como usa suas palavras, o que minha amiga há de pensar!

Estava instalado entre eles um clima próprio de amigos próximos.

– Dona Manuela há de me entender, são palavras carinhosas de um futuro padrinho de um certo casal, isto é, quando uma certa advogada de causas de família conseguir a anulação de um certo casamento para que minha missão de padrinho se efetive.

– Manuela, não leve a sério este doutor Alvarenga! – completou Dinorah.

– Bem, pelo menos já aprendi quase tudo sobre as leis de casamentos, vejam. Tudo depende da interpretação do artigo 315 da Lei que instituiu o código civil de 1916, muito ultrapassado, mas vigente. Estou certo, doutora Dinorah!

A conversa se mantinha em tom de provocação jocosa.

– Aqui no Brasil, como em Portugal, seguimos ainda o Concílio de Trento de 1545, se não me engano: a separação pode desfazer até a sociedade conjugal mas o casamento para a igreja é perpétuo e indissolúvel. Falei tudo certinho, doutora?

E se dirigindo a mim disse:

– É pura brincadeira, desculpe-me.

– Alvarenga, sabe que Manuela veio em tempos destes para São Paulo fazer um curso de enfermagem de guerra, no novo Instituto de Hygiene, aquele lá ao lado da nossa faculdade. Depois ela irá ser voluntária no Hospital do Sangue montado pelo pessoal da cirurgia em Cruzeiro.

– Interessante, Antônio. Ontem mesmo estive com algum colega nosso que iria em uma formatura justamente desse curso de enfermagem de guerra. Comentamos o que me chamou atenção, como em tão pouco tempo já terem organizado, ofertado e concluído um curso, não me recordo ao certo, mas talvez tenha sido com o Gastão Fleury esta conversa.

Interrompi com certa animação por saber que o curso era conhecido no ambiente médico.

– Sim, Doutor Alvarenga, é nosso professor o doutor Fleury; ele é o responsável pelo nosso treinamento com os exames laboratoriais, estamos estudando e praticando exame de urina. Mas exames das doenças venéreas são ensinados apenas para os estudantes masculinos.

– Isso mesmo, agora a senhora me ajudou a lembrar. — E, mudando outra vez de tom: – Mas vê-los aqui nessa calma, me deixa com inveja! Venho de um périplo de tristezas e mortes. De manhã estive na missa da Sé em homenagem aos mortos da guerra. Escolheram essa data porque hoje faz exatamente dois meses da tragédia da esquina da praça da República com a Barão de Itapetininga, no dia 23 de maio.

Antônio se adianta para incluir um comentário:

– Pois então, Alvarenga, foi justamente o pessoal da liga que criou o acrônimo MMDC, o que deu grande impulso para o movimento de arregimentar voluntários para a luta armada. Mal podíamos imaginar aonde tudo isso nos levaria...

– Exatamente, Antônio! A Liga de Defesa Paulista, não sei se os milicianos conseguem ter consciência plena de onde pode nos levar o prolongamento desse conflito armado... Mas, para continuar a lista das mortes, depois fui acompanhar o sepultamento do Fernão Salles, abatido na fronteira de Minas, até o cemitério da Consolação, um grande cortejo. Agora já está acontecendo o velório do coronel Júlio Salgado Marcondes, amigo da minha família de Pindamonhangaba. E finalmente também hoje foi confirmada a morte de Santos Dumont. Antônio, com expressão de consentimento com as constatações, complementa.

– Pela manhã estivemos de passagem no Sanatório Santa Catarina e soubemos da tragédia da explosão do morteiro que os professores e alunos da Politécnica estavam desenvolvendo, foi o que matou o coronel seu conhecido e feriu o general do comando.

– Pois é, estamos mesmo em uma guerra sem prazo para terminar, só sabemos quando começou, no dia 9. Na terça-feira desta semana, houve uma explosão no bairro da Luz, o quartel-general da Força Pública ficou em chamas e o depósito de munições foi pelos ares com dezenas de corpos. À noite atendi na Santa Casa muitos desses feridos em situações graves, nem sei ao certo quantos mortos foram contabilizados.

E, se dirigindo a mim:

– Dona Manuela, conheço muito o grupo de cirurgiões da faculdade que está em Cruzeiro, onde a senhora vai trabalhar. São todas pessoas de alta capacidade, assim como o Antônio. Também operei com eles, em verdade fui formado pelo nosso departamento de cirurgia. Por certo a senhora lá há de conhecer um jovem médico também assistente de cirurgia, o doutor Felipe Caronni, que é muito meu amigo. Tornei-me discípulo, no meu tempo de estudante anarquista, do pai dele, a maior liderança operária desta cidade. Antônio o interrompeu.

– Calma, amigo Alvarenga, está adiantando revelações do nosso colega. Talvez Caronni não se sinta exatamente confortável em tempos hostis como estes para contar sobre seus vínculos anarquistas familiares.

– Desculpe, Antônio, mas sou mesmo incorrigível, a guerra paulista interessa a quem? Não entro mais em discussão sobre isso com os colegas na faculdade nem no hospital; fico ali na minha nobre função de costurar vísceras, remendar peles e músculos, recolocar ossos no lugar, enfim, tentar salvar as vidas que os compatriotas teimam em dilacerar de suas trincheiras! Bem, preciso ainda dizer que não concordo com a guerra paulista?

– Muitos de nós não concordamos. Mas como não sou doido, como alguns de seus pacientes do Juquery, só confesso aos amigos do peito. Pronto! Sabem que a sigla MMDC já está sendo conhecida nas trincheiras paulistas com outro significado, sendo chamada de "Mata Mineiro, Degola Carioca".

Essa fala parece ter causado certo desconforto aos meus amigos, percebi ligeira troca de sinais com os olhos entre eles. Dinorah fez um gesto de desconforto pelo frio e propôs que fossemos.

– Bem, nem reparamos que o sol já se pôs, e o friozinho promete mais uma noite gelada. Acho interessante irmos para casa, o que acham? Antônio se apressou em responder:

– Acho ótima sugestão. Caríssimo Alvarenga, acho que vamos aproveitar para completarmos nossa caminhada até nossa casa. Peço desculpas por não podermos continuarmos nossa prosa, mas sinta-se convidado a nos acompanhar.

– Obrigado, foi um prazer revê-los e conhecer dona Manuela, a futura enfermeira de guerra, a quem desejo sucesso, e peço que perdoem minhas habituais impertinências. Ainda pretendo comer alguma coisa, mas vou sentar na parte de dentro, marquei com um parente que talvez até já tenha chegado. Meu apreço por esses afilhados é tamanho que me distraí do compromisso.

No percurso de volta, enquanto caminhávamos pude apreciar um pouco mais da noite paulistana na luminosidade da avenida. Antônio e Dinorah, preocupados com a impressão que pudesse ter construído sobre o Alvarenga, buscavam me explicar a natureza muito especial desse amigo, generoso e querido, a despeito de seu modo de ser propositalmente estabanado.

DAS LEMBRANÇAS VIVAS QUE NUNCA MORREM

DE VOLTA AO VALE

Recebi o certificado de conclusão na própria secretaria do Instituto, com elogios por ter me destacado como aluna muito aplicada. Não quis esperar a cerimônia da formatura. Havia assistido a da primeira turma e já me sentia contemplada. O mais urgente eram as providencias ao meu retorno.

Não era simples viajar de trem desde a eclosão da guerra. Poucos lugares eram disponíveis aos civis e os horários sofriam alterações inesperadas. O bloqueio da parte fluminense na ferrovia Central do Brasil trazia problemas na operação da linha. A utilização de carros particulares estava sujeita à autorização prévia pelo comando militar e havia severo controle na venda de combustível. Foi a incansável amiga Dinorah que conseguiu viabilizar meu retorno imediato ao Vale do Paraíba, aproveitando sua rede de contatos, identificou disponibilidade de uma vaga em um veículo já autorizado. Cheguei em Guaratinguetá apenas para reorganizar a mala com meus itens pessoais, acrescidos agora de livros e apostilas do curso. O principal era me atualizar das notícias da família. Felizmente Dita havia se convencido a ir para a fazenda do Taquaral, o que aliviava meu indefectível sentimento de culpa. A permanência dela próxima a Maria Augusta significava presença de cuidados amorosos, desinteressados, sem competição com minha figura de mãe ausente. Sabia da amorosidade que minha sogra, dona Icnácia, dedicava à sua neta predileta, filha de seu caçula Ivo, meu incomodo era sua permanente disputa pela primazia da função materna. A simples presença de Dita, com sua sabedoria afetiva, já me apaziguava, ela saberia proteger minha filha nos tempos de infortúnios da guerra.

No ambiente rural, supúnhamos, haveria maior segurança. Na cidade os perigos da luta armada, dia a dia mais se evidenciavam. A presença de novos ruídos os anunciava. Eram roncos barulhentos de caminhões abarrotados com soldados e seus apetrechos bélicos, em um ir e vir contínuo, na intensa movimentação de tropas. Mais assustadores eram os sons ecoados nas nossas cabeças vindos do céu, rondando nas raras nuvens se mostrando e perdendo de nossa visão. De súbito, reapareciam os vermelhinhos, aviões dos federais, em voos rasantes, zumbindo como imensa vespa rubra, capaz de sustar a respiração, acelerar os batimentos do coração. Onde seria o próximo alvo da máquina destruidora que voa?

Meu irmão Maurício se mantinha ocupado, escolheu permanecer na cidade mesmo com quase todas as atividades do comércio e das poucas indústrias praticamente paralisadas. Dividia seus afazeres entre o escritório de advocacia, acompanhar os negócios do nosso pai, rever contratos da venda de carne, além de seu ativismo político na contribuição ao jornal local *Correio Popular*. O matadouro inaugurado no bairro do Pedregulho de Guaratinguetá facilitara as atividades, mas naquele período era impossível os movimentos com as boiadas nos territórios em guerra. Ele era o elo para as atualizações sobre o andamento do conflito bélico, aos que foram se abrigar na roça, e as tarefas de conservação das nossas casas vazias.

Maurício sabia do meu interesse por notícias dos nossos entes queridos. Precisava me atualizar sobre cada um deles, parentes, filha, nossos pais e amigos. Contudo, conhecendo-o bem, percebi que antes, para evitar mais rusgas entre nós me dispus a ouvi-lo sem demonstrar minha pressa. Fazia parte do novo sentido que pretendia para minha vida, ser mais pacienciosa, especialmente com aquele irmão. Mais atenta, fui percebendo que também sua atitude para comigo havia mudado. Estava mais cordato, aos poucos foi me atualizando de detalhes das suas idas até a fazenda, não sem antes discorrer sobre o tema das informações em tempo de guerra.

– Manu, agora, para cada informação há uma contrainformação! As notícias que atualizem as façanhas nos distintos pontos de combates são disputadíssimas, as fontes nem sempre são confiáveis, incapazes de serem fornecidas de modo idôneo. Saiba que a produção incessante de contrainformação é uma arma poderosa, tanto dentro, mas especialmente fora das trincheiras. Em tempo de guerra, a primeira vítima é a verdade! A frase não é minha, teria sido de Ésquilo?

– Sim, Maurício, tive oportunidade de ver acontecer isso bem de perto nessa estadia na cidade de São Paulo, vi várias situações em que as informações foram alteradas ou postergadas. Pensei em lhe contar sobre o veto do governador Pedro de Toledo à divulgação do suicídio como a causa da morte de Santos Dumont. Acompanhei bem aquela omissão, tendo Dinorah como minha informante das notícias, era leitora voraz de quase todos os jornais disponíveis. Mas naquele momento não queria alongar minha parada, precisava seguir o quanto antes para meu próximo destino, a cidade de Cruzeiro.

– Meu irmão, as notícias que você me trouxe do Taquaral, estas sim me são essenciais, me deixam mais tranquila para levar meu propósito adiante. Saber que Maria Augusta tem novos amiguinhos para brincadeiras, que nossa mãe está mentalmente estável, que papai se acalmou tendo confiança na recuperação de

Miguelzinho, que Dita está bem e cuidando de todos e que o pessoal do Ivo segue a vida como bem lhes apraz.

Enfim, nossos parentes guardados na roça estavam todos gozando de boa saúde, os adultos apreensivos e as crianças felizes com as férias escolares de julho se prolongando até quando, ninguém sabia. Maurício havia conseguido se deslocar por duas vezes até Cruzeiro, estava agradecido pela melhora do estado de Miguelzinho, com o coma cedendo aos poucos. Havia feito visitas ao nosso irmão no hospital, graças a intermediação do Doutor Alberico. Foi elogioso aos cuidados que eram dispensados ao Miguel, apesar da impressão de seu visível emagrecimento, retornou muito apreensivo com possíveis sequelas que nosso irmão pudesse apresentar. Tinha aproveitado a viagem para rever a pensão de Dona Nina, de quem já não tinha lembrança, reconhecendo sua cordialidade e atenção para conosco. Enfim teve uma atitude amistosa para comigo, diversa de nosso último encontro, pude perceber que havia gratidão na sua atitude, recuperávamos nossa cumplicidade de irmãos mais velhos na proteção ao nosso caçula.

No seu estilo de prosa detalhista, enumerou os negócios da cidade e da região que talvez não se recuperassem tão cedo, ou mesmo aqueles que teriam falência decretada. Estava sinceramente condoído pela situação dos fazendeiros que viviam exclusivamente da produção agrícola, dos comerciantes com suas lojas quase todas fechadas por falta de compradores, com os trabalhadores comerciários muitos deles demitidos, e todos sem perspectiva alguma sobre a duração da guerra.

Soubera que as perdas de posições paulistas no fundo do Vale, no setor norte da guerra, talvez obrigassem o comando regional instalado a princípio mais próximo do limite do Estado, ser recuado para próximo de Guaratinguetá, o que certamente obrigaria a evacuação dos civis da cidade. Já cogitava os meios para receber autorização de sua permanência ali, queria acompanhar como testemunha próxima os acontecimentos.

– Veja, Manuela, a fonte radiofônica pode ser considerada a mais notável novidade do século! Trouxe muita agilidade e ampliação na difusão das informações, o problema é exatamente a confiabilidade delas. Ouço o rádio nas madrugadas pelas ondas curtas, à procura de estações fora do país. Às vezes consigo sintonizar a rádio Nacional de Buenos Aires. Parece estranho, mas só ali se pode ter notícias menos comprometidos com qualquer um dos dois lados, tanto dos federais como dos revoltosos paulistas. Mas a indagação permanece, realmente, como está o desenrolar da luta já entrando na sua quarta semana? Qual o equilíbrio dos lados? Não temos como acompanhar com exatidão. Gostaria de poder ter notícias de cada uma das frentes a partir daqui de Guaratinguetá, seria um ponto ideal para irradiar informações.

No projeto hipotético de Maurício, Guaratinguetá poderia ser um núcleo central irradiador das informações pela sua localização estratégica na guerra. Na direção da capital federal, a cidade de Queluz estava situada à frente dos combates cujo acesso dali se fazia pela ferrovia, na outra frente localizada em Bananal se tinha acesso seguindo pela estrada de terra até a divisa com o estado do Rio. Para o alto da Mantiqueira, na fronteira com Minas, onde estivera nosso irmão, estava a extensa frente centrada na proteção da abertura do túnel sobre a ferrovia. Finalmente do lado de Cunha, a frente direcionada para os outros limites paulistas com o estado do Rio de Janeiro, através de Paraty, o acesso era via caminho da Serra do Mar.

– Não tenho dúvida, Manu, que estamos aqui em um dos setores mais importantes e estratégicos, mas as notícias de avanço das posições paulistas não coadunam com a geografia nos mapas. Lembre-se de que conheço cada trecho destes caminhos palmilhados junto com papai, no acerto dos negócios de gado. Mas tenho me recusado a escrever apenas requentando notícias produzidas nos jornais de São Paulo. Me propus a organizar um setor de jornalismo sério, com notícias que possam ser comprovadas como verdadeiras, colhidas das várias frentes, teria possibilidade de organizar correspondentes em cada uma, mas não houve interesse. Tenho me recusado a escrever apenas requentando notícias produzidas nos jornais de São Paulo. Deixo as matérias ufanistas do nosso *Correio Popular* para outros se ocuparem delas.

A eloquência de Maurício não era incomum, mas possivelmente ele estivesse sem muitos interlocutores na cidade, pensei com meus botões. Mantive-me atenta, mas silenciosa, não gostaria de expandir muito mais a conversa, o deixei falar em quase um monólogo. Continuando me alertava.

– Quero alertá-la que já se sabe que não haverá o tão propalado apoio de Minas Gerais. O governador Olegário Maciel está agora declaradamente com o Getúlio. Não me surpreende, afinal Minas e Rio Grande do Sul são o berço da Aliança Liberal, com o apoio da Paraíba, de onde saiu o vice João Pessoa da chapa getulista, derrotada nas urnas.

– Sim, Maurício, já tínhamos esta notícia lá na capital. Pude sentir bem de perto a hostilidade crescente dos paulistanos para com os mineiros.

– Pois então, foram todos articuladores da Revolução de 1930, aclamaram o Getúlio após a deposição do presidente Washington Luís, questionando a legalidade do pleito que elegeu Júlio Prestes. Não sei de onde os paulistas mentores desta luta armada, os maçons e o Mesquita Filho do *Estadão* acharam que teriam apoio de Minas e dos gaúchos? É muita ingenuidade ou arrogância, ou ambas.

Conversávamos na minha casa enquanto eu dobrava mais algumas peças de roupa de lã, o inverno ainda se mantinha em baixas temperaturas mesmo com o agosto já iniciado. Quanto tempo passaria por lá em Cruzeiro era uma absoluta incógnita.

– Desculpe interrompê-lo, mas pode me ajudar com o fecho dessa mala, acho que coloquei coisas demais, e meu tempo está cada vez mais escasso.

– Sim, deixe-me abaixar o volume das roupas, pronto!

Maurício ia adiante com as atualizações de notícias locais, enquanto me movimentava já na direção da saída.

– Mas voltando ao tema dos apoios esperados e mal-arranjados, imagine, Manuela, que aqui prenderam até um padre gaúcho, o Monsenhor Dagoberto Azevedo, e um médico doutor Cássio Rezende, mineiro. O crime a eles imputado é o de serem naturais dos Estados que negaram ajuda aos paulistas.

– Nossa, Maurício, que violência! Parece não ser só dos paulistanos, com os quais convivi no Instituto, esse grau de belicosidade?

– Infelizmente não. Mas o que me incomoda mais é a falta de coragem, isso sim, para se questionar, se houve ou não, precipitação na decisão de iniciar a luta armada. Isso parece cada dia mais evidente, mas ninguém ousa. Aqui, deixaram os coitados dos dois homens trancados ali mesmo ao lado na Rua Verde, em uma casa, por uns dias.

Meu irmão estava mesmo ávido por continuar falando e eu apressada para sair.

– Há muita gente daqui que se acha superior, uma aristocracia decadente e ignóbil, acomodados na ignorância, como dizia nosso pai, mas agora na guerra vale tudo. Imagina, foi preciso formar uma comissão, eu estive junto, para explicar ao delegado que não havia cabimento jurídico prendê-los, e que eles não eram traidores, ao contrário, estavam aqui colaborando com a sobrevivência física e espiritual dos paulistas, afinal um é médico e o outro padre!

– Custo a acreditar, Maurício, trancaram então como prisioneiros de guerra por não terem nascido paulistas?

– Sim, e a muito custo, foram soltos. A situação não está nada tranquila para nós mineiros de nascimento, todo cuidado é pouco. Quando alguém me aborda com esta conversa atravessada, vou logo lembrando que tenho um irmão paulista alistado como voluntário, ferido e em coma.

Com tom de cautela como um aconselhamento, me disse:

– Então você tenha cuidado redobrado lá no hospital, mana, estará cercada de muitos fanáticos, infelizmente parecidos com nosso irmão caçula.

Maurício não tinha notícias recentes de Ivo. Dizia ter ouvido sempre os mesmos comentários na cidade, um certo estranhamento com a permanência dele no Rio de Janeiro servindo ao governo federal. Mas de fato ninguém entendia muito a serventia de um Ministério da Instrução e muito se comentou positivamente quando ele partiu. Afinal, Ivo era um filho da terra guaratinguetaense, de família tradicional, escolhido por competência, sua ida para trabalhar no governo não se dera por colocação política, uma prática ainda vigente.

– Você bem sabe, Manu, mas é bom que se repita, em nosso Partido Republicano Paulista daqui nenhum dos dois grupos (alvistas ou camarguistas) apoiou Getúlio. Tivemos sim alguns rojões e uns poucos adeptos do Partido Democrático que tentaram puxar uma comemoração, sem sucesso, na praça da estação quando Getúlio seguia de trem de São Paulo ao Rio para tomar posse no lugar do presidente deposto.

Não queria perder nem um tempinho a mais, minha mente já estava se adiantando ao corpo, e a conversação de Maurício estava longa demais, precisava chegar logo em Cruzeiro. Com a mala fechada, nos despedimos e segui em frente. Fui vencendo as já supostas dificuldades de deslocamento entre as cidades, mas nessa feita pude contar com a ajuda do próprio Maurício. O certificado do curso de enfermagem de guerra passou a ser um valiosíssimo salvo-conduto.

ESTAÇÕES DA *VIA CRUCIS*

No princípio de agosto retornei à cidade de Cruzeiro estreando minha nova missão, como voluntária no Hospital do Sangue. Fui aceita tendo em mãos o certificado do curso do Instituto de Hygiene de São Paulo. Com sacrifício, cumpri a condição indicada pelos médicos dali. As duas semanas que passei longe pareciam uma eternidade. Minha expectativa era estar habilitada para apoiar as equipes de assistência aos enfermos, mesmo tendo consciência da limitação de meu preparo, esperava ter apreendido o suficiente como formação básica de um curso de enfermagem de guerra. O fundamental era ser autorizada para estar por perto de Miguelzinho.

Na pensão, Dona Nina já me esperava. Sua acolhida afetiva mais uma vez abrandava a dureza do período. A estadia seria longa, uma hóspede moradora, até quando não sabíamos precisar, enquanto durasse a guerra ou enquanto Miguelzinho estivesse internado. Uma acomodação maior foi proporcionada a mim, mais ensolarada, com uma pequena varanda na entrada e banheiro privativo. O espaço funcionava como um anexo da pensão, foi construído para o filho caçula dos proprietários, que depois de casado, mudou-se para uma casa maior em área vizinha. A pensão propriamente, já no princípio dos anos 1930, passara a ocupar apenas parte do vasto terreno que já abrangia todo um quarteirão. A propriedade foi sendo adquirida e expandida aos poucos pelo casal de portugueses, pois Dona Nina queria sua família toda reunida e próxima. Recebi o gesto da senhoria da pensão como providencial delicadeza.

Nem tudo correria exatamente como imaginava. No início me sentia perdida, ora recebia a orientação de me portar apenas como observadora, ora sentia o olhar da Madre Leal me inquirir como cobrança. O mesmo olhar me despertava sentimentos opostos.

Ela atuava como chefe da enfermagem e sentia sua interrogação silenciosa nos seus olhos. *Por que a voluntária estaria apenas observando e não fazendo?* Demorei a distinguir as intenções daquele olhar inquisidor entre repreensão e compaixão. Mas depressa compreendi que além de destreza técnica aos cuidados dos pacientes, a nova situação me exigia muito mais habilidade nas relações interpessoais. Cuidei de aprender logo o modo como ali eram executadas as rotinas dos cuidados aos enfermos, sem muitas perguntas. Observava, com naturalidade, alguns procedimentos serem executados sem a técnica semelhante à que tinha aprendido no curso. Segui os conselhos do velho doutor Alberico, que foi se tornando um verdadeiro guia, emprestando sua ponderação de quem conhecia como ninguém aquele ambiente hospitalar. Ele sabia interpretar com sensatez, muitas das atitudes de cada um dos funcionários quando a mim pareciam confusas.

Rever meu irmão com vida foi, apesar de tudo, minha maior recompensa. O momento de estar próxima dele, ainda sem consciência, muito me abalou, mesmo tendo recebido ao telefone notícias animadoras que me davam conta do seu estado de coma em regressão. Esse primeiro reencontro se deu, eu acompanhando a equipe, durante a visita diária ao leito realizada pelo médico, e naquele dia especial, junto com a madre Leal. Não pude conter minha emoção, o empenho de me mostrar forte e racional não foi suficiente para segurar as lágrimas. As observações da evolução clínica mostravam a volta progressiva de vários movimentos aos estímulos sensoriais, o que trazia evidente entusiasmo para a reversão do quadro, aos profissionais ali presentes ao exame. Racionalmente podia compreender o otimismo e era imensamente grata a cada um deles, mas percebi o limite de minha atuação junto a Miguel. Não conseguiria ainda ser sua cuidadora de enfermagem, era sua irmã tomada de grande emoção por seu estado. O mesmo olhar da madre que pela manhã me perturbava pela dureza, agora era de pura compaixão; e quando já fora do quarto recebi dela um gesto carinhoso me tocando nos ombros com palavras de esperança. Ainda naquela tarde, na sua sala pudemos estabelecer juntas acompanhadas pelo doutor Felipe, as orientações para meu cotidiano de trabalho. Atuaria nas enfermarias, mas ainda não na dos pacientes graves como Miguel. Obtive autorização para, fora do horário de minha jornada, poder permanecer algum tempo junto ao leito de meu irmão.

Muitas vezes, mesmo chegando exaurida na pensão de Dona Nina, reservava um tempinho para trocas com doutor Alberico. Sua ajuda tornou-se imprescindível para melhor compreender as tensões do cotidiano no hospital de guerra, e a saber perceber a lenta evolução de Miguelzinho. Ele me ouvia, ponderava, acalmava meus medos, instruía como equilibrar a manutenção do compromisso com modo de fazer correto, e o respeito pela prática dos profissionais antigos. Me auxiliou a entender que, recém-chegada de um ambiente acadêmico, onde tinha sido iniciada em fundamentos teóricos das ações de enfermagem, não me outorgava superioridade diante do trabalho incansável de religiosas que executavam tarefas aprendidas na vivência prática. Delicadamente fui alertada, por ele, a não me deixar ser usada por nenhum dos lados que se formava nos momentos de conflito. Ponderava não ser favorável aos pacientes uma eventual cisão das equipes. Entendia como natural minha maior identificação com as condutas dos médicos que vieram de fora, mas jamais deveria demonstrar desprezo aos profissionais e às freiras que ali já atuavam, e que ali permaneceriam após a guerra. As conversas com Doutor Alberico me faziam refletir a partir das situações concretas do trabalho, relações existenciais mais profundas, a difícil tarefa de ajustar o pensamento à ação. Significariam muito vida afora.

A Santa Casa de Misericórdia no Brasil, adaptada da tradição portuguesa, quando instalada em Cruzeiro, já era uma instituição secular e religiosa. Sua transformação original de prestadora de assistência social e caritativa para a atuação na área médica e sanitária foi se dando com o acréscimo progressivo de novos arranjos na organização do trabalho. As duas primeiras décadas do século XX haviam legado para as práticas médica as bases da teoria microbiana. Em julho de 1932, no entanto, as transformações ali necessitaram ser muito rápidas para a Santa Casa se constituir em Hospital do Sangue. Foram necessárias transferência de pacientes, mudança de ocupação de antigos setores, instalação de novos ambientes, ampliação da capacidade cirúrgica e das muitas atividades de suporte que essa modalidade de assistência médica demandava. Para a sustentação de tantas mudanças, a clausura, ala tradicionalmente reservada às pessoas religiosas, precisou ser diminuída em tamanho. Todos os espaços do antigo prédio da Santa Casa eram requisitados para viabilizar a ampliação do número de leitos nas enfermarias. O rearranjo capaz de dar suporte como retaguarda médica a todo o vasto território abrangido pelo setor norte da guerra paulista era um projeto ousado. As equipes talvez necessitassem de maior tempo para assimilarem tantas mudanças. As condutas, não raras, pareciam conflituosas, entre a dinâmica do trabalho da jovem equipe médica oriunda da faculdade de medicina e a da enfermagem mantida pelas religiosas da congregação.

Soube pelos colegas de trabalho que na última semana de julho a entrada de feridos na emergência e triagem tinha mais que dobrado. Eram muitos casos graves chegando ao mesmo tempo, com necessidade de intervenção cirúrgica urgente, muitas vezes bastante complexas. Definir a ordem de prioridade no encaminhamento daqueles feridos, ponderando sobre a gravidade do risco pela avaliação clínica, era missão que deixava toda a equipe em permanente tensão. Muitas vezes ali se condicionava a sobrevivência ou não do paciente.

Na quarta-feira do dia 27 ainda de julho, a ofensiva getulista, após conseguir a travessia do Rio Paraíba, tomou a cidade de São José do Barreiro, rompendo um dos pontos estratégicos vitais na resistência ao avanço federal pelo Vale do Paraíba. As posições dos paulistas no morro Pelado, situadas em um platô junto ao cemitério, ficaram perdidas. Os bombardeios aéreos pelos aviões vermelhinhos foram impiedosos. Um verdadeiro massacre aconteceu ali, por terra e pelo ar. A tropa foi obrigada a recuar até o Morro Frio na entrada da cidade. Dezenas de soldados paulistas tombaram mortos pelas explosões das granadas lançadas e pelos tiros das metralhadoras que lhes fizeram cerco. Muitos feridos, ainda com vida, foram transportados no trem sanitário para o Hospital do Sangue, eram recolhidos de pontos de combate que acompanhavam o leito da Estrada de Ferro Central do Brasil. Outros muitos, centenas de feridos, dependendo da gravidade não chegavam a embarcar no trem. Com a retirada das tropas da cidade de Queluz, os embates da Vila dos Queimados e de Lavrinhas também haviam sido intensos. Nos últimos dias de julho já se configurava um agravamento da violência dos combates, com o movimento diário de admissão de feridos muito maior que o esperado. O Hospital do Sangue, como o ponto central da estratégia de guerra para todo aquele setor, precisou acelerar a rotação dos leitos com a remoção de pacientes que apresentassem melhora.

Duas importantes providências aconteceram naquela semana da minha iniciação no hospital. A primeira foi a abertura de nova ala dedicada especificamente para a clínica médica, o que foi possível com a chegada de mais médicos da Faculdade de Medicina de São Paulo. A outra foi a expansão de postos avançados como parte da retaguarda da assistência aos feridos. Ambas tinham como propósito desafogar a ocupação hospitalar para permitir a ampliação do movimento cirúrgico. A nova enfermaria de clínica foi organizada para atuar junto do atendimento ambulatorial. Assim, os pacientes com melhora clínica que tivessem alta hospitalar poderiam ser acompanhados nas atividades do ambulatório.

Os postos avançados, adaptados como hospitais de campanha, passaram a receber maior contingente de pacientes fora de risco de vida, em fase de recuperação, mas que ainda necessitavam estar acamados. O Colégio São Joaquim, na cidade vizinha de Lorena, foi requisitado para essa finalidade. Diante da situação, os padres salesianos do São Joaquim demonstraram aos pais dos alunos do internato que a segurança ali no colégio, a cada dia de avanço da luta, era menos garantida, por isso as aulas foram suspensas.

Os ataques aéreos sobre as cidades do Vale do Paraíba paulista haviam se intensificado. Os mais otimistas julgavam que a missão dos aviões vermelhinhos, sobrevoando áreas urbanas em voos rasantes, era a de apenas causar ou aumentar o pânico. O propósito seria diminuir o apoio da população paulista ao movimento armado. A ditadura não permitiria o massacre de civis, avaliavam eles. Contudo, aumentava entre a população os relatos de bombas arremessadas em áreas habitadas.

Há tempos excepcionais na vida que nos exigem ação tão prontamente que mal conseguimos tempo de reflexão prévia. No hospital de guerra era assim, simplesmente as circunstâncias iam se apresentando e exigindo que lidássemos com elas. Reconheci a importância de ter claros na mente os padrões valorativos que fundamentam a vida. São esses valores que, nas circunstâncias de urgência, irão modular nossas atitudes e reações. O primordial, para mim, não era a expectativa de vencer a guerra, e sim a de tentar ajudar a salvar tantas vidas desvalorizadas. E sobretudo devolver a vida plena a Miguel.

As horas de descanso foram se tornando mais escassas. Na pensão, felizmente, ao voltar da jornada de trabalho exaustiva, encontrava um ambiente acolhedor capaz de me descansar e recompor. Passei a desfrutar de uma entrada privativa, utilizando o portão de serviço lateral, o que me permitia maior independência de horário sem incomodar outros hóspedes. Fui me acostumando, o tempo de trabalho da assistência aos enfermos, não podia ser regulado por turnos convencionais. Muitas vezes constatava as horas do dia através das janelas, pela luminosidade externa, flagrada casualmente pelo olhar.

Nas minhas visitas à enfermaria onde estava Miguelzinho, permanecia por mais tempo quando já estava fora do expediente, mas vez ou outra ao longo do dia, em alguma pequena folga, mudava o caminho interno pelos corredores do hospital, para passar diante da sua porta, o via ao longe e rezava uma breve oração ao Santo Anjo do Senhor. As planícies espraiadas de cada um dos lados do caudaloso Paraíba, limitadas por ondulações que se erguem em aclives suaves até os altos contrafortes da Serra Quebra-Cangalha, ou da Mantiqueira, na formação típica de vale, foram transformadas em campos das batalhas sangrentas. As mesmas lindas paisagens, alguns verdadeiros cartões postais, eram agora front de guerra. Abrigavam também cemitérios improvisados, os corpos sem vida muitas vezes abandonados pela urgência dos recuos da tropa passavam a ser desconfortáveis matérias em decomposição. Sem receberem honras militares, muitos corpos jovens mutilados, ensanguentados, eram cobertos de terra em covas rasas para que os corvos e outras aves de rapina fossem afugentados. Outros, em estado deplorável, ainda com vida, eram transportados pelo trem e recolhidos nas padiolas que chegavam até o hospital. Presenciávamos relatos de muito sofrimento daqueles soldados, tanto pessoal como pela perda de companheiros de trincheira na violência dos combates. Ouvi muitos deles enquanto cuidava dos seus ferimentos. Um dentre muitos me deixou especialmente consternada. Ele tinha assistido impotente a morte de seu irmão mais novo, que como Miguel, era um voluntário de 17 anos. Na trincheira que ocupava, entre um tiro e outro, o irmão tentava gravar seu nome na terra compactada. Uma rajada de metralhadora teria espalhado seus miolos sobre as letras incompletas. No combate furioso, muitos deles constatavam perplexos, o que antes parece não terem formulado, a real compreensão de um estado de guerra. A brutalidade da luta fratricida fazia deles meros corpos humanos, apenas vetores, condutores de artefatos mortíferos, atiradores de granadas e projéteis mutiladores de outros corpos, matadores em variadas modalidades de armas.

NAS ENFERMARIAS EM BATALHAS

Durante a primeira semana, fui escalada para as atividades na enfermaria geral da clínica médica pelas manhãs, recém-inaugurada. Nas tardes acompanhava a visita da equipe médica e da enfermagem aos leitos da enfermaria cirúrgica, me inteirando progressivamente de cuidados mais complexos aos enfermos.

Encontrei outras voluntárias em atuação no hospital, para as atividades de nutrição aos internados. Eram da própria cidade, foram distribuídas entre os trabalhos da cozinha hospitalar e os de distribuição das refeições e ajuda com a alimentação aos pacientes especiais. Soube pela madre Leal que as voluntárias foram recrutadas pelo pároco local. Eram senhoras pertencentes à Ordem Terceira Franciscana e ali chegaram desde o início das atividades que modificaram a Santa Casa para se tornar um hospital da guerra. Eram pessoas com muitas relações sociais em Cruzeiro, seus contatos com colegas da mesma ordem religiosa e de outras, angariavam também suprimentos alimentares para o hospital. Com o prolongamento do estado de guerra já em mais de um mês, a escassez decorrente do desabastecimento de muitos tipos de mantimentos, deixava a tarefa da nutrição hospitalar muito delicada. Soldados enfermos ali eram recebidos também por condições de adoecimento, não relacionadas apenas às lesões pelas armas mortíferas. Muitos evidenciavam agravações por desnutrição alimentar.

Não entrei formalmente na escala da atividade da alimentação aos enfermos. Mesmo assim aproveitava para auxiliar na alimentação de Miguelzinho, no que era muito bem recebida pelos profissionais da escala, que com minha ajuda viam suas atividades serem agilizadas. Não raro ajudava também outros enfermos de casos pós cirúrgicos mais graves, necessitados de ajuda para se alimentarem.

Aprendia com os profissionais mais experientes no setor da emergência a distinguir, pelo tipo de lesão, quais dos engenhosos instrumentos explosivos teriam vitimado aquele corpo. Metralhadora, fuzil, estilhaço de granada, às vezes lâminas afiadas, entre outros. Em muitas situações, quando os combatentes saíam de suas situações de risco grave, então já em convalescência, conferia se minha suposição prévia sobre o tipo de instrumento fora correta. Muitos dos combatentes feridos quando em fase de recuperação, demonstravam vontade, para alguns talvez fosse propriamente uma necessidade, de nos relatar sobre o acometimento que o atingira, recompondo em narrativas a cena que havia enfrentado. Outros se calavam, mais raros desenvolviam quadros demenciais, ficando dias e dias em grande agitação psíquica.

Em meados de agosto, no fim de uma tarde, quando já contava com vários dias de atividade, prestes a deixar a enfermaria para minha visita diária a Miguel, fui requisitada com urgência ao centro cirúrgico, onde precisavam de um frasco de sangue. Com o coração descompassado, sem querer transparecer pânico, ali adentrei. Me era ainda desconhecido naquele hospital o ambiente do centro cirúrgico. Vesti sem muita certeza os paramentos dos pés à cabeça, troquei o avental que usava pelo que era próprio dali, conforme tinha aprendido no estágio. Caminhei como se estivesse vestida com armadura, sem desviar o olhar para dentro das salas. Um médico com rosto coberto pela máscara, que não reconheci, passando apressado apenas me apontou a entrada onde se realizava a cirurgia que necessitava do sangue. Entrei e quase sem respirar de ansiedade depositei o frasco que portava, na mesa lateral, onde o anestesista me apontou. O pânico me tomou quando me deparei com a mesa cirúrgica. Vísceras saíam pela ampla abertura de um abdômen. Mãos encobertas por luvas manuseavam bisturi e pinças, compressas eram aplicadas enxugando sangramentos em uma velocidade impressionante uma costura cirúrgica era realizada. O silêncio era cortado por palavras que logo percebi serem pronunciadas entre os dois cirurgiões que trabalhavam juntos, as quatro mãos se completavam em cada movimento com a precisão de um balé clássico. A tensão nas faces era perceptível apesar da máscara, deixando visíveis apenas os olhos fixos acompanhando os movimentos das mãos, os sobrolhos cerrados, um acúmulo discreto de suor nas testas.

Senti uma aura poderosa que emergia daquela cena. Por um *flash* me veio à mente a lembrança da coroação da Virgem. Por que aquele meu momento tão especial me reaparecia na lembrança? Quais conexões entre eles estariam encobertas na minha mente? Quis reservar aquela sensação para examiná-la mais tarde com calma. Percebi uma cisão de minha vontade. Quis sair rapidamente, mas fui contida pela inesperada curiosidade que aquela situação tinha me despertado. Parecia imperioso acompanhar o rito operatório, queria perceber naquelas pessoas de onde lhes brotava tamanho empenho em resgatar a vida. Fiquei ali estatelada, minha presença era desapercebida, mal respirava e sentia que o pulsar do coração ia se acalmando.

Rezei. O sangue que trouxera no frasco agora já era aplicado no paciente. Até o momento, não havia notado a presença da madre Leal, que ali também estava, paramentada, oferecendo e recolhendo os instrumentos cirúrgicos. Não sei quanto tempo permaneci ali. Senti em dado momento o olhar da madre, de quem já conhecia a força. Outra vez era um olhar inquisidor, mas o sentia suave. Permaneci inabalável na minha observação.

Depois soube que, apesar de a cirurgia ter sido bem-sucedida, horas mais tarde o paciente não resistiu e veio a falecer. Tratava-se de um moço de 39 anos, capitão do exército, comandante de um destacamento com cem soldados. A missão que assumiu realizar sozinho, para não expor ao perigo algum de seus soldados comandados, o levou a morte. Tratava-se de fazer virar a agulha da estrada de ferro, um dispositivo orientador para direcionar os trilhos no trajeto do trem. A manobra desbloqueava a passagem para permitir a operação do trem blindado, conhecido como o fantasma da morte. Tratava-se de um novo instrumento mortífero que já havia sido inicialmente utilizado pelos paulistas no setor sul da guerra, com sucesso. Construído pela Escola Politécnica de São Paulo, era composto de uma locomotiva e um vagão adaptado com proteção de aço. No seu interior os soldados, posicionados diante de pequenas frestas com suas metralhadoras, quando surpreendiam posições desprevenidas do inimigo por onde passava o trem, os varriam com tiros. Era uma máquina aterrorizante acrescida à fuzilaria tiros de canhões. Na estação Engenheiro Bianor, na cidade vizinha de Queluz, o capitão já se afastava com a missão realizada quando foi surpreendido pelos federais que haviam alterado os trilhos, já com domínio de parte da região. Baleado e dilacerado, seus homens ainda conseguiram resgatá-lo com vida ao hospital, onde, operado, morreu.

Em alguns dias as forças getulistas tomaram outra cidade próxima dali, Areias, obrigando a um progressivo recuo das tropas paulistas. Esse avanço do inimigo tornou necessário a evacuação da população civil das cidades sitiadas de Queluz e Silveiras.

Agosto tornava o confronto armado dia a dia mais violento.

A nova enfermaria de clínica médica, aberta para abrigar pacientes não cirúrgicos, foi muito rapidamente sendo preenchida por soldados vindos da frente situada no alto da Mantiqueira, das trincheiras da defesa do túnel. Era o local onde Miguelzinho atuava quando foi ferido logo nos primeiros dias da luta. Na visita da manhã, o médico chefe da clínica alertou a equipe sobre o número elevado de soldados internados nos últimos dias, acometidos de grave intoxicação alimentar com infecções gastrointestinais. Notificado, o comando militar que funcionava no colégio da cidade transformado em quartel general, sob as ordens do coronel Euclides Figueiredo, buscou junto a equipe do hospital orientação para minimizar ou solucionar aquela situação. A verdadeira epidemia de doenças por contaminações orais estava dia a dia elevando o número de baixas no contingente dos combatentes da frente do túnel. Seria necessária uma visita ao local por pessoas capacitadas a identificar a causa possível daquelas ocorrências e propor medidas sanitárias que as minimizassem. Foi organizada uma inspeção sanitária à frente das posições do túnel.

No pico da serra o acesso era muito difícil, com matas fechadas e subidas íngremes, e a frente de defesa compreendia uma vasta extensão lado a lado na boca do túnel, onde não se dispunha de serviço de escoamento sanitário. Quanto mais se aproximava dos picos, no arco de proteção formado por trincheiras dispostas para cobrir toda a crista da Mantiqueira, mais as condições aos soldados eram inóspitas. A modalidade da guerra ali para os paulistas era a denominada como de "resistência parada", respondendo à fuzilaria de movimento, dos mineiros adversários, que buscavam avançar pelas trilhas. As trincheiras tinham profundidade de um metro e os soldados ali ficavam, entre dormentes dos trilhos e sacos de areia, submetidos ao frio cortante das madrugadas, à chuva e ao nevoeiro constantes, buscando sobreviver numa atmosfera de ar rarefeito, dados os quase 2 mil metros de altitude. O difícil acesso à região tornava a chegada de alimentos e víveres outro grande desafio.

Do Hospital do Sangue foram escalados o doutor Felipe, o sargento encarregado da organização do fluxo hospitalar e eu, dado que a inspeção se daria em uma viagem de algumas horas. Sairíamos pela manhã, e o retorno previsto era o horário habitual vespertino do mesmo trem que recolhia e transportava enfermos. Nesse dia me antecipei na visita ao Miguel, passei em sua enfermaria logo pela manhã e, mesmo sem ter certeza do quanto ele pudesse me compreender, fiz o relato pormenorizado da atividade de inspeção sanitária para a frente do túnel, nosso velho e familiar conhecido em tempos de paz.

UMA INSÓLITA VIAGEM PELA MANTIQUEIRA

Mais uma vez, em menos de um mês, voltava à estação de trem de Cruzeiro. O encantamento daquele lugar de tantas recordações se acabou, e agora me impregnava sua rudeza cruel dos tempos de guerra, o desencanto. Mal acomodados, nos sentamos nos poucos bancos disponíveis de um vagão desmontado da sua configuração usual. No trem adaptado para a nova função – recolher soldados feridos – os espaços para acomodar macas eram mais necessários do que bancos. Ao lado do doutor Felipe, encolhida com as bolsas de lona com medicamentos entre nós, ocupei o lado da janela. Queria rever a mata e tentar sentir seu aroma. O sargento se juntou ao chão do vagão com os demais militares que integravam a equipe de inspeção. O apito do trem soou, anunciando a saída. Senti um aperto nostálgico, revendo as cancelas abaixadas nas ruas uma a uma que cruzavam a linha férrea. Via nos olhares dos raros transeuntes sinais de triste letargia. Como estariam vivendo ou suportando o tempo de guerra? Por um momento estranhei a mim mesma, a roupa caqui que vestia, integrada em um grupo masculino militar para inspeção sanitária, que impulso mórbido me motivou ir inspecionar o lugar onde meu irmão estava quando foi acidentado? Intrigada nas minhas elucubrações, a voz do doutor Felipe me devolveu ao presente.

– Pelo que me lembro da nossa rápida conversa na tarde da segunda-feira, quando nos vimos nesta mesma estação, a senhora tem relações de parentesco com os mineiros da cidade do alto, não?

– Boa memória, doutor Felipe, tenho sim. Nasci em Passa Quatro, e vivi entre a fazenda e depois na cidade, até quando minha família se transferiu para Guaratinguetá. Estava aqui com uma miscelânea de pensamentos me indagando sobre o motivo de meu oferecimento para acompanhar essa inspeção sanitária; ver e sentir o local onde meu irmão foi ferido ou rever a paisagem da Mantiqueira? As redondezas do túnel do trem me são muito familiares.

Aquele diálogo iniciado um tanto solene viria trazer dimensões outras de histórias pessoais. Era a primeira vez que conversávamos fora da situação de trabalho nas enfermarias. Me ocorreu oportuno ali fazer referência à inusitada fala do Dr. Venâncio Alvarenga, que conhecera no café do Boulevar Trianon, na companhia de Dinorah e Antônio. A breve alusão ao seu pai, considerado como verdadeiro mestre pelo colega quando ainda estudante, que abraçara a causa anarquista, o deixou visivelmente incomodado. Tive a impressão de que até corou. Já me arrependia de ter feito referência ao pai, talvez como Antônio alertou, ser anarquista fosse condição de ser mantida com certa reserva, especialmente no clima político que vivíamos. Já iniciava minhas desculpas, pensando como melhor dizê-las, quando o ouvi rompendo o silêncio que se criara entre nós. Sua voz era pausada, firme sem ser rude, como se pretendesse deixar bem-marcadas suas considerações.

– Dona Manuela, não sei se é possível compreender alguém ter convivido com um ser tão grandioso como foi meu pai, e só ter percebido suas muitas qualidades quando ele já não mais podia ouvir meu reconhecimento e pedido de perdão.

Me surpreendeu seu tom cerimonioso como se algo muito íntimo estivesse sendo revelado, quando minha intenção era introduzir uma mera coincidência. Respondi também empregando certa solenidade discursiva.

– Mais que compreender, doutor Felipe, talvez possa intuir. Já vivi o suficiente para perceber o quanto somos presos a convicções, certos demais que nossas verdades nos bastam. A descoberta libertadora da verdade dos outros, que em geral negamos, nos amedronta. A fuga quase sempre se torna mais conveniente.

Respondia à interlocução posta pelo médico, com o pensamento em Ivo. Sua estranha atitude de incriminação a mim, sua negação diante do infortúnio da morte de nosso filho, depois sua ausência. Francamente, sua ida para o Rio de Janeiro trabalhar me configurava uma fuga. Desejei viver o suficiente para receber um dia o pedido de perdão de Ivo, ainda viva, não como na confissão que acabara de ouvir. O relato de doutor Felipe me surpreendeu, sua expressão espontânea de arrependimento pela incompreensão ao pai. Não me pareceu usual aquela atitude, especialmente levando em conta o tradicional comportamento das figuras masculinas com quem convivia. Supunha ser muito corajoso aquele reconhecimento, mas se tratando de assunto íntimo, senti certo estranhamento estar sendo a mim confiado. Me fiz silenciosa, demostrando interesse em ouvi-lo. Parecia motivado a continuar.

– Confesso que a situação limítrofe entre a vida e a morte, mesmo acostumado a vivenciá-la na função de médico, nessa vivência singular de guerra tem sido tão mais cruel, que penso partir daí um sentimento nostálgico, saudoso da presença de meu pai. Me indago como seria sua análise, como ajuizaria as motivações desse clamor paulista pela luta armada. Peço licença à senhora para contar um pouco de minha história, é a primeira vez que isso me ocorre, será a paisagem que me inspira a isso, será a sua companhia? Tenho sido ouvinte de tantas histórias dos nossos pacientes, talvez queira dar também à saga da minha família um tom heroico.

O pai do doutor Felipe foi um imigrado italiano que chegou no Brasil para aqui viver e se integrar na formação de uma colônia agrícola experimental. Seria uma comunidade autogerida desenvolvendo atividades próprias, criada e sustentada nos princípios do anarquismo europeu, em terras no Paraná prometidas por Don Pedro II. Com a Proclamação da República, o arrojado empreendimento não obtivera sucesso, e seus ideólogos submetidos pela pobreza e perseguição religiosa se dispersaram.

Seu pai era então ainda jovem italiano, idealista e líder por natureza, que nunca abandonou a leitura dos clássicos da filosofia e o estudo de possibilidades de transformação social. Seu ideal buscava ajudar a construir uma sociedade igualitária, com pessoas humanas radicalmente livres e realizadas. Com sua esposa também italiana que o acompanhara na empreitada, e sendo o fracasso da colônia irreversível, transferiram-se para a cidade de São Paulo. Ali receberam apoio de conterrâneos, conhecidos ainda do seu tempo de professor na Itália. Deixando de lado as convicções libertárias, ingressou como simples operário na Companhia Nacional de Tecidos de Juta e Algodão, era então já um homem, trabalhador e muito atento e amoroso à família. Buscou com seu próprio trabalho braçal, suprir com o suor as condições materiais ao sustento de seus — a mesa, se não farta, era suficiente. Mas, insatisfeito com a realidade, insistia em não querer seus filhos submetidos, como ele se tornara, ao jugo do trabalho alienado. Era o ano de 1916 e a família foi morar, por um curto período, na vila fabril no bairro do Belenzinho. Inspirada nas cidades europeias, a vila era uma microcidade, criada por Jorge Street, um austríaco que se associara a um paulista da tradicional burguesia, o conde Armando Álvares Penteado.

Conhecer o relativo conforto que a vila proporcionava, com bons serviços como escola, creche, assistência médica e dentária, fizera para o filho, o então menino Felipe, no seguimento de seus estudos primários, nascer e cultivar o sonho de ser médico. A vida na vila operária poderia ser considerada boa, mas a condição para a família estar ali abrigada era o absoluto controle patronal dos operários. A conjuntura política do país não via com bons olhos as conquistas da classe trabalhadora europeia. Aqui a condição dos operários era muito difícil: ambientes mal ventilados sob o infernal barulho das máquinas, vigilância severa de mestres e contramestres e jornadas de trabalho de até 12 horas, parte ainda da forte presença da herança escravocrata.

Na grande greve geral no ano seguinte, que durara uma semana, o líder anarquista espanhol José Martinez foi morto. O pai de Felipe, então já na maturidade, não mais conseguiu conter sua natureza passional e foi solidário ao amigo brutalmente assassinado pela repressão à greve. Em verdade ele já vinha mantendo alguma atividade clandestina, atuando na conscientização dos operários. A adesão da fábrica do Belenzinho ao movimento grevista foi surpreendente aos olhos dos patrões, e a repressão ali foi exemplar. Com a demissão do pai, a família desalojada viveu um período de privação, até ser acolhida caridosamente pelos patrícios italianos no bairro do Ipiranga. A partir de então, Felipe já adolescente, não suportando assistir às privações na vida da família, especialmente da mãe, passou a criticar a vinculação ideológica anarquista do pai, e dele foi se afastando afetivamente.

A continuidade de seus estudos, o ingresso na faculdade e sua diplomação em medicina foram conseguidos com muito empenho da mãe, dos irmãos e de amigos que apoiaram seu desejo. A mãe, filha de família católica, de médias posses, trazia tradição na fabricação industrial de massas na Itália. Rompera com todos ao se juntar ao então noivo anarquista e imigrarem para a aventura da colônia experimental brasileira. Instalada a família, a princípio precariamente em habitação coletiva, no bairro do Ipiranga, graças ao trabalho muito árduo da mãe, com a produção artesanal de macarrão, conseguiram se manter e pouco a pouco melhorarem. Sua habilidade herdada, na preparação de massas logo a fez conhecida por todo o bairro. A boa qualidade da produção ficou famosa, se expandiu e da entrega participavam todos os filhos.

O pai passou a viver para sua causa ideológica e aos poucos voltou a ser o professor italiano, militante, pouco contribuindo para o sustento material da família. Era convidado para aulas, palestras, escrevia para jornais, sem vínculo de emprego, requisitado pelos movimentos de esquerda. Não havia, mesmo com o enfraquecimento do movimento anarquista brasileiro, abandonado seu ideário; convidado para ingressar no jovem Partido Comunista Brasileiro, não aceitou. Seu ativismo político, ao juízo do filho, servia apenas para ajuda na ampliação de contatos que ampliavam a venda da massa caseira da mãe para além do bairro e pessoas de maior poder aquisitivo. Foi durante uma entrega de lasanhas para uma família que morava em Higienópolis que Felipe conheceu e se tornou amigo do jovem Venâncio. A camaradagem entre eles possibilitou que o médico pai de Venâncio, o doutor Alvarenga, passasse mais adiante a contribuir materialmente com o estudo de Felipe. Tornaram-se grandes amigos e os dois jovens entraram juntos na Faculdade de Medicina. A gratidão à família Alvarenga era imensa.

Enquanto estudante, sentia em muitos momentos vergonha de ser reconhecido como filho do velho professor anarquista italiano. O ideário do seu próprio pai foi sendo por ele negado reiteradamente. Queria ser um médico apenas dedicado à causa da ciência, um pesquisador, se possível com alguma notoriedade. Foi surpreendido pela fatalidade da vida.

Um adoecimento inesperado levou o pai à morte em um breve período. Ainda no enterro e na cerimônia do sepultamento, percebera na dor da perda a profundidade do sentimento que nutria pelo pai e que não tinha se permitido admitir. Construíra pela negação, e foi aos poucos que a maturidade o fez compreender seu grande equívoco. Descobriu tardiamente a importância afetiva, reconhecendo a tão notável figura humana paterna, antes negada por pura arrogância da adolescência.

Muitas homenagens foram rendidas ao pai morto. Havia legado reconhecida contribuição, pela sua coerência de princípios aliada à clareza teórica de seus textos — emprestava sem pedir recompensa sua reconhecida generosidade intelectual. Seu pai fora um grande pensador dotado de uma personalidade firme e coesa sem perder a ternura. Tivera como companheira uma grande mulher, seu esteio, que assumiu com dignidade o sustento material da família, com a consciência e a grandeza de emprestar ao mundo seu esposo, não o retendo apenas a si.

Na sua formatura de médico, no silêncio de seu remorso que ainda hoje incomodava sua consciência, a ausência do pai para compartilhar seu esforço deixara aquela data sem muito significado festivo. Compreendera então que, como o pai, gostaria de assumir na vida uma missão humanitária como norte; no seu caso buscaria fazê-la dentro do exercício de sua profissão. A medicina, que era para ele seu forte vínculo com a ciência, passara a ser percebida também como arte das relações humanas. Passou a buscar realizá-la não apenas como cientista, mas especialmente ética e humanista.

– Bem, dona Manuela, me desculpe pela extensão de relatos tão pessoais, venho trabalhando com a ideia de um dia contar esta história em forma de um livro dedicado à memória de meu pai. Gostaria de fazê-lo como homenagem em mistura com meu pedido de perdão. Seria uma forma de manter viva a singularidade de pessoa capaz de fazer de sua vida uma verdadeira missão, pelos valores humanistas de liberdade e solidariedade.

– Estou ainda impactada com as histórias que brotam da vida de seu pai neste relato, doutor Felipe. Mas confesso que não pude deixar de pensar todo o tempo na presença de sua mãe, desde sua escolha de acompanhá-lo imigrando junto, criar as condições para o sustento dos filhos, e imagino que se orgulhava do marido. Não ouvi no relato de sua história, que tenha havido alguma reclamação a partir dela. Mas penso que pude entender a revolta do adolescente Felipe, buscando responsabilizar o pai pelas carências materiais do cotidiano. Muito me fez pensar nos reclamos de meu irmão Miguelzinho. Agradeço ao senhor por ter me feito sua ouvinte neste insólito percurso pela Mantiqueira.

– Bem, finalmente antes que o trem chegue à estação, dona Manuela, penso não ser preciso responder sua indagação feita no dia do nosso encontro pela primeira vez, a deixei propositalmente sem resposta.

– Desculpa, doutor Felipe, não sei se me recordo exatamente.

– Posso repetir sua pergunta: "O senhor é a favor dessa guerra?". Deixo para a senhora pressupor minha resposta.

Mais uma vez na Mantiqueira! Conhecer pelo relato uma história de outra saga familiar me causou profunda comoção. Precisaria de dias para entender, refletir e voltar a conectá-la com as várias ligações que me fez aflorar com minha própria história. Estava singularmente comovida com o que ouvira. Conhecera a narrativa de um idealista anarquista, um professor italiano que com sua esposa emigrou da Itália para o Brasil, feita por um filho arrependido. Deslumbrava entender os sonhos de duas gerações em conexão. O primeiro de fundar uma nova sociedade com base em valores de igualdade e liberdade nas interações entre pessoas, se dedicando a fazer de sua utopia uma realidade. O outro, seu filho formado médico, seus conflitos e descobertas, mas em ambos o humanismo como mola mestra. Ainda iria refletir muito, mas um estranhamento me instigava a mente sem resposta. Por que o doutor Felipe me escolheu como sua ouvinte? Remoía na lembrança nossas situações vividas no cotidiano do hospital, me indagando se algo encobria o reconhecimento de estar diante uma pessoa tão especial! Qual medo meu coração tanto escondia de mim mesma?

Nossa inspeção ocorreu em um dia em que já se sabia que, muito provavelmente, não haveria movimentação com os ataques. Os soldados destacados nas posições de vigia da região davam notícias de que a calmaria aparente deveria ser por troca de comando do lado federal; supunham uma possível mudança nas estratégias para o avanço do inimigo. Era permanente a tensão entre os soldados que comandavam as forças da resistência junto ao Túnel, tivemos alguma dificuldade para colhermos as informações capazes de indicar com mais precisão possíveis causas dos surtos infecciosos. Eles davam conta da constância de ataques, cada vez mais frequentes e violentos com verdadeiras chuvas de artilharia. Bombas que vinham dos inimigos, pelo outro lado da fronteira, numa região em que eu mesma tantas vezes estivera acompanhada de meus queridos parentes daquelas terras. Em muitos dias as rajadas intermitentes das metralhadoras, chamadas de fogo de inquietação, impediam o trabalho de reparo das trincheiras pelos sapadores, acumulando no piso as águas escorridas das encostas. As narrativas eram estar diante de inimigos cruéis, os mineiros do outro lado. Ouvir meus conterrâneos serem chamados de cruéis inimigos me fez doer a alma.

A precariedade das condições sanitárias visitadas na frente do túnel era inequivocamente objeto de preocupação. Após nossa visita com a finalidade de inspeção sanitária e a notificação feita ao comando, como resposta o governo paulista enviou 400 metros de tubo para escoamento de água, manilhas e dezenas de vasos sanitários para melhorar a situação de absoluta precariedade dos pelotões daquele local.

LONGOS DIAS DE INVERNO

Meu querido irmão Miguel acordou do estado de coma!

Aconteceu na tarde seguinte à minha ida ao topo da montanha na inspeção sanitária. Enquanto lia uma passagem da Bíblia ao lado de seu leito, parte do tempo diário que me dedicava a estar com ele, ouço meu nome ser pronunciado como interrogação: "É você, mana Manu"? Meu contentamento se expandiu, o momento tão aguardado chegara! Alertada pela madre e pelo doutor Felipe, aprendi desde a primeira visita, a necessidade de conter expressões de minhas tristezas. Aboli lágrimas perto de Miguel, ou quaisquer comentários sobre fatos atuais ou passados capazes de suscitar angústia. Preenchia o tempo ao seu lado em relatos felizes, atualizava o cotidiano inventando notícias alvissareiras, o que me exigia grande capacidade criativa. Estabelecia conversas mesmo sabendo que não obteria respostas, como um monólogo dialogado, pois tudo acontecia diante de sua face serena e muda. Nos primeiros dias após o acidente, Miguel apresentou convulsões, o que só vim a saber quando voltei do período de ausência em São Paulo. Fui alertada pelo médico que por essa manifestação, mesmo com as sucessivas evidências da melhora da lesão cerebral, ele ainda merecia acompanhamento muito cuidadoso. Razão de ser mantido na enfermaria de pacientes graves, até que mostrasse sinal de consciência ativa. O sinal foi dado a mim. Miguel despertara de seu sono de muitas semanas! Naquela noite, caminhando de volta à pensão fiz uma breve passada pela capela do Santíssimo Sacramento da Igreja Santa Cecília, precisada de um momento silencioso para minhas preces de gratidão.

Na manhã seguinte, ao despertar, parte de mim estava leve e feliz pela graça recebida, parte inquieta ainda com lembranças de frases soltas da história de doutor Felipe que me voltavam à mente. Recordava detalhes de sua expressão facial vista lateralmente pela nossa posição, sentados lados a lado e mal acomodados no banco do trem. A tudo isso se misturavam visões das trincheiras da frente do túnel, os relatos dos oficiais com descrição de tantos horrores de vidas tão jovens ali submetidas à situação de tamanha precariedade, estanques, no aguardo dos novos ataques. A missão dentro das trincheiras rasas era resistir, para matar ou morrer.

Trazia a sensação desafiadora de começar um novo dia depois de uma noite, finalmente quase bem dormida. Assim eram meus pensamentos quando, correndo o risco de me atrasar alguns minutos, fiz outra parada na capela do Santíssimo. Alguns momentos de plena entrega em oração poderiam me recompor para a jornada do novo dia. Temia ter despertado em meu coração algum sentimento adormecido, pedia a Maria mãe de Deus que não me deixasse ser confundida com afetos que não me fossem permitidos sentir na vida cristã.

Mal chegando ao hospital, já paramentada para iniciar a visita aos leitos da enfermaria geral, recebi pela irmã do postinho de enfermagem um recado da madre Leal. Ela estivera havia poucos minutos a minha procura, e pedia que fosse até sua sala. Me preparei para ser repreendida, sabia ser inconveniente meu atraso, mesmo sendo por poucos minutos. Minha justificativa seria ter passado na igreja. Teria outra razão para a madre me chamar? Violara com descuido alguma hierarquia da estrutura religiosa-militar ali reinante? Respirei fundo e não deixei que minha expressão pudesse demonstrar insegurança, afinal era pessoa já bem crescida para aquela natureza de apreensão. Caminhando na direção da sala onde costumava ficar a chefia de enfermagem, refletia serem outras as indagações que mereciam de fato me ocupar a mente. Quanto tempo duraria a luta que mutilava tantas vidas? Mais uma vez me afligia a incompreensão do ideário da guerra. Vivia o paradoxo de atuar em um hospital do sangue – da guerra –, o lugar de luta pela vida – dos feridos – que no front de luta a perdiam! A extremada perseverança do trabalho do doutor Felipe, seu sofrimento escancarado na face diante da perda de um paciente, sua dedicação aos cuidados ao Miguel, me enterneciam. Muito me aliviava saber, pela frase não pronunciada de resposta à minha pergunta, mas que ficara compreensível, ele também tinha críticas à guerra.

Chegando diante da sala da chefia da enfermagem, a vi vazia, a madre me esperava na outra, a mesma onde estivera na noite em que Miguel foi internado. Apenas bati de leve, pedi licença e entrei me dirigindo à frente da mesa onde era aguardada. Minhas imaturas elucubrações de ser chamada atenção por atraso eram descabidas, mas minha surpresa não foi pequena quando percebi a natureza da conversa. Era um convite para uma nova função, ou melhor, uma espécie de entrevista me sondando com a indicação de que eu passasse a trabalhar no apoio às salas cirúrgicas. Titubeei, sentia uma alegria discreta, uma espécie de acréscimo de estima por mim mesma. O convite indicava o reconhecimento pelo meu empenho no trabalho. Lembrei a madre que meu compromisso como voluntária no Hospital do Sangue esteve sempre vinculado à dupla razão. A primeira era acompanhar de perto a evolução do estado clínico de meu irmão, que para tanto, me foi apontada a condição de me tornar uma auxiliar na enfermagem como voluntária. A outra de cuidados assistenciais aos outros enfermos, pensava estar me dedicando com o máximo esforço, aplicando tanto o aprendizado do curso quanto o que me era transmitido pelos colegas dali. E felizmente desde o dia anterior tivera a graça de assistir meu irmão recobrar a consciência.

A madre tinha já completo conhecimento da evolução de Miguelzinho, mencionando que aquele convite estava aguardando o momento em que meu irmão estivesse fora de perigo, o que me possibilitaria estar mais disponível a novos desafios. Afirmou que seu longo tempo dedicado aos cuidados de enfermos a fazia reconhecer pessoas com o que chamou de dom, ou uma "aptidão para o sacerdócio da assistência aos enfermos". Ela considerava o cuidado assistencial como um sacerdócio. Entendia não ser mais possível considerá-lo missão exclusiva das religiosas. Explicou que, não sendo possível pelos dogmas da Santa Madre Igreja Católica a ordenação de mulheres como sacerdotisas, a adoção de certos sacerdócios pelas freiras era a forma de cumprimento de seus votos com obediência e a entrega da vida ao amor cristão. A madre Leal se dizia pessoa aberta a olhar as mudanças no mundo, o que a fez concluir que outras mulheres caridosas, não apenas as freiras, poderiam abraçar a missão, e ao seu juízo eu poderia ser uma delas.

Enquanto a ouvia entre surpresa e apreensiva, ela fez considerações pessoais sobre aspectos de minha vida, sobre os quais não lembrava de ter-lhe fornecido informações. Elogiou minha disponibilidade mesmo sendo casada, a circunstância de meu marido estar ausente e de minha filha estar aos cuidados dos avós. Acrescentou como muito admirável a disposição de ter realizado tão prontamente e com louvor o curso em São Paulo. Por fim avaliava ser incomum, e bela, a obrigação que me impusera de acompanhar o irmão ferido. Até este ponto da nossa conversa eu apenas a ouvia, ainda não me sentia plenamente à vontade com a madre, mas admitia já há algum tempo que atrás da austeridade havia naquela religiosa uma criatura muito bondosa.

Me preparava para responder, ainda escolhendo as melhores palavras, para agradecer e declinar do convite, quando entrou na sala o doutor Felipe ocupando na mesa o lugar ao lado da madre. Apenas ele se sentou ela se ergueu recolhendo alguns itens sobre a mesa, passando a condução da nossa conversa-entrevista ao médico.

– Bom dia, dona Manuela. Podemos organizar para esta tarde um período de apresentação dos materiais cirúrgicos mais importantes? Sua atuação será revezada com a própria madre entre as duas salas. A senhora passaria a nos apoiar nas cirurgias mais simples, a princípio. Tivemos ótimas referências de seu desempenho no estágio no Santa Catarina e no Instituto de Hygiene. Estamos convencidos de que seu trabalho poderá ajudar a sustentar a ampliação do nosso movimento cirúrgico. Não deve ter lhe passado despercebida a quantidade crescente de feridos e o estado cada vez mais grave dos que chegam aqui.

Ele havia encadeado frases seguidas, subentendendo já ter a madre me convencido a aceitar a nova tarefa. Antes que estivesse completamente recomposta para comentar a proposta, enquanto me dirigia a madre, ela estava de saída.

– Desculpem-me. Doutor Felipe, preciso me retirar para instrumentar seu colega.

Olhando para o relógio apreensiva, acrescentou:

– A segunda cirurgia da manhã já precisa ser iniciada., senão não teremos como cumprir a agenda. Peço ao senhor que conclua a entrevista com dona Manuela.

A irmã saiu apressada e ficamos ali sozinhos.

– Bem, doutor, confesso que estou surpresa, ainda não consegui assentar meus pensamentos. Sou especialmente grata ao senhor pela assistência ao meu irmão, como já pude me expressar. Acrescento agora a gratidão ao reconhecimento de meu esforço. Mal tive tempo de agradecer também à madre Leal, peço que o faça por mim. Antes de responder gostaria de expor duas questões.

A conversa não demorou muito. Fui convencida a aceitar a nova tarefa. As questões apresentadas eram relativas a não desejar que minha atuação fosse confundida com apoio à guerra e à dúvida quanto à possibilidade de continuar próxima ao seguimento de meu irmão, caso tivesse alta hospitalar.

O desconforto com a suposição de que me tomassem por defensora da luta armada, como eram quase todos meus colegas de curso, foi dissipado. Queria reafirmar que minha atuação como voluntária não era uma missão heroica, pois eu não era defensora dos ideais daquela ou de qualquer outra guerra. O próprio doutor Felipe já deixara no dia anterior, com sua história, subentendida também a natureza de seu compromisso. Era um profissional, funcionário da faculdade de medicina requisitado para atuar como médico, não era soldado militar de carreira. Ele deixava em suspensão suas convicções como cidadão paulista.

Quanto a uma possível alta de Miguel para um leito de retaguarda, a liberação não seria imediata. Fui esclarecida que a alta estava vinculada a vários condicionantes. O mais importante seria sua evolução clínica satisfatória concomitante à regressão de todos os sinais neurológicos da lesão. Contudo, se houvesse requisição urgente da vaga de enfermaria que Miguel ocupava, haveria a possibilidade de ele ser acompanhado diariamente no ambulatório já em funcionamento, mesmo hospedado fora do hospital.

No dia 26 de agosto, quarenta dias após a admissão em coma por concussão, Miguel obteve alta hospitalar em boas condições clínicas, mas sem condição de retorno ao campo de batalha. Precisaria ainda de acompanhamento clínico. Sua memória recente precisaria ser refeita e exercícios específicos deveriam ser orientados para isso e na recuperação motora de uma das pernas. Meu anjo da guarda, doutor Alberico, se colocou disponível a me ajudar assim que soube dos progressos de Miguel. A sua alta hospitalar, vinculada ao seu seguimento diário no ambulatório, pode ser concretizada pelo oferecimento de ajuda do próprio doutor Alberico. Ele se dispôs a acompanhá-lo. Condição que viabilizou minha permanência com atuação na unidade cirúrgica.

Nossa senhoria da pensão se antecipou colocando uma segunda cama na minha acomodação especial. Eu acreditava que Miguel encontraria na jovialidade de seu corpo forças que o trouxessem de volta plena à vida, e devotamente entregava ao doutor Felipe minha confiança de que, pela sua atenção e seus cuidados, ele encontraria a direção certa para o tão desejado caminho da cura.

Reconhecia que o desejo transformado em ação, cuidando da preservação da vida humana, vinha contribuindo para a nova direção que pretendia dar a minha própria vida. O compromisso com esse ideal foi crescendo aos poucos. Minha gratidão ao doutor Felipe, por seus cuidados para com o Miguel era grande e crescia junto a admiração pela percepção da sua coerência com os valores que escolhera viver.

As cenas de sofrimento físico e psicológico com as quais me deparei durante a atuação na enfermagem de guerra eram até então simplesmente inimagináveis. Na vivência da concretude dantesca daquela realidade, nem sempre conseguia articular os fundamentos da teoria com a prática, para realizar a ação de mitigar tanto sofrimento e dor. Contava felizmente com a sábia e paciente capacidade do doutor Felipe em me fazer compreender as tarefas. Suas explicações me resgatavam o sentido não apenas biológico-científico, mas especialmente humanista, de cada detalhe dos cuidados médicos assistenciais que ali realizávamos. Reconhecia o paradoxo, minha habilidade para cuidar da vida, dos enfermos, tinha nascido pela proximidade da morte! Era instada a rever sentimentos, a repensar valores antes arraigados. Afinal fora as emoções ao deparar com o irmão inerte, que me ajudaram a repensar o lado doentio do luto persistente pela morte de Ivo Bento, o meu filho Bentinho. Enfrentar o conflito me trouxe inesperada força mobilizadora. Acolhera o desafio de me preparar no curso em São Paulo, na volta suportei acompanhar a lenta evolução de Miguel enquanto expandia minha capacidade de cuidar. Nessa síntese daqueles acontecimentos, conseguia me perceber no novo papel, amparada por uma energia quase mágica, vinda da confiança emanada pelo doutor Felipe.

Ali no hospital do sangue os novos estímulos foram tantos e tamanhos que minha percepção do ciclo do tempo se modificou durante aquele longo inverno. Os dias e as noites eram sucessões de claridade e escuridão muitas vezes reconhecidas com surpresa. Com frequência apenas o cansaço físico extremo era o limite para impor uma pausa no turno de trabalho estendido no centro cirúrgico. Os dias se tornaram carentes de horas, sendo necessárias sempre mais e mais.

Meu retorno ao final do trabalho à pensão tinha no encontro com Miguel, a recompensa do cansaço. Passamos a dividir o mesmo quarto, nosso especial espaço do anexo. Reencontrava na companhia de meu irmão caçula um lugar de aconchego, voltávamos a uma convivência fraterna de nossos antigos tempos.

REENCONTRO FRATERNO

Com a melhora da sua lesão cerebral e volta da consciência, Miguel precisou ser transferido do quarto que ocupava, reservado aos pacientes em coma. Foi para a enfermaria de cuidados intermediários, junto com outros pacientes também em fase de recuperação. Sua consciência ainda não poderia ser considerada plena, permanecia com a memória recente comprometida, como um estado de amnésia parcial. Com a volta da possibilidade de deambular ficou evidente um discreto comprometimento de motricidade de um dos lados. Caminhava com equilíbrio instável um tanto cambaleante, meio arrastando mais que erguendo a perna esquerda. Já a lesão no braço direito havia sido tratada, estava praticamente cicatrizada, ali não encontraram projétil ou estilhaço apesar de extensão ampla, mas felizmente não se acompanhou de fratura nos ossos.

Reservei parte da tarde que se prolongou até a noite para prepará-lo ao novo convívio com outros soldados feridos, como ele também combatentes que seriam seus colegas de enfermaria. Com a volta da consciência, Miguel se apresentava minimamente localizado no espaço, mas não no tempo. Soube que estava internado no mesmo local onde nasceu, na antiga Santa Casa de Cruzeiro, que transformada em hospital militar era agora onde ele fora renascido. Sua memória antiga estava preservada, reconhecia nomes de todos os familiares. Brincamos de fazer exercício numérico com as operações matemáticas básicas, de lembrar situações históricas e seus personagens, ele respondia normalmente quando indagado em outro idioma, fazíamos quando ele era menino e eu o acompanhava nas lições da escola. Meu irmão não conseguia ter lembrança das últimas semanas, dos fatos e circunstâncias que precediam e se relacionavam ao conflito bélico nem sua adesão voluntária a ele. Como se sua amnésia fosse circunscrita especificamente à guerra propriamente. Na avaliação do doutor Felipe, que se manteve sempre como seu médico responsável, e de outros da equipe, não era infrequente após concussão cerebral episódio assemelhado. Eram concordes que o fenômeno da amnésia parcial, se devia mais a sintoma de natureza psíquica ou emocional que somática; muito possivelmente o comprometimento neurológico da lesão que gerou a concussão já tivesse passado. Miguel precisaria ainda de acompanhamento para a evolução de seu problema de motricidade, e muito cuidado com os estímulos para recuperar o que sua própria mente havia delegado ao esquecimento. Futuramente precisaria de algum tratamento psiquiátrico especializado, previam os médicos. O mais maravilhoso era estar bem-disposto, com apetite preservado, funções vitais normais, e principalmente receptivo. Pude com muita delicadeza relatar o que me parecia mais necessário para que voltasse a se vincular ao tempo presente. Sua surpresa maior foi me saber uma voluntária na enfermagem do hospital, ter estado por duas semanas em São Paulo me preparando e ser hóspede da antiga pensão da dona Nina, que obviamente ele conhecia apenas através de nossas muitas histórias familiares. Estava aparentemente tranquilo, ansiava pela sua alta hospitalar e compreendeu que precisaria permanecer por algum tempo ainda na cidade de Cruzeiro para seu acompanhamento ambulatorial. Sequer cogitou a respeito de possível volta ao campo de batalha. Era como se essa circunstância não lhe dissesse respeito.

– Miguelzinho, você consegue descrever pensamentos ou sonhos desse tempo em que esteve desacordado?

– Mana, tenho feito exercícios de recuperação da memória recente, com tentativas de associação que o doutor Felipe tem me proposto. Essa manhã me lembrei de algumas cenas, mas não consigo entender se são sonhos, alucinação ou o que possam ser. Queria lhe contar para que quem sabe você possa me ajudar decifrá-las.

– Estou completamente disponível a você, meu querido, quando quiser. Pode ser agora mesmo?

Miguel estava disposto a ser ajudado e fazia visível esforço de memória na construção de seus relatos.

Descrevia cenas repetitivas que lhe voltavam de modo sem nitidez, relacionadas com a presença de crianças, parecia serem seus sobrinhos, as três meninas filhas de Maurício, minha filha Maria Augusta e dizia que o Bentinho participava do grupo, ainda que soubesse que não estava mais entre nós. Não sabia distinguir exatamente o que faziam essas crianças, tinha preservada mais uma sensação de movimentos que logo se sobrepunha juntando outras crianças que saíam de uma fotografia de minha infância. Descrevia a foto em detalhes, por certo anterior ao nascimento dele, mas muito provavelmente tivesse retido as minhas próprias descrições daquele registro, dado se tratar de uma situação muito especial da minha vivência infantil ainda em Passo Quatro. Estava eu na fotografia vestida com roupa de anjo, rodeada por outras crianças, durante a cerimônia da coroação da virgem. Aquele registro fotográfico foi presente muito especial que recebi de um amigo de meu pai, o senhor Saullo, um dos entusiastas da fotografia nos seus primórdios, influenciado pelo episódio do eclipse solar de 1912 em Passa Quatro.

– Manu, sei que aquele retrato seu é preto e branco, mas as crianças-anjos que saiam dele e se misturaram com os meus sobrinhos eram coloridos. Tenho a lembrança da movimentação em imagens repetidas, às vezes como uma dança, outras como apenas um andar lento em percursos circulares, como estivessem brincando. Não sei precisar, mas o interessante é que as crianças vão saindo do meu campo visual e entrando pelas paredes, de repente eles simplesmente somem. Muito interessante e mesmo comovente me pareceu o relato de Miguel. Cogitamos variadas possibilidades de associações, apenas tive o cuidado de não fazer referência ao seu manejo das armas enquanto esteve nas frentes de combate, ele não tinha memória de cenas dos ataques na frente do túnel onde estivera. Tive a orientação dos médicos para que realizássemos exercícios diários de memória, cuidando para que não fosse exaustivo ao Miguel ou exagerado o esforço. O ideal seria que fosse recuperando aos poucos suas lembranças, evitando dar centralidade ao que pudesse ser a circunstância específica do trauma causador da amnésia.

Outro relato descrito por Miguel quando ainda se encontrava em estado de semiconsciência, era também como uma cena recorrente. Nela aparecia a Dita lhe trazendo, como fazia com nossa mãe, uma sopa ou algum tipo de alimento que lhe era servido em uma espécie de capacete metálico. Quando apresentei a Miguel seu capacete recolhido após seu acidente, o vi apalpando por minutos prolongados o ponto amassado por possível estilhaço. Temi por sua reação, mas após um longo silêncio ele comentou:

– Manu, acho que levará tempo ainda, não consigo lembrar, mas percebo que tocá-lo me produz uma emoção forte, indecifrável. Não tenho coragem de pô-lo sobre minha cabeça, pelo menos ainda não.

A entrada súbita de muitos feridos graves ao mesmo tempo no Hospital foi se tornando rotineira, com número sempre maior, e em condições cada vez mais graves de ferimentos com mutilações. Na véspera da alta de Miguel uma tragédia aconteceu no interior da outra: no 25 de agosto em Pinheiros, localidade próxima a Cruzeiro, desabou uma trincheira durante um ataque e sete combatentes paulistas morreram asfixiados sob a terra. Algumas dezenas de outros conseguiram chegar com vida ao hospital. A guerra agora dava sinais de franco desequilíbrio de forças; os paulistas estavam sendo empurrados de seus pontos de resistência. No começo de setembro os federais avançavam sobre os territórios do Vale do Paraíba, dia a dia.

ENCONTRO DE DESEJOS: MEU SEGUNDO ALUMBRAMENTO

No inverno de 1932 vivi os dias mais intensos de minha vida.

Sabia que precisaria de muito tempo para processar e absorver na mente, no coração, no espírito, no corpo – ou onde quer que se situem em mim – as memórias daquele tempo. Precisaria reformar meus valores e rever convicções para seguir adiante. Decididamente minha compreensão sobre a caridade, a solidariedade e o compromisso com a vida humana haviam se alterado profundamente. Encontrei dentro do hospital de guerra, no trabalho, o sentido pleno da compaixão, do amor cristão capaz de mover a vontade ao encontro do bem ao próximo. Ao mesmo tempo, encontrei no mundo exterior circundante o resultado ignóbil: da ignorância, do assassinato, da hostilidade desumana capaz de destruir vidas pertencentes a um mesmo povo. A missão da guerra se confirmou, a mim, cada vez mais absurda, com as imagens dos corpos desfigurados, dos seus pedaços arrancados, das dores lancinantes causadas.

As difíceis experiências de confronto com a dor e a morte fizeram de mim outra pessoa, outra mulher. Aprendi a assistir à morte – mais que isso, ajudava com devoção e respeito em muitas ocasiões a bem morrer, com orações e conforto a quem se despedia da vida. Cuidar daquelas vidas, especialmente a de Miguel, foi definitivamente o novo sentido encontrado para tantas vicissitudes da minha própria vida, e reavê-la como uma graça.

O encerramento das atividades do hospital do sangue já era de nosso conhecimento, somente aguardávamos a indicação do exato momento pelo comando militar da guerra. Muitas unidades militares já se transferiam para o recuo em nova frente de resistência em Guaratinguetá, no bairro do Engenheiro Neiva. Mantinha-me no aguardo das orientações da equipe médica. Mesmo na condição de voluntária, havia assumido responsabilidades vinculadas ao grupo. Por outro lado, sabia que a nova vida de meu irmão necessitaria de cuidados não compatíveis com uma cidade sitiada. Permanecer ali aguardando o dia da queda total de Cruzeiro não parecia razoável. Passei a noite com a angústia da dualidade entre ficar e partir. Pela manhã, durante a meditação entre minhas costumeiras orações, resolvi por nossa partida.

Ainda sem comunicar a decisão me dirigi antes da hora de costume, caminhando até o hospital. Entrei na mesma sala onde tinha sido apresentada ao doutor Felipe, pude ouvir sua voz entre suave e firme dizendo ainda ressoando ao me estender a mão : - "sou o médico tenente doutor Felipe Caronni", e minha resposta tímida como – "sou Manuela", com o acréscimo essencial, irmã do combatente ferido no front do Túnel.

Ele foi o mensageiro da notícia sobre o estado de saúde de Miguel, recolhido da trincheira de combate e entregue na estação pelo trem da morte. Teve a sensibilidade de perceber o meu imenso sofrimento e me apresentou um desafio como possibilidade de me refazer. Precisei superar medos atávicos para seguir sozinha a São Paulo e me preparar no curso de enfermagem de guerra. Na volta, recebeu-me como voluntária, auxiliar de enfermagem e depois instrumentadora cirúrgica. O doutor Felipe foi, ao longo daquele período, meu verdadeiro mestre e amigo.

Com ele aprendi ser possível acolher e transformar o sofrimento humano. Muito mais que técnicas e práticas de enfermagem, me ensinou o cuidado com pessoas, emprestando nas relações interpessoais o reconhecimento capaz de agasalhar o frio gerado pela vulnerabilidade da dor e do sofrimento. Acompanhei suas mãos seguras no manejo dos instrumentais cirúrgicos, sua incansável tenacidade em buscar sempre mais e mais uma possibilidade de cura. Nunca desistir das pessoas, de lhes transmitir esperança, de usar palavras de conforto com humildade e de saber silenciar, quando se configurava o limite da intervenção da medicina. Sabia recolher-se nas suas tristezas, recompondo-se delas com permanente alento diante do inevitável fim, para alguns pacientes. Ouvi suas histórias, sua origem simples de filho de imigrantes que aprendera desde muito cedo o valor do trabalho cooperativo, o respeito pela superação familiar das duras condições postas para a sobrevivência na terra que os acolhera. A gratidão profunda ao esforço da mãe e dos irmãos mais velhos no esforço de viabilizar seu sonho de estudar medicina. O arrependimento, o perdão mesmo tardios, com reconhecimento da coerência e compromisso ético do seu pai anarquista. Reconheci, nas experiências que me foram por ele relatadas, a importância da solidariedade entre os trabalhadores quando na relação com os patrões buscavam novas condições de trabalho. Ele construíra sobre a reflexão das vivências na infância e adolescência, na conturbada vida paulistana dos operários na década de 1920, a capacidade de transformar litígios em consensos, sem perder o vigor de não compactuar com injustiças.

Entrei na sala para agradecer a ele, que se tornara meu novo amigo. Era importante que aceitasse e apoiasse minha decisão de abreviar a permanência como voluntária no Hospital em Cruzeiro antes de que o comando militar desse a ordem de iniciar a sua desativação.

Entrei na sala e pude ver muito além do médico por vocação e o militar por contingências; via a pessoa maravilhosa que tinha conhecido e com quem tinha convivido intensamente, a quem devia muito – especialmente a vida do meu irmão.

Entrei na sala e me surpreendi com um homem belo, de traços faciais suaves, de porte atlético que a camisa branca deixava apenas transparecer a densa musculatura do tórax e braços, com cabelos castanhos levemente encaracolados, crescidos pela falta de tempo em mantê-los no estilo militar.

Entrei na sala e me senti tragada pelo olhar cândido, pela súplica nele silenciada de um pedido de permanência, não ali imediata, mas pela vida afora. Entrei na sala e me traí.

Entrei na sala e caí no abraço que me devolveu a sensação de alumbramento, com a mesma intensidade que experimentara na infância, mas ali meu êxtase era carnal. Não posso precisar o tempo que passamos inconscientes do espaço e das horas, entregues na emoção plena de ternura e no contato corpóreo naturalmente integrado na delícia do toque. Senti as mãos, que em tantos momentos acompanhara encantada pela bela e alva textura e pela precisão na ação cirúrgica, seguindo um caminho no meu corpo, me revelando a mim mesma. Nos surpreendemos silenciosos com o desabrochar de uma paixão cuidadosamente reprimida e nos amamos.

Saí da sala e não senti minhas pernas me levarem até a pensão, tinha os pensamentos suspensos, apenas emoções desarrumadas envoltas em prazer, que o bater descompassado do coração acompanhava. A ardilosa culpa, ainda sem força, apenas se insinuava.

Saí da sala, não me vi chegar a lugar nenhum.

Saí da sala e saindo de mim mesma entrei no banho.

A sensação cálida da água escorrendo pelos cabelos descia como uma cachoeira em degraus pelo corpo. Sentia no colo, nos seios, e no ventre, se espalhando e descendo pelas coxas aos pés. Meu corpo avivara uma lembrança sensual há muito desaparecida, alongando na memória o aconchego do abraço, o ruído abafado de nossas respirações, acrescidas de desconhecidas sensações de prazer. A água me limpava, retirando secreções e odores dos nossos corpos em comunhão amorosa. A água não conseguiria me purificar; a culpa exaustiva, aos poucos, emergia impiedosa.

Um dia, ainda mulher jovem, reconheci novamente a sensação plena do alumbramento, agora de uma paixão.

DOS ESCRITOS ENCONTRADOS, APENAS FONTES?

DOCUMENTO 1: CARTA

Rio de Janeiro, setembro de 1932.

Estimada Manuela,

Quando um homem reconhece seu erro, nada mais digno que peça desculpas. Rogo seu perdão.

Assim, de modo simples e objetivo.

Longe de ser um gesto trivial, valeu-me noites e noites de infortúnio remorso, de páginas e páginas iniciadas e destruídas, de pesadelos alucinantes quando imaginava ser tarde demais. Acordava banhado em suor, mesmo com o tempo bem fresco da madrugada carioca de julho e agosto. Vivi o que me parece um tempo infinito, confuso e torturante. Pela manhã, no café do hotel, estava convencido da nobreza do gesto de lhe pedir perdão. Na tarde a coragem se esvaía. Na noite tentava apagar a consciência me embriagando solitário. Estive a ponto de, perdendo o interesse pela vida, atentar contra ela. Sim, em atitude definitiva e covarde!

O trabalho como assessor jurídico junto à pasta da Instrução Federal foi arranjado por meio de intermediação de velhos conhecidos do tempo de estudante em São Paulo. Reconheço que na minha arrogância autoritária, cego de rancor, não tive a hombridade de compartilhar com minha esposa a decisão de me afastar da nossa vida cotidiana. Meu coração, destroçado, veio para cá fugindo de mim mesmo.

A relação política entre o governo provisório e as lideranças paulistas já mostrava sinais de tensão, mas o acelerado esfacelamento do diálogo a partir de janeiro resultou nessa empreitada alucinada da guerra civil que ora vivenciamos. Continuo pessoa arredia aos embates pela violência, razão de ter me contido da fúria do aperto de gatilho na direção da própria cabeça. Não quero me fazer de piegas, apenas faço referência à quase perda da racionalidade para não gastar palavras em demasia na descrição de um estado de sofrimento profundo. Ainda me dói pronunciar meu próprio nome, pois sua sonoridade me remete ao filho morto: o nosso Ivo.

Há alguns dias ouvi o pronunciamento que Carlos Drummond de Andrade, um poeta mineiro que conheci por intermédio do Mário de Andrade quando ainda era estudante de direito, feito no rádio e publicado no jornal, o Soldado do túnel. O horror de minha situação de paulista desterrado no Rio de Janeiro me bateu como uma rajada no peito saída de um fuzil em pontaria certeira. O poeta foi em visita ao front junto ao túnel de Passa Quatro e tomado de comoção cívica descreveu um soldado, como um herói, "lutando profundamente na trincheira, o olho na alça da mira, o pensamento no alvo...a presença humana denunciava-se naquelas alturas pelo zzz capcioso das balas, numa parábola instantânea...". Mas o herói do poeta mirava na direção dos verdes do morro adiante, no alto da Mantiqueira, seu alvo era meus conterrâneos paulistas. Senti a vida se esvaindo sem significado, me vi miúdo e insignificante, alienado no trabalho, distante de meus afetos sinceros. Naquele instante revi a vida inteira, me dei conta de que fui despencando de um falso abrigo onde me isolara desde quando nossas conversas foram se escasseando. No silêncio culposo, nos tornamos ausentes de nós. Nossa presença juntos nos espaços de convivência familiar foi se tornando mera formalidade. Me perdi de mim, andei errante, errando.

A luz que clareou como flash veio do tiro que não levei, iluminou o fundo sombrio do poço onde me atirei. Com ela pude subir a parede visguenta e fria de húmus, cheguei na borda sôfrego, mas me levanto. Estou arrumando as "tralhas" na mesa e despachando os papéis com o pedido de demissão já entregue. Ainda pude contar com a atitude amiga e compreensiva de quem me fez o convite de vir, aceitando as justificativas de minha saída. Argumentei as dificuldades pessoais, mas principalmente a política de minha permanência. Acordei numa espécie de torpor inconsequente. Mas o que efetivamente me move, ou melhor, me remove daqui, é assumir diante de você, Manuela, meu pedido de perdão.

Me aceite, não apenas formalmente ao seu lado, me aceite de volta no seu coração.

Do sempre seu, marido, Ivo.

DOCUMENTO 2: CARTA

Capão Bonito, 30 de julho de 1932.

Prezado amigo Miguel.

Espero que você se encontre bem. Nosso combinado está difícil de ser cumprido. Lembro ainda da euforia da nossa despedida no Largo do Rosário, há um mês, e como sinto falta da nossa muito saudosa Guaratinguetá! Não sabíamos mesmo nada do que viveríamos nessa guerra, quando imaginamos ser fácil enviar cópias de cada carta a todos os outros mosqueteiros. Na impossibilidade de outras cópias, peço a você, Miguel, que retenha essa consigo.

Assim que meu pai assinou a autorização, fiz contato com o primo Augusto, que já me esperava em São Paulo. As informações da Casa do Soldado da rua do mercado de Guaratinguetá me foram muito úteis, mas acabei, por imposição de meu pai, não me alistando ali. O primo conseguiu cumprir a promessa de me incluir no batalhão onde ele estivesse. Foi a condição tratada com meu pai. Acabei me alistando no posto de recrutamento da Faculdade Direito onde ele estuda. Fui integrado ao Batalhão Universitário Paulista, junto com estudantes de direito, engenharia e medicina. Felizmente renomearam o Batalhão para "14 de Julho", inspirados na data da Revolução Francesa. Dentre os 400 componentes, mesmo não sendo o único voluntário secundarista, com a mudança do nome me senti muito mais integrado, não sou universitário, mas sim um dos mosqueteiros paulistas! Marchamos logo cedo, em 14 de julho, aclamados por todo o percurso, para a estação Sorocabana. Estávamos certos de partir para o setor norte, e só ali entendi que era impossível irmos em outra direção que não ao sul. A esperança de nos cruzarmos em luta acabou. Mas não será mal que cada um de nós, intrépidos mosqueteiros, tenhamos experiências de lugares diferentes. Serão nossas prosas na leiteria, no cineparque, no clube de regatas, ainda mais animadas com as histórias que trocaremos.

A viagem foi longa, desconfortável e sem comida. Enquanto o trem nos levava, por cada cidade onde passávamos, a esperança do rango crescia e se dissipava quando o silvo agudo retomava a marcha. Sorocaba e Itapetininga foram ficando para trás. Veio a noite e a lembrança de nosso último alimento apressado, apenas quando acordamos, fazia doer nossas entranhas famintas. Já a madrugada se insinuava quando nos foi dado um sanduíche de salame e um café. O amanhecer nos despertou com o corpo moído, mas a notícia de que nosso destino era Itararé nos reanimou. Teríamos a honra de defender o tão falado reduto de fronteira, que dois anos atrás, na Revolução de 1930, era o lugar da batalha que os paulistas não fizeram. Ainda achávamos que seria fácil, acreditávamos que o Rio Grande do Sul estava com São Paulo. Ficamos acantonados no cineteatro transformado em quartel, só tivemos autorização para passear pela cidade, minúscula, ao meio-dia. Por uma hora nosso pensamento foi só o de mastigar e compramos quase tudo que existia no comércio local, na padaria, no empório e no hotel. Nosso batalhão de voluntários aguardava a ordem de se juntar à cavalaria da Força Pública, que já se encontrava nas trincheiras, com dois esquadrões e um batalhão de infantaria. As notícias eram de que nenhum tiro ainda tinha sido disparado, apesar de o avião assinalar a intensa concentração inimiga nas proximidades da fronteira. Não compreendíamos o motivo de as tropas paulistas não avançarem adentrando o Paraná. Nossa apreensão foi só aumentando. No dia 16 recebemos uma preparação espiritual e no dia seguinte, domingo, durante a missa, ouvimos espocar um foguete. A luta propriamente tinha começado, mas de modo perverso. Um traidor de Itararé com aquele foguete indicara ao inimigo a localização do nosso campo de aviação improvisado, que passou a ser bombardeado.

Na manhã de segunda-feira a fuzilaria do inimigo sobre nós na fronteira foi violenta; a artilharia deles conseguiu alongar a alça e suas granadas começam a cair quase dentro da cidade. Ficamos inconformados por nosso batalhão, o "14 de Julho", ser mantido inativo. Fomos assistindo à derrota, com notícias de deserção de vários chefes, e os soldados da Força Pública sendo atacados por inimigos em número muito superior. Os reforços enviados tardiamente do nosso batalhão, da 3ª companhia, e dos 1º e 2º pelotões da 2ª companhia sequer chegaram até as trincheiras, pois elas já estavam sendo evacuadas em retirada. Assim caiu Itararé, quase sem combate, minado de traições. Estava aberta nossa fronteira do Sul. Os gaúchos que esperávamos como força aliada estavam ali com seus chapelões de abas largas, mas matando os nossos!

Ainda nesse dia de humilhação e derrota nos puseram em formação no leito da estrada e nos deslocamos injuriados a pé, ao longo da via férrea, recuando. Nos sentimos enganados, Itararé não foi vencida, foi entregue. Traição! Chegamos a Ibity e ali fomos socados em um vagão como gado, sem espaço para nos sentarmos no chão. Prosseguimos noite adentro em retirada vergonhosa. Na manhã do 19 de julho desembarcamos na cidade de Faxina. Sua boa gente, ainda pensando que éramos vitoriosos, nos recebeu com estrondosa manifestação, e merecemos das moças da cidade um verdadeiro banquete. Ninguém teve coragem de dizer que chegamos ali fugindo. Fomos alojados no cinema da cidade. Quase não pudemos dormir, nos abrigamos com todo o equipamento, cinturão, sabre e cartucheiras. Estávamos de prontidão, mas só na manhã do dia 21, quinta-feira, recebemos ordem para irmos até a linha de defesa.

Enfim, uma semana depois de nossa saída triunfal da Sorocabana, recebemos como munição 40 cartuchos e sem descanso subimos e descemos escarpados morros, até encontrarmos nossa posição. Na madrugada mais uma contraordem, voltamos à estação de trem e aturdidos entramos nos vagões. Assim abandonamos Faxina sem um tiro. Erámos arrastados pelo trem continuamente para a retaguarda. Nossa irritação aumentando pela incompreensão daquela entrega sem resistência. Nossos chefes deixaram intactas para o inimigo as condições para o avanço, não se dinamitaram pontes nem se retiraram trilhos. Recuamos 140 quilômetros desde Itararé e descemos em Itapetininga.

Ali finalmente tivemos um novo chefe de comando com pulso de ferro, o Coronel Brazilio Taborda. Nossa esperança e entusiasmo se refizeram, iríamos enfim nos revelar como os titãs do setor Sul. A grande manobra era fazer da cidade de Buri o novo reduto da resistência paulista, para conter o avanço inimigo. O grosso das tropas foi pela estrada de ferro, com oito peças de artilharia que chegaram de reforço da capital. Ao mesmo tempo, pela estrada de rodagem, com comando do Tenente Coronel Moraes Pinto seguiram 1500 soldados. A estratégia era contornar a estrada de ferro por Capão Bonito, para atingir a retaguarda inimiga de surpresa.

Finalmente fui integrado na 3ª Companhia e não segui com o resto do Batalhão para Capão Bonito. "Vamos vingar Itararé", era o nosso sentimento, dos que ficamos em Buri. Infelizmente a progressão do inimigo foi mais rápida do que esperava o comando. Apenas a Força Pública dispunha de trincheira adequada. Para os demais nas posições de defesa de Buri não houve tempo para fazer as trincheiras. No combate havia dois batalhões voluntários, o

Marcílio Franco e o Floriano Peixoto, um esquadrão de cavalaria, uma bateria de artilharia e a Companhia do Corpo de Bombeiros. Sem as trincheiras, todos estávamos em campo aberto ou detrás de minúsculos abrigos cavados a sabre. O ataque inimigo foi de uma violência incrível, os gaúchos tinham o ânimo exacerbado, acho que pelas vitórias fáceis de Itararé e de Faxina. A fuzilaria frenética desde a madrugada chegou ao meio-dia com os inimigos muito próximos, a ponto de ouvirmos os gritos de comando dos chefes deles. Os rapazes começaram a abandonar os abrigos improvisados, quando uma segunda linha inexplicável dos nossos abriu fogo desordenada, atingindo pelas costas muitos dos próprios voluntários, colocados sob dois fogos.

Nossa 3ª companhia do "14 de Julho" mudou várias vezes de posição até nos organizarmos ao lado do cemitério, fora da cidade, numa elevação do terreno. Nosso comando foi do Tenente Saturnino Dias, um bravo oficial. Quando ainda na subida do morro do cemitério, em um descampado, fomos atingidos por outra violenta fuzilaria. Deitamos todos de bruços sem coragem de nos movermos, mas bastou ouvirmos a voz firme sobre o matraquear das armas: "Pra frente, rapaziada, é por São Paulo" saímos todos de um salto e avançamos atravessando um verdadeiro chuveiro de balas. Ninguém se feriu. Mas a deserção de um capitão possibilitou ao inimigo romper a linha de defesa, se infiltrando e atacando em muitas direções. Quando a situação se tornara periclitante, definitivamente perdida, na curva da estrada de ferro abaixo desembocou o nosso, agora já famoso, trem blindado.

Foi avançando corajoso e sereno, passando por nossas linhas todas e parando já na altura das posições gaúchas. O chefe da operação do blindado, o valoroso tenente Afonso Negrão, aguardou com imperturbável coragem, até que os inimigos chegassem bem perto. Só então ordenou o disparo das metralhadoras. Foi um horror, espe-

ro que nunca meus olhos vejam nada igual. Os corpos dos gaúchos pareciam galhos secos sendo cortados por foice, caíam rolando pelo chão com gritos e urros medonhos. Alucinados pelo desejo de vingança, uma turba avançou sobre o blindado, mas antes outra chuva de aço os deixou fora de combate. A chacina prosseguiu bárbara por muito tempo. A façanha do blindado reanimou nossa tropa. Alguns soldados estavam em combate havia mais de 30 horas sem comer. De noite, porém, outro avanço do inimigo, muitíssimo mais numeroso, chegou próximo à estação de Buri e outra vez o blindado reagiu com enérgica defensiva. Ainda assim o coronel Taborda, que pessoalmente dirigia a operação, analisou como inútil prosseguir a resistência por mais tempo e deu ordem de retraimento.

Buri caiu na fatídica noite de 26 de julho, mas com honra, soberba resistência. No solo de Buri deixamos traçados com sangue e muitos corpos o testemunho da nossa resistência e brio paulistas. Minha 3ª companhia ainda voltou andando os 36 quilômetros pela estrada de rodagem até Capão Bonito. Chegamos quase sem vida, a fome e o cansaço nos tomaram inteiramente. A impressão do duríssimo combate ainda me assombra o sono, mas já no terceiro dia a presença dos companheiros e o orgulho que sinto de ter participado de perto dessa impiedosa guerra me alentaram para escrever esta longa carta. Rogo para que em breve nos reencontremos, os mosqueteiros, na nossa cidade, e possamos com a ajuda divina gozar o sabor da vitória juntos.

Abraço do amigo de sempre.
Mário.

DOCUMENTO 3: CARTA

Cunha, segunda-feira, 1º de agosto de 1932.

Companheiros mosqueteiros Miguel, Mário e Milton.

Aproveito um tempinho de folga, depois de intensas horas na linha de frente, para escrever aos amigos. O D'Artagnan original iniciou seu relato também em uma segunda-feira, só que em abril de 1625. Relembro aqui nossas aulas de literatura, quando tive o privilégio de tê-los como alunos, dessa nossa camaradagem de nos chamarmos de "mosqueteiros". O grande Victor Hugo, com o lema "Um por todos, todos por um", nos brinda com o valor da amizade. Agora, nos tempos da guerra, diariamente sou instado a revisitar a importância do amigo, os ingredientes da lealdade e da coragem são os que nos tornam "quase" invencíveis. Espero que vocês possam reconhecer na ambivalência das emoções, nos incontáveis momentos quando nos deparamos com o limite da vida, a morte se esgueirando ao nosso lado, e a pertinência de nossa escolha de estarmos na luta. Negar o medo seria ingenuidade, a que não mais me permito. Reconhecer apenas no sentido da vitória que nossa causa é justa, que se concretiza sobre a derrota do outro, faz renascer a cada instante a coragem para apertar o gatilho das armas! Como lhes falei por mais de uma ocasião, foi na qualidade de reservista das forças militares que me alistei. Estive por quase cinco anos servindo como instrutor no tiro de guerra, mas apenas agora, como soldado na trincheira, aprendi de fato o peso do fuzil certeiro e matador, sua dimensão infinita de significação humana.

Vivi aqui a gloriosa felicidade de compor a tropa de reforço chamada para engrossar a resistência de Cunha, ao lado de valorosos soldados de muitas unidades regulares e outras voluntárias. Revertemos a ocupação federal da cidade e nossa ação destemida tem empurrado o inimigo serra abaixo. O comando da operação está com o Tenente-Coronel Mário da Veiga Abreu, graças à rapidez, ao arrojo e à tenacidade das tropas. Estamos administrando nossa vantagem! Cunha se tornou um ponto estratégico da luta da resistência. Aqui também chegou, há mais de uma semana, o Batalhão da Liga da Defesa Paulista, formado por artistas e intelectuais, obviamente os que apoiam a nossa nobre causa. Esses voluntários ficaram acantonados no Hotel Andrade, curiosamente onde também fico quando fora de serviço, na zona urbana da cidade.

Tive a grata satisfação de trocar impressões com o poeta Guilherme de Almeida, pertencente à 3ª Companhia da Liga. Conversamos sobre a famosa semana modernista; ele foi um dos fundadores da Revista Klaxon, da qual tivemos a oportunidade de falar em sala de aula. Contou-me ter sido ele o autor do brasão escolhido para a cidade de São Paulo, no concurso em 1916. Lateralmente ao lema "non ducor duco" estão estampados os ramos de café, o que segundo ele foi uma homenagem às regiões produtoras, como o nosso Vale do Paraíba. O mote do brasão "não sou conduzido, conduzo" cabe muito bem para esclarecer ao Brasil os motivos da guerra de São Paulo. Outras duas companhias se juntaram aqui em Cunha às forças da resistência da valorosa Legião Negra, com reservistas e voluntários — são todos homens negros de várias partes do nosso estado. A princípio me pareceu impertinente essa separação, mas em conversas com seus soldados compreendi a importância da iniciativa, capaz de dar visibilidade para a causa da integração racial, em especial na vigência entre a elite branca da sociedade paulista das teses da eugenia. O organizador dessa iniciativa foi um advogado baiano fundador da Frente Negra Brasileira, Joaquim Guaraná de Santana, em setembro do ano passado. A denominação dos batalhões voluntários presta homenagem aos bandeirantes. Os dos negros destacam afrodescendentes de renome como Vidal de Negreiros, herói de Guararapes, e o conselheiro do Império, André Rebouças. Nós, os mosqueteiros de Guaratinguetá, temos o nosso Conselheiro, também do Império, que nos honrou por ser também um político da República, o Rodrigues Alves.

Desejando a vocês muita bravura, saúde e sucesso. Despeço-me já me desculpando com os dois que receberem as cópias em carbono. Consegui aqui no hotel a gentileza de empréstimo de uma máquina Remington.

Abraço fraterno do Professor José Luiz (vulgo D'Artagnan)

DOCUMENTO 4:

ANOTAÇÕES ESPARSAS DE MIGUEL RIBEIRO DE CASTRO FORTES

(PARA SUPOSTA CARTA QUE NÃO SE COMPLETOU)

Serra da Mantiqueira, madrugada de 11 de julho de 1932.

Prezados companheiros mosqueteiros.

O plano é com os apoios assegurados dos comandos das regiões militar de Minas Gerais e Rio Grande do Sul, para na data combinada marcharem juntos sob o comando do Coronel Euclydes Figueiredo, avançando na direção de Resende para a capital federal.

Parte de nossas forças paulistas rumaram para São José do Barreiro, mantendo reforços em Cruzeiro, onde se juntarão aos contingentes que chegarão de Minas pela divisa com o Rio de Janeiro, para, como já disse antes, todos juntos marcharem para depor o governo provisório. Não vejo a hora de comemorarmos a derrubada de Vargas!

Soube dessas estratégias antes de sairmos rumo ao alto da serra, ainda de modo sigiloso. Anoto-as aqui em reserva, pois no momento da leitura da carta já serão por certo amplamente conhecidas.

No domingo, dia 10, sob o comando do tenente Melchiades Tavares da Silva, partimos com o 5º Regimento de Infantaria de Lorena, o 2º, 3º e 4º Regimentos de Exército, 2 Secções de Artilharia, 1 Companhia do Corpo de Bombeiros, nosso batalhão de voluntários e com mais dois outros também de voluntários vindos de Campinas.

Antes do final da tarde, tomamos o túnel, paralisando os trens na divisa entre Minas e São Paulo. Participei da missão de arrancar trilhos da via férrea para os lados de Passa Quatro e estive de olho comprido a ver se avistava algum amigo ou mesmo parentes daquelas bandas. Confesso que senti o orgulho, até com certa euforia, de ser paulista e imaginar compartilhar com os mineiros a luta que São Paulo encabeça pela grandeza do país. O lugar me é familiar, reconheço cada um dos altos picos dessa Mantiqueira onde nos instalamos.

Esperamos a adesão dos companheiros mineiros. Muitos como eu imaginavam uma confraternização, ainda pela noite adentro. Confesso que minha euforia de fim de tarde começa a dar lugar a certa inquietação. Na manhã, fomos surpreendidos com uma chuva de artilharia vinda do outro lado da fronteira.

DOCUMENTO 5: CARTA

São Paulo. 3/12/1977.

Queridíssima Manuela,

Aqui estou eu diante da máquina de escrever, ressequida pela falta de uso, com os pensamentos me conduzindo para nossos tempos passados. Quero ser leal com você, comigo e com nossos amores Antônio e Ivo que, apressados, foram antes.

Sinto a tentação de fantasiar, na minha profissão ela me foi essencial, mas se bem compreendi seu pedido, você quer relatos simples, fatos, datas, nomes, escritos sobre momentos que considere dádivas, bons e maus, dos que convivi com Ivo quando estudantes. Você gostaria de informações que pudessem complementar suas memórias, apoiadas nas minhas. Entendi que não se trata de uma autobiografia, mas registros que possam ser lidos pelas gerações futuras. Interessante!

Não creio que possa ter mais conhecimento do que você sobre a rara personalidade de seu falecido esposo, meu sempre amigo, entre distinto, sensível e algo excêntrico, que suponho ter feito da gentileza sua regra. Mas aprendi nessa longevidade que até a mim surpreende; ironicamente os homens podem se mostrarem pessoas diversas, no espaço reservado de seus lares, e fora dele. Quero crer não ter sido esse o caso de nosso Ivo.

Minha realidade nessa velhice é feita de dores no corpo, muitas, e ainda de descobertas, raras, como se a criança sonhadora que existe em mim se recusasse a morrer. Então, caríssima amiga, com seu pedido me chega junto a permissão de voltar a ouvir vozes, as nossas de antes. Prometo aguçá-las sem dramatização. Caso seja mais lenta ao retorno de seu pedido que sua precisão, já me desculpo pelos anos que carrego a mais que você, quase já só me arrastando.

Abraço você com toda a ternura de uma irmã, como dizíamos, por livre escolha e não por consanguinidade.

Dinorah.

PS: A demora foi maior, mas aproveito para enviar junto as folhas no mesmo envelope. Aguardo seus comentários. Outro abraço maior que o primeiro.

DOCUMENTO 6:
POSFÁCIO
UM MONÓLOGO DIALOGADO

Guaratinguetá, final de 1977.

– Marina, minha querida neta, fiz seu cachecol vermelho como prometido. Mas nada de usá-lo em passeatas. Promete a sua avó?

– Vozinha, você fez mesmo! Que lindo, muito obrigada! Deixe-me ver como fica no contraste com os meus cabelos cor de burro quando foge.

– Não fale assim, sabe que sempre adorei sua tonalidade avermelhada. Quando você era menininha tinha a cabecinha encaracolada, minha netinha ruivinha, linda! Tanto que sonhei para Maria Augusta ser ruiva, não foi a filha, mas Deus me presenteou com a neta, filha do filho. Se sua tia souber disso ela vai morrer de ciúme! Imagine quanto privilégio! Minhas primogênitas, filha e neta, uma morena e a outra ruiva, tão lindas e tão diversas! Bem, mas não fosse pelo seu pai Ivan, meu sonho de ver uma descendente ruiva não teria se realizado. Graças, em verdade, à sua mãe Clarice. "Dai a César o que é de César"!

– E naturalmente "Dai à Clarice o que é de Clarice", não é, vovó?

– Sim, é verdade. Revendo sua ascendência, para os lados dos Castro Fortes lá de Passa Quatro ou dos Alvarenga Mello daqui de Guaratinguetá: que eu saiba, ninguém teve cabelos, naturalmente (é bom que se diga) avermelhados. Só mesmo você, nossa virtuosa mistura afrancesada de Dumont.

– Seria melhor dizer, acrescentada de Dumont, não?

– Só quando vi a cor de seu cabelinho nascendo é que perdoei seus pais de não terem posto no seu nome o "Castro".

– Querida, outra vez esse assunto não! Como poderia, uma menininha ruiva miúda, se chamar Marina Dumont e Castro Fortes de Alvarenga Mello? E ainda com duas letras eles, tornando o Mello quase melado? Fiquei do Castro, sem o erre, com a virtude e no feminino: casta! Gostou? E com minhas letras iniciais do nome sou madam, meu nome artístico, de Marina Dumont Alvarenga e Mello. O que acha, não ficou melhor assim, Dona Manuela? Ou melhor... Como é mesmo? Manuela banguela, que come berinjela na panela? De onde vem isso, vó?

– Nossa! Lembrava agorinha dessas sonoridades, que almas gêmeas nós temos! Avó e neta! Vem da chatice crônica de seu tio-avô Maurício.... Mas vamos falar de coisas boas. Combinado, então, sem passeata? Como está a faculdade? Você não tem ideia de como fiquei feliz com a sua mudança de curso, uma futura historiadora! Não que não achasse a psicologia importante. Conte um pouco, e os rapazes? Seu pai, Ivan, me disse de um mocinho de barbicha da puc, um tipinho que está rondando, não quer me revelar o mistério?... Sabe como gosto de fantasiar!

– Passeatas, bem que as queria, Dona Manu. Não tem acompanhado a truculência retomada pela ditadura covarde da nossa "pátria amada, idolatrada" Brasil? *Ame-o ou deixe-o*? Viu no que deu nossa manifestação pacífica da semana passada na puc?

– Não vi, não saí de casa a não ser para ir à igreja. Também não frequento mais a costura. Olhe minha mão, o calo que já formou de tanto cortar os moldes das roupinhas para as mulheres da Ordem Terceira costurarem. Deixava cortadinhas todas as peças para cada um dos enxovais, prontas para passarem na máquina. Entregamos dezenas, cada jogo mais gracioso que o outro!

– Esta é minha avó, solidária, uma franciscana, mais que apenas caridosa. Mas voltando para o tema das passeatas, fomos para o teatro da puc com o pessoal da usp participar do encontro pela volta das liberdades democráticas. Precisamos correr da polícia desde a ladeira ao lado do teatro, na esquina da Rua Bartira até a Avenida Sumaré, espalhando bolinha de gude para tentar fazer os cavalos montados pelos marmanjos fardados escorregarem. Não adiantou nada, as bolinhas desciam a ladeira mais rápidas que os cavalos, e se não fosse meu amigo, que conhecia uma saída disfarçada por um quintal através do banheiro de um bar, teríamos sido presos. Prenderam uns quinhentos, ficaram encurralados no estacionamento, a mando do secretário de segurança pública o coronel Erasmo Dias. Na verdade, um pau-mandado dos milicos, que serve bem para encobrir os torturadores. Quem pode acreditar na versão da morte por suicídio do jornalista Herzog?

– Meu Deus amado, não me conte, não. Não quero mais saber de nada. Vou me alienar quietinha, afinal estou às vésperas de meu octogésimo aniversário. Por sinal, reserve na agenda o dia de meus anos, ouviu? Onde está sua mãe que não segura você em casa?

– Vozinha, está esquecendo de onde venho? Com nove aninhos corria em Paris de mãos dadas com pai e mãe me segurando, pulando barricada, acho que já nasci correndo da polícia com eles. Como é que agora poderiam me segurar em casa?

– Não sei como segurar, mas só sei que é um perigo você atrás de manifestações!

– Mas, Dona Manu, e as suas tantas histórias na Revolução de 1932? Quase não reconheço essa fala medrosa de nossa matriarca, quase oitentinha? Não pode ser, nas minhas contas ainda faltam cinco anos. Saiba que tenho muito orgulho da senhora pela valentia de ter sido a voz feminina da família, capaz de enfrentar as agruras de uma guerra, sem se submeter ao jugo belicista inconsequente dos homens. Sabe que estudamos, ainda quando estava na psicologia, uma escritora inglesa, Virginia Woolf, que atribui à virilidade excessiva das sociedades tanto os males das ditaduras como os horrores da guerra. E paradoxalmente são em verdade causadas pela fragilidade e insegurança masculinas.

– Não sei nada dessa autora, minha filha, antes até aceitaria um livro, se fosse traduzido, pois só leio em português. Mas você sabe, agora já não tenho mais ânimo, o medo tem me rodeado.

– O medo? Como assim?

– Tinha me livrado dele, mas o tenho sentido novamente me rondando. Estou pelos cantos, me escondendo de mim mesma, minha filha, não quero que o pânico me corroa em vida. Saiba que me reservo aos vermes da terra!

– Para com esta bobagem, dona Manuela, assim a senhora me assusta!

– Está bem, não é minha intenção assustar ninguém, mas saiba que em cada ponto do seu cachecol teci, junto em pensamento, um ensaio de como introduzir esse meu assunto, pois muito diz respeito a você. Marina, é muito oportuna esta nossa conversa reservada, a desejei tanto, rezei muito para que acontecesse, sinto agora como milagre. Mesmo que não saiba, você me empresta sua ousadia.

– Neta de peixe, peixinho é, né?

– Falo sério, preciso, mais do que isso, tenho uma premonição muito forte, não sei explicar, mas gostaria de poder no dia de meu aniversário confiar a você meu diário guardado.

– O que? A senhora...?

– Escute, sei que não sabia que eu escrevia diário, era uma mania antiga, coisa íntima, deixei para lá e depois que seu avô Ivo morreu retomei. Seu avô parece que tinha certa implicância com meus escritos, mas sempre confiei no respeito que ele tinha por mim, seria incapaz de ler uma linha sem minha autorização. Nunca o autorizei, pronto!

PS: tentei escrever um nosso encontro, se não foi assim textualmente, foram esses os temas tratados na nossa prosa quando pretendia entregar pessoalmente com o cachecol, meus escritos. Não tive coragem suficiente.

Ninguém jamais leu meu diário, escrevia para mim mesma, não tinha a intenção de fazê-lo conhecido por ninguém. Ivo se foi sem saber do que eu escrevia. E, sem ele, agora pretendia apenas rever as anotações e destruí-las, pois já cumpriram seu papel de desabafo. São tantos papéis... As folhas estavam bem conservadas lá há anos, dobradinhas, envoltas na cambraia branca, amarradas, quietas lá no fundo falso da última gaveta da minha memória. Mas fui mudando de ideia, à medida que ia acrescentando fatos, como se tivesse reiniciado uma conversa, uma espécie de reencontro, com alguém muito íntimo. Como se conversássemos, a outra Manuela que um dia conheci, com essa, a de agora. Redigi respostas a perguntas que ia me lembrando feitas pela Manuela de antes, respondidas quase meio século depois. Aproveitei para melhorar a descrição de algumas situações, quando a surpresa batia, afinal são várias Manuelas a opinarem. Organizei os papéis, dando certa ordem temporal. Confesso que pedi ajuda a Dinorah sobre algumas situações, pois já não confiava na minha própria lembrança. Ela escreveu alguma coisa, em resposta às dúvidas, sempre por cartas. Eu as revisei e agreguei algumas informações dela ajustadas, para que no conjunto os escritos formassem uma história capaz de ser compreendida, quando fosse um dia lida. Ao final desse esforço, eu entendi a mim mesma como uma história datada, de um tempo.

De uns tempos para cá sinto urgência em me desvencilhar desses escritos. Eram relatos silenciados que foram se tornando buliçosos, como se fossem lembranças que queriam renascer. Acredito que queiram ser reveladas, pressionam a gaveta para sair, tanto que já não consigo mantê-la fechada. Mas não quero voltar a sentir medo do julgamento impiedoso, sei que não tarda o tempo que minha memória irá se desgarrando de mim. Torço para que ela não me antecipe indo embora antes, espero estar no céu inteira, ou melhor dizendo, entendo minha alma etérea sem o corpo, mas não sem memória.

Quero me doar a você, Marina, como historiadora profissional, que um dia será.

Gostaria de entregá-las como um presente do meu passado para um uso futuro. Peço que qualquer coisa que decida fazer, ou compartilhar, mesmo que seja pessoa da nossa família, espere meu enterro sair, sinto que não precisará esperar muito.

Querida, só tive coragem de fazer essa revelação porque não tenho mais dúvidas de que a vida é uma graça, nos dois sentidos, cômica e dádiva divina.

– Não me olhe assim, não antecipe suas lágrimas, estou segura de seu amor e de sua lucidez. A vida é finita e misteriosa! Marina, ruivinha Marina, é sobre o inverno de 1932.

Sua avó Manuela.

DE HISTÓRIA, DA MEMÓRIA E DE LEMBRANÇAS: UMA TESE DA HISTÓRIA?

ANOTAÇÕES ESPARSAS

Quem foi a Manuela?

Romancista, memorialista?

Fez-me herdeira de um legado, em papéis diversos, dispersos. De restos?

Fui sua escolhida! A primeira neta. Sua primogênita da segunda geração.

Reunidos, pude lê-los como uma história, mais que simples coletânea de crônicas. Sua narrativa cuidadosamente foi tecendo teias, amarrando aos fatos seus personagens, com precisão de datas e riqueza de detalhes. Deixa transparecer o compromisso permanente com a credibilidade, como pressentindo, no futuro, estar submetida à comprovação.

Minha angústia se amplia diante dos relatos de estados psicológicos expondo subjetividades de seus atores. Posso reconhecê-los, alguns deles, em características permanentes, ainda no presente. No passado, posso apenas supô-los, imaginando-os nas cenas daquele outro tempo, recortado e muito particular

Surpreendo-me sempre. Para o inverno de 1932 convergem paisagens, minhas conhecidas, da infância e adolescência. Os lugares descritos, queridos e sonhados se misturam em mim e já não sei distinguir entre as lembranças que vivi e as que ouvi, ou ainda aquelas recontadas na leitura dessa herança excêntrica gravada em papel.

Minhas recordações ficaram sobrepostas pelas visões reais e as imaginadas pelas tantas histórias familiares. Mantiqueira, nossa serra ancestral e muda, percurso do ouro, trilha dos tropeiros, caminho de ferro, agora a ouço em gemidos após o silêncio dos apitos dos trens. Gritos, serra acima e abaixo, ecoam desde um túnel cujo som se propaga pelo vale, nas planícies e nas cidades nos tempos da luta de um conflito sanguinário.

Um fato é inconteste: houve uma guerra aqui em um outro tempo. Os velhos papéis guardados da vovó são para mim muito mais do que relatos. Senti pulsar nas frases novos sentidos, esgueirando entre palavras, deparei-me com um ser à procura de si. Enxerguei o retrato de uma vida, fora de seu tempo presente, buscando prestar contas com seu passado, desejando ser revelada, esclarecida no futuro. Perdoada?

As narrativas dizem de pessoas que povoaram minha infância. Com algumas convivi; outras já estavam mortas, apenas vivi com seus fantasmas. Das que conheci, ao revê-las descritas em um tempo anterior ao que compartilhamos, as reconheço. Outras, mal consigo imaginá-las nas cenas e fatos passados, sem que meu espanto se evidencie.

Ao final das páginas escritas, deparei guardados juntos, cartas e um diálogo entre nós, a avó comigo sua neta ainda adolescente. Reconheço-me nas frases, nas referências, mas apenas posso supor propósitos daquele texto com o título de "posfácio". Anos se passaram do cenário descrito da entrega do cachecol vermelho, que ainda tenho cuidadosamente guardado. A velha senhora silenciou ainda em vida. Restaram minha gratidão e perplexidade.

MARINA, E AGORA?

Anos de divã em análise! De quem são as questões conflitivas, minhas ou de minhas origens? São inseparáveis? Haja pontuações, sobressaltos, releituras freudianas por Lacan.

Em uma casinha com traçados arquitetônicos com restos coloniais, entrada lateral, porão, tábuas de madeira largas rangem enquanto dou sete passos entre a sala de espera e sala do divã. Um ser quase sem matéria me recebe e me aguarda em silêncio obsequioso, para que me deite e fale.

Transferência.

Ouço um roçar suave de tecidos que se movem atrás da minha cabeça, apenas suponho um acomodar-se na poltrona. Poltrona ou um trono onde um ouvido vazado, em atenção flutuante, cá e lá, emite pela boca palavras, pontuações. Ouço-as para conectá-las ou não aos meus restos arrancados. Queria nessas horas meu olho da pineal ativo. Veria o ser quase imaterial, mas apenas sinto seu perfume. Sempre o mesmo, um francês que também passei a usar.

Transferência?

Com parcimônia. Porque é caro e o dinheiro da minha bolsa de estudos é parca. Mas o que fazer se meu tema do doutorado não pode mais ser a continuação do mestrado? Tudo pronto e aprovado, a aluna dileta, supondo ser predileta. Bastou embirrar com as tradições medievais e com os autores da nova escola francesa da historiografia para deixar de sê-la. Selado nosso rompimento, à deriva nas minhas inquietações teóricas, assombrada pela herança inesperada, dancei madrugadas insone nas teias das narrativas da avó, envolta nos brancos lençóis de fantasmas. Ali no divã me dei conta de que as tradições podem sim ser invenções. Mudei o tema, substituí os autores, deixei os franceses pelos ingleses, troquei a orientação no doutorado. Ainda levei tempo para deixar o divã, modifiquei meu cotidiano, mudei de estado civil, alteramos nosso pequeno núcleo familiar. Com minha filha, continuamos a morar onde estávamos, seu pai se transferiu para algumas quadras dali.

A vida revirada, a avó ausente, mas completamente presente, eu perdida no conflito de revelar ao meu pai Ivan que ele talvez não fosse filho de seu pai Ivo.

UMA ENTREVISTA EM NOITE DE AUTÓGRAFO

Com os papéis diversos, dispersos, minha herança da avó Manuela, orientada pela vontade dela, sendo formada em História neles apoiei o novo tema da tese de meu doutoramento. Ela deixou escrita que seu legado era um presente de seu passado para meu futuro. Minha carreira docente necessitava ser apoiada em uma temática capaz de emprestar entusiasmo para concluir já um tanto tardiamente um doutorado.

A tese acabou virando um livro.

As folhas branquinhas, as minhas, inspiradas nas amareladas da avó dos seus guardados da gaveta falsa, encadernadas com espiral, por um tempo, ficaram estocadas em estantes, também estanque de bibliotecas. E as folhas cheias de palavras em frases bem fundamentadas, sustentadas em trabalhosas fundamentações, outra vez cumpriam a sina do silêncio.

Mas as folhas, também as minhas como as da avó, eram ruidosas, sensíveis aos sinais de prenúncio de que os tempos mudaram.

Anos depois, revista, acrescida de prefácio e apresentações. Importantes intelectuais, conhecidos autores, foram os que emprestaram ânimo a mim e ao editor. O tema, já considerado ousado por ocasião da defesa, com a nova orientadora concluí a tese e aprovada, me tornei doutora em História. Mas adiei o livro.

Instigada e apoiada por colegas da importância de divulgar uma nova leitura historiográfica sobre os acontecimentos de 1932, hesitei, titubeei e aquiesci.

Reavivá-la? Apenas na primeira década do século vinte e um. Se não foram os ventos, as brisas desacomodaram escombros acumulados de tempos sombrios. Me juntei nesse empenho. Publiquei.

Me desculpem, vou atender ao jornalista que acabou de entrar, deve estar procurando por mim, só nos falamos por e-mail.

– Prazer em conhecê-la, doutora Marina Mello. Obrigada por aceitar conceder a entrevista pessoalmente. Meu nome é Bruno, trabalho no site de notícias editoriais. Falamos ao telefone, peço desculpas pela insistência.

– Sou eu quem agradeço. Minha surpresa pelo pedido da gravação não é de forma alguma por desconforto, pelo contrário, sempre preferi o contato mais próximo, respondendo presencialmente a perguntas do entrevistador.

– A demora da resposta talvez tenha sido interpretada erroneamente.

– Sim, foi um mal-entendido. Talvez tenha adquirido certo costume com minhas últimas publicações, pois sempre recebia as perguntas por escrito. Nesse formato, escrevo respostas que vocês depois editam. Algumas vezes me reenviaram para revisão, outras leio com surpresa na matéria já publicada. Deparo comigo dizendo coisas que não lembro de ter dito... Enfim, mas até agora, nada que comprometesse a essência.

– Ótimo que não tenha restrições à entrevista e lamento pelas circunstâncias de não se reconhecer nos textos editados. Asseguro que não estive envolvido em nenhum deles. Sou jornalista com influência de formação "das antigas", nada melhor que "olho no olho", mas lógico que também me utilizo de instrumentos que a comunicação virtual possibilita.

– Que bom, estamos entendidos. Então, Bruno, sou toda ouvidos.

– Inicialmente quero lhe dizer que li alguns de seus livros. Tenho muito interesse por biografias, ainda que tenha minhas reservas quanto a serem elas uma aplicação da história como método. Volto a essa questão mais adiante. Agora, gostaria que nos contasse o que a levou a publicar este livro, que difere do seu estilo e do seu público leitor, e que é também, no mínimo, polêmico, pondo em dúvida a importância historiográfica de um dos eventos mais cultuados na memória dos paulistas?

– "A Revolução de 1932: caminhos e descaminhos de uma tradição inventada" foi o título da tese de doutorado que deu origem a este meu último livro, *O mito paulista de 1932*. Sou historiadora, com o compromisso de apoiar meus escritos em fatos e métodos científicos da historiografia. O diferencial deste livro é estar vinculado a uma história pessoal. A tese representou uma espécie de guinada na minha vida, na produção teórica, profissional e pessoal. Acalentei por anos o desejo de torná-la conhecida. Eu e meu editor avaliamos que agora era a hora de romper certa sina, espécie de tabu, do silenciamento histórico sobre 1932.

– Silenciamentos? Quais? O da história pessoal que resultou na tese que ficou guardada até o livro de agora ou dos acontecimentos de 1932?

– Ambos. Me explicando melhor... Recebi, com surpresa, após a morte de minha querida avó, um material organizado por ela e cuidadosamente guardado por muitos anos, escrito na sua maior parte ainda no calor dos acontecimentos de 1932, revisado e enxertado por ela mesma cinquenta anos após. Minha avó Manuela foi longeva, entrou pelos noventa. Quando tive seus escritos à mão, por coincidência, era o ano de 1997, quando a data do 9 de julho, referência ao dia da conclamação da luta armada paulista de 1932, entrou no calendário oficial como o feriado do estado de São Paulo. Assim a data se juntava ao conjunto de símbolos que buscam sustentar valores para tipificar uma identidade específica, uma "paulistidade". Na minha percepção parecia se tratar de uma espécie de cimento para a coesão de pertencimento a uma raça superior, dando continuidade a um passado mítico bandeirante. Naquelas folhas amarelas guardadas me deparei com uma riqueza fantástica de informações, mesclando questões pessoais aos relatos minuciosos de acontecimentos do tempo de guerra. Meu interesse teórico foi aguçado, para aprofundar a pesquisa, pela diferença de perspectiva registrada por minha avó, comparada à abundante produção de cunho memorialístico publicada imediatamente após o conflito de 1932. Os textos de muitos autores que atuaram presencialmente na guerra, talvez estimulados por um propósito editorial específico, sugeriam a criação de uma base de evidências onde se fixou uma história oficial, talvez um tanto forjada, do evento.

– Quem foi sua avó? Ela também era ligada à produção histórica?

– Não. Longe de qualquer interesse historiográfico, tratava-se de escritos pessoais, como um diário. Seus relatos pretendiam mostrar a singularidade da vida no cotidiano das pessoas nos tempos da guerra, especialmente nos cenários da luta sanguinária. Ela foi voluntária como auxiliar de enfermagem no Hospital de Sangue na cidade de Cruzeiro. Tinha como motivação ficar ao lado do irmão caçula, acompanhando sua evolução clínica após seu grave ferimento no campo de batalha. Esse tio-avô de nome Miguel era o único paulista da família mineira de minha avó, foi um dos muitos voluntários, um adolescente de 17 anos que ficou em estado muito grave, semanas em coma, mas sobreviveu. Ele foi ferido na primeira semana do conflito, no *front* do túnel na Mantiqueira, entre São Paulo e Minas, no alto do Vale do Paraíba.

– Desculpe, não sei se entendi direito... você mudou seu percurso teórico pela influência do relato do diário de sua avó?

– Sim, ou mais ou menos isso. A grande inquietação afetiva após a leitura dos papéis guardados de minha avó Manuela me fez mergulhar à procura de base teórica para uma hipótese que apenas se insinuava: a de que a história oficial que nos chega sobre os acontecimentos de 1932 em São Paulo tem algo de artificial. Havia conhecido a obra do historiador inglês Eric Hobsbawm, de quem emprestei a fundamentação metodológica por ele apresentada para construir meus argumentos de sustentação da tese.

– O autor analisa situações europeias, certo? Como transpor para o caso de São Paulo?

– Hobsbawm organiza metodologicamente os estudos que revelam como determinadas práticas postas em curso são capazes de fabricar tradições e inculcar valores, ritualizando repetições que implicam em estabelecer relações de um passado forjado como apropriado. Ele organizou a produção de pesquisadores que revelam várias tradições inventadas de países europeus como da Inglaterra, Escócia, Alemanha e França. Com cuidado, como faz um arqueólogo sobre um sítio arqueológico, os historiadores desvendam as camadas forjadas de certas tradições. Baseada nessa escola e método histórico, desenvolvi a hipótese de que o legado da assim denominada "Revolução de 1932" era também uma tradição inventada e apresentei os fatos para sustentar os argumentos, formalizando a tese que defendi já há alguns anos.

– Poderia se explicar melhor? Você nega o acontecimento?

– Não. Obviamente que houve o conflito armado, morreram centenas, milhares de pessoas. Nunca as estatísticas produzidas sobre o conflito conseguiram revelar exatamente o número de mortes. Muitos corpos ficaram enterrados nos próprios locais, nas proximidades das trincheiras onde caíram sem vida, os paulistas e os seus inimigos brasileiros de outros estados. As instituições e a sociedade paulista, em regime de guerra, produziram infraestrutura para suporte de armamentos, comida, vestuário, como resposta impressionantemente intensa ao evento. Contudo, a sustentação necessária para tanto veio da mais importante arma, a informação. Foi produzida uma narrativa, antes, durante e especialmente depois do evento, modulando suas significações.

– Então seu livro trata de nos provar a hipótese de que o culto às tradições que emergem dos acontecimentos de 1932 é algo inventado?

– Em *O mito paulista de 1932* busco desvendar o mecanismo que transformou a derrota paulista em uma tradição vinculada a uma suposta supremacia regionalista, bandeirante, encobrindo a raiz de uma pretensiosa excepcionalidade paulista, de sua base eugenista como uma condição de superioridade nacional, dotando-a de sentidos simbólicos particulares. Vincular a denominação para a guerra paulista de Revolução Constitucionalista, revela a ritualização de uma repetição, com construção simbólica identitária sobreposta, que após décadas apagam as diferenças, e a nova significação se cristaliza. O estudo das tradições inventadas revela indícios de problemas, como sintomas encobertos, nesse sentido quais situações nós os paulistas, gostaríamos de historicamente reconstruir da memória popular, recortando e institucionalizando nova significação?

Naquela noite a entrevista ao jornalista Bruno acabou sendo interrompida. Muitos convidados ainda me aguardavam para despedidas. Estive dividida entre sentimentos de alegria e angústia. A alegria trazida pelos amigos, ex-alunos, colegas, como homenagem ou talvez reconhecimento. Alimento da vaidade própria dos acadêmicos. A presença de meu pai, velho médico e professor Ivan Mello, muito atuante nos seus áureos tempos, especialmente quando retornamos do exílio na França e ele foi acolhido de volta na universidade. Desde a morte recente de minha mãe, ele se tornou resistente às reuniões sociais, recolhendo-se nos seus estudos e escritos. Havia aceitado o convite para a noite de lançamento do livro, e tê-lo ao alcance da vista, na sua envelhecida calma e discreta gentileza, era muito especial.

Mas a angústia me chegava pelo olhar mudo, penetrante e permanente que me acompanhava: era minha filha, também como sua bisavó, a Manuela.

ENFIM, O INVERNO DE 1932.
MANUELA, A BISNETA.

SOBRE NOMES E SOBRENOMES

Sou Manuela Alvarenga Mello da Silva. Me deram o nome da bisa, mas não fui consultada.

A primeira lembrança que retive da minha própria imagem vem de uma visão no espelho do banheiro, ainda quando morávamos no sobradinho do Brooklin Novo. Imagem e som se misturam. Revejo refletido meu rosto inteiro, liberado da franjinha na testa, o cabelo molhado foi penteado todo esticado para trás, então o vento da janela aberta do trenzinho caipira, quando um dia nele eu viajasse, não o desmancharia. Ouço o Villa Lobos estilizado nos acordes do Gismonti, lá vai o trenzinho cortando pastos com vacas mugindo, ruidoso, acompanhado da minha dificuldade para passar manteiga sobre uma fatia de pão e ajeitar a geleia em cima, sem lambuzar a toalha. Junto da imagem sonora já vem vindo também a lembrança do sabor. Mais um esforçozinho de memória, e sinto os cheiros! Delícia! Devia ser uma manhã de domingo, dia em que se ouvia música desde cedo na nossa casa, sem saídas matinais para a escola nem aos trabalhos, pai e mãe ainda com roupa de dormir tomavam café e liam muitos jornais. Não posso precisar minha idade, talvez nem tivesse me banhado sozinha, mas possivelmente o esforço para me ver ao espelho já me exigia um equilíbrio próprio, teria alguns aninhos? Era um espelho sobre a bancada de uma pia, alguém me ajudou a subir ali, ou já conseguia subir sozinha no bidê e entortar o corpo lateralmente? Não é relevante. O que importa é ter retido como primeira lembrança de mim por meu próprio olhar, quando constatei minhas pintinhas no rosto, as sardas, me examinando, reconhecer aí a sensação de uma descoberta. Era uma alegria aliviada, me conferia ser eu a Manuela do espelho. Decididamente não era a outra Manuela, a mãe do meu avô.

Mais adiante cansei de tanto me ver e me verificar ainda em registros de papéis, fotografias coloridas, em vídeos e filmes. A imagem mais impressionante, que dizem ser minha, a mais antiga, é ainda de dentro do útero. Não tenho provas de que aqueles tons cinzentos sejam eu, ainda que haja no envelope o registro do exame de pré-natal de minha mãe Marina Dumont Alvarenga e Mello. E até onde eu saiba sou filha única. A estante que ocupa três paredes do escritório, em uma delas, uma parte está protegida com porta de vidro fosco. Os guardados nesse setor são documentos e memórias, os arquivos, das nossas histórias familiares. Enfileiram-se por datas crescentes, os álbuns da minha infância. Em outra prateleira muitos outros álbuns, de formaturas, casamento, viagens, recortes de jornais e revistas. Na parede da frente as prateleiras foram modificadas, em nichos, mais adequados aos tantos sucessivos, novos que logo envelhecem, formatos digitais. Agora já temos também espaço nas nuvens, bem dizendo para as informações. Sem garantia ainda de um lugar no céu, afinal nossos segredos guardados nem sempre são tão virtuosos. Talvez o vidro fosco possa ser um signo, algo que não se esconde propriamente, mas não se revela com nitidez. Vai saber? Mas tenho que reconhecer: minha mãe sempre foi muito organizada! Soube que a bisavó Manuela também era assim. Eu não sou.

Não foi difícil descobrir onde estavam os tais escritos herdados por minha mãe. A curiosidade me aguçou quando a ouvi falando com o jornalista no dia do lançamento do seu último livro na noite de autógrafos. Aquilo ficou me remoendo. Normalmente, não me teria chamado atenção, estava acostumada com seu modo petulante de ser, de quem gosta de ser reconhecida como importante. Minha mãe tem uma habilidade que me irrita, um jeito de conversar pondo o interlocutor em um tipo "modo de espera" para uma resposta ou conclusão que vai demorando. Insinua e vai expondo fragmentos de um fato, e quando percebe que o interesse do ouvinte foi enlaçado, estica agregando detalhes, mais outros argumentos ou explicações secundárias, administrando o controle da demora para enfim desvendar o fato. Mas naquela noite achei a historiadora Marina um pouco confusa, durante a entrevista. Agia não apenas prolongando o relato, não o concluía de fato, como se não pudesse contar exatamente tudo, notei que algo ficara em suspenso. Aquele não era seu modo habitual de explanar, muito detalhista é verdade, mas quase sempre precisa. Era a segunda vez no mesmo dia que ouvia falar sobre os escritos guardados da bisavó Manuela.

Havia combinado com meu avô Ivan de ir buscá-lo em sua casa para juntos seguirmos até a livraria onde se daria o lançamento do livro de minha mãe. No último domingo à noite, durante nosso encontro habitual para a pizza, ela o convenceu a ir. Ele andava avesso às reuniões sociais desde a morte da avó Clarice. Vovó passou anos esperando que ele se aposentasse, tinha planos de voltarem a viver períodos na França. Me ensinava seus truques para economizar dinheiro, queria comprar um pequenino "bangalô", como dizia, não muito longe de uma estação de metrô em Paris. Sua doença súbita não estava nos planos do casal. Sua morte deixou o avô nas vésperas da aposentadoria "expulsória" no dia seguinte do aniversário de 70 anos atônito e profundamente entristecido. Concordou em ir ao lançamento do livro, diante da insistência de mamãe e do argumento de que estariam lá, muitas pessoas conhecidas dele, amigos antigos da universidade, sempre manifestando desejo de revê-lo com preocupações com seu prolongado silêncio pelo luto. Aquela seria uma boa oportunidade.

Cheguei bem mais cedo, quis aproveitar a claridade da tarde para ir de bicicleta. É curto o trajeto desde a Cidade Universitária no Butantã até a praça Pan-Americana, dali se chega à travessa, ainda calma, dessa Paulicéia, na casa dos avós. Fui entrando, Cida aguava o jardinzinho da frente e nem precisei tocar a campainha no interfone para me anunciar. O esforço de vó Clarice para que eu me utilizasse de minha própria chave, afinal aquela sempre foi minha segunda casa, nem sempre foi bem-sucedido. Assim que entrei na faculdade ganhei as chaves, e troquei a oferta de um carro pela bike e por uma viagem pelo São Francisco, antes que lhes sequem todas as suas águas.

O velho senhor, vô Ivan, não teve tempo de disfarçar uma emoção. Entrando sem avisar, o flagrei com olhos vermelhos e lacrimosos. Não havia reparado na minha chegada, a porta de vidro que separa seu escritório da sala de jantar estava aberta. Nossa intimidade prescindia de justificativa.

Eu o abracei sem lhe dar tempo de se erguer da cadeira, o envolvendo pelos ombros; ficamos assim uns segundos, respeitei sua emoção. Nossa empatia, neta e avô, parece que seguia a tradição geracional, da relação de minha mãe com a outra Manuela. Ele com sua gentileza costumeira me convidou a ouvir um poema, viera dessa leitura sua emoção. Também me emocionei. Mudamos de assunto e de lugar. Sentamos na varanda, na continuação da copa, o caramanchão da trepadeira de grande estima da avó Clarice começava a florir. A ausência dela ainda nos pesava, mas preferi não comentar. Foi ele que, esticando o pote de biscoitinhos na minha direção, comentou:

– Clarice fazia desses melhores, não acha?

Não consegui responder, apenas aceitei um casadinho de goiaba que enfiei rápido na boca, mastigando com mais movimentos que o necessário. Concordei com um gesto de cabeça, pois choraria se dissesse alguma palavra. Engoli devagar degustando, segundos a mais, o familiar sabor doce e áspero da goiaba envolta na massa de sequilho.

– Vô, o que o senhor acha de nomes iguais de pessoas em uma mesma família?

Seu olhar me fitando um pouco surpreso parecia ter aclarado sua pupila. Deve ter sido quando jovem um lindo homem de olhos de tom indefinido; conhecia seu gestual, e aquele olhar antecipava suas palavras, era o anúncio de que estava disposto a conversar. Fiquei feliz. Motivá-lo a falar, nos últimos meses, era uma ocupação a que me dedicava. Sua quietude me incomodava, mas o assunto sobre os nomes não era só mais um pretexto, era verdadeiramente um tema de meu interesse. Ele sabia disso.

Refez a afirmação minha conhecida, ter sido meu nome uma escolha de minha mãe. Ela não cansava de repetir ter Manuela uma sonoridade que lhe agradava muito, gostava de nomes com várias sílabas. Era um nome forte, mas principalmente sua opção fazia homenagem a uma pessoa de seu profundo afeto, sua avó. Enquanto o ouvia refleti sobre essas ligações afetivas fortes entre pessoas de gerações diferentes. Comigo se repetia uma grande afinidade com meus avós, é bem verdade, mas especialmente com aquele avô Ivan.

Recontando sua história, percebi maior riqueza de detalhes na sua narrativa sobre seu irmão morto, o que carregava o mesmo nome de seu pai, Ivo. A criança morta aos cinco anos era Ivo Bento. Sua mãe, Manuela, a contragosto, teria acolhido o pedido da sogra, sua avó dona Icnácia, mas não inteiramente. Pela tradição familiar a criança deveria carregar o nome inteiro do pai, como Ivo Augusto Moura de Alvarenga Mello Filho, mas foi batizado como Ivo Bento Fortes de Alvarenga Mello. O resultado é que na lenda familiar a morte da criança ficou vinculada a vários motivos, todos mal explicados. Teria sido pela desobediência à tradição, pois faltava-lhe o sobrenome dos Moura, usado nos primogênitos de seguidas gerações. Mas o casal Manuela e Ivo teve uma menina como primogênita, a minha tia-avó Maria Augusta. Outra explicação seria pela inclusão do Fortes no nome da criança. Sendo um sobrenome vindo de fora, de outro lugar que não Guaratinguetá, teria enfraquecido a pequena criatura; ou ainda teria sido pela troca do Augusto por Bento, ambos relativos ao sagrado, mas hierarquicamente distintos nas liturgias.

Os relatos sobre o triste acontecido, a súbita contaminação da criança pela difteria, assumiam variadas vertentes, mantendo em todas uma forte carga emocional. A síntese que o vovô Ivan reteve, e que agora me recontava, era que quando seu irmão Ivo morreu seu pai Ivo nunca mais foi a mesma pessoa.

– Sabe, minha filha, por muitos anos levei comigo uma tristeza fininha, sentia que meu pai não gostava de mim.

Surpresa!

Meu avô, Ivan Fortes de Alvarenga Mello, o reconhecido humanista, médico, professor, cientista, um intelectual respeitado, em um final de tarde de inverno, sob o caramanchão tira do fundo de suas memórias uma revelação de afeto, aparentemente, mal resolvido!

Para encurtar essa história repetitiva de nomes repetidos na mesma família, quando criança meu avô achava que para seu pai o filho mais amado era aquele que levava seu nome, o que morrera precocemente. Para o avô Ivan o irmão Ivo que não chegou a conhecer tornou-se seu fantasma! A figura ausente da criança, muito presente nas falas familiares, foi configurada fantasmagoricamente como ameaça. Seria ele apenas uma espécie de filho substituto incompleto? Chamavam-no quando menino de Ivan, "o grande" chorão. Era o que mais crescia entre as crianças da família. Sem saber precisar a origem, cogita que talvez sentisse algo como abandono. Com o tempo havia se acostumado àquela atitude esquiva do seu pai, e reconhece seus tios como referências afetivas masculinas importantes na sua formação. Quando ainda criança seu tio Miguel, que nunca se casou e não teve filhos, fez dele seu sobrinho predileto, apresentando-o às coisas da vida rural, às brincadeiras, às festas, e lhe contava histórias de seu tempo. Mas sobre sua participação como combatente em 1932 não gostava de comentar, apenas mostrava como espécie de troféu um capacete de aço marcado por rasura de projetil. Depois, já na adolescência, aproximou-se do outro tio, Maurício, que o estimulou a cursar a faculdade. Foi ele quem o acompanhou na vinda para a matrícula no curso preparatório para medicina em São Paulo, alojando-o em uma pensão na Av. Brigadeiro Luiz Antônio. Apresentou-o a amigos, esteve presente mesmo à distância no acompanhamento de sua formação profissional, mas deixaram de ter afinidades políticas e com isso foi inevitável o afastamento.

Minha pergunta inicial, motivo daquela longa narrativa, já se perdia. O avô também não era favorável a nomes iguais na mesma família, sua história pessoal bem justificava. Os nomes e os sobrenomes na nossa família pareciam guardar representações problemáticas, ressentimentos, revelando até antigas sublimações.

Também com meu próprio pai esse assunto já tinha motivado diversas conversas entre nós. Era no mínimo curioso meu pai se chamar Miguel. Era o mesmo nome do tio de meu avô, o irmão mais novo da bisavó Manuela, igual ao do avô dela, um imigrante português do século XIX. Mas a família de meu pai, os Silva alagoanos, não tem nada em comum com a origem da aristocracia rural da minha mãe. Ficamos assim nas referências familiares: eu sendo Manuela bisneta, meu pai Miguel, que não é o que foi combatente em 1932 irmão da bisa, meu avô Ivan que não é o suposto favorito do pai Ivo Augusto. Nosso caso não é de "cem anos de solidão", talvez seja mais de "sem tempos de companhia" para verdades históricas. E pensar que a bisa Manuela faria um século justamente nesse 2003!

Com tantas referências nominais, nossa conversa alongada na varanda mal nos deixou perceber as mudanças na luminosidade, aconchegados sob a vegetação florida enquanto a noite caía. A lua apareceu, fenômeno cada vez mais raro na noite paulistana. Em breve sairíamos rumo à livraria, para onde minha mãe já estava a caminho. Fizemos contato pelo celular, seguiríamos em pouco tempo. Assegurei que não atrasaríamos, ainda que ambas soubéssemos da pequena probabilidade de isso acontecer, mas não me esqueci das recomendações quanto a observar se o avô estava suficientemente agasalhado. A noite estava clara e seria fria.

No caminho de volta, nossos comentários coloquiais enquanto percorríamos de carro as ruas já vazias da região de Pinheiros, de modo um tanto brusco foram mudados. Falávamos do reencontro do avô com seus conhecidos da universidade e alguns amigos companheiros de antigas lutas. Meu avô é considerado uma referência de intelectual defensor de direitos sociais. Suas ponderações não são apenas motivações saudosistas: ele se mantém cuidadoso e perspicaz, atualizado, a mim se mostra como um experiente mestre em plena lucidez. Sem muitos rodeios troca o rumo da conversa, voltando para a temática de nosso encontro da tarde.

Outra surpresa.

– Manuela, penso ter percebido em olhares furtivos de meu pai a mim, sua dúvida quanto a sua paternidade.

– Não entendi. Por quê?

– Uma certa ocasião, quando isso ainda me significava ser muito importante, inquiri minha mãe, sua bisavó Manuela, sobre o assunto. Foi há muito anos, havíamos retornado da França. Eu e Clarice estávamos nos reintroduzindo na vida acadêmica depois dos anos de exílio, encontramos na chegada papai com a saúde muito débil. Adiamos os compromissos aqui em São Paulo, fomos para Guaratinguetá, queria me dedicar pessoalmente a cuidar dele, como médico e como filho. Agradeço ter conseguido estarmos juntos até seus últimos momentos.

– Numa conversa íntima, a habilidosa dona Manu não conseguiu desmentir completamente minha hipótese. Isso era final da década de setenta. Depois, confesso que isso simplesmente deixou de ser objeto de preocupação, pois a vida me colocou tantos bons afetos, tantos novos desafios a enfrentar na volta do tempo de exílio. Sua avó Clarice me cercou sempre de tanto apoio e cumplicidade afetiva que deixei pra lá, a hipótese de que meu pai biológico pudesse ser outro.

Apesar do susto, consegui guardar o carro na garagem sem relar no portão, dormiria ali na minha segunda casa aquela noite. O dia foi de revelações. Outra vez a velha xará Manuela me espantava. O que continha nos tais velhos papéis herdados por minha mãe?

COMO ASSIM, MÃE?

Até quando vamos perpetuar a interdição como uma saga familiar?

Sim, achei os escritos herdados, e os li sem sua autorização, pratiquei um delito, com consciência.

Sinto-me também parte dessa história, se não fui herdeira dos papéis, pelo menos do nome eu fui.

A Manuela da escrita de tantos anos atrás clama por ser libertada, quer ser perdoada. Ela nos revela uma história de amor, não de traição, seguida de sublimação.

A Marina, sua leitora neta, a herdeira como futura historiadora, mais de meio século após, lê e a julga? Não a liberta? Por que, mãe?

Traduz a comoção afetiva por uma inquietação teórica?

Da leitura do texto, da bisavó, dele retém seu contexto. Do contexto, surge a inspiração para nova tese acadêmica, dali retira nova interpretação para a derrota paulista de 1932.

Mas uma falta sobra do texto. Sim, a falta do sentido psicanalítico! A vivência amorosa da avó é silenciada, seu pai é poupado e a dúvida da paternidade, ignorada.

O drama da bisavó ocultado também constrói uma tradição inventada?

Como assim, doutora Marina?

Me avisa por mensagem por email caso queira me encontrar, estarei livre à noite.

Manuela, a bisneta!!!!

MENSAGEM AO AVÔ PELA INTERNET

Querido granddad,

Escrevo na correria do intervalo usando um computador do centro acadêmico com teclado manco. Fique frio, sua neta, quando jornalista, cuidará melhor do texto. Nesse algumas das incorreções ficam na conta das letras claudicantes, outras ao meu estilo. Adorei nosso trabalho conjunto, mal posso esperar para lhe mostrar os primeiros dados que já obtive na pesquisa guiada ao Museu do Imigrante. O senhor tinha razão, não tive grande dificuldade, pelo sobrenome italiano já localizei os pais do doutor Felipe Caronni imigrados ao final do império. Acho que talvez já tenhamos uma trilha se insinuando na mata, a decisão de seguirmos por ela ou buscar mais evidências ficará ao seu mais apurado faro de mateiro. Quem diria, professor Ivan, que ainda seria um descobridor de identidades? Aqui nos invertemos. Tem sido seu o entusiasmo viçoso, brotado da sua maturidade, que me põe em movimento, afastando a minha preguiça atávica de uma adolescência que já se afasta. Sua mente tem velocidade que compensa, em muito, a suposta vantagem da minha musculatura jovial. Então, sem nos perdermos nos desgalhados, como disse a Manuela, a outra, rsrsrsrs...

Vamos ao que nos interessa. Esta noite não poderei ir ao encontro que combinamos, devo trabalhar no fechamento do Jornal do Campus, fico por aqui na faculdade até bem mais tarde. A matéria-reportagem sobre o movimento cultural na comunidade da favela vai ser primeira página, prefiro eu mesma cuidar da edição, precisará ser encurtada. Assim que o jornal estiver impresso, levo um exemplar ainda quentinho para você. Será bem cedo, tomamos café da manhã juntos.

Combinemos então os próximos passos.

Sua intenção de busca nos antecedentes do seu mestre e protetor doutor Felipe Caronni está de vento em polpa. Fiz contato com o pessoal da História, localizei pessoas que trabalham em um projeto de resgate da memória do movimento anarquista de São Paulo, muito interessante. Vamos encontrar ali os passos do seu possível avô? O senhor vai gostar, é interdisciplinar, tem a participação de estudantes de outras áreas. O povo da arquitetura pretende refazer a identificação georreferenciada no bairro. Onde viviam, onde trabalhavam, onde se reuniam, como se deslocavam os "agitadores"? Quem sabe nosso sangue, ou os nossos dnas, marcadores de vontades de mudança social, venham desse anarquista, não?

Não se preocupe que no prédio da História tomei todo o cuidado de não me aproximar da sala da Professora Marina D. F. de Alvarenga Mello, nem de seus pupilos. Vamos seguindo nossa empreitada sigilosa, o gostinho de desvendar mistérios torna tudo mais saboroso.

Quanto a informações profissionais e algumas pessoais do próprio doutor Felipe, as possibilidades de pesquisa são excelentes junto ao museu da própria Faculdade de Medicina. Lá você encontrará tudo muito organizado em um dispositivo que chamam de "fundo". São vários, incluindo um do Hospital do Sangue de Cruzeiro.

Aproveito para registrar a "chuva de ideias" ou "toró de palpites" que iniciamos, para dar andamento na proposta de visita guiada ao Mausoléu do Ibirapuera, conforme nossas conversas. Vou precisar da ajuda de um colega da editoração, não domino essas questões formais das autorizações, mas já iniciamos contatos, ele ficou animadíssimo. Sugeriu que aproveitássemos a proximidade da data do 9 de julho para ativar o interesse do povo. Algo do tipo assim:

VISITA GUIADA AO MAUSOLÉU DO IBIRAPUERA

Em breve a Revolução de 1932 fará mais um aniversário. O que você sabe sobre ela? Gostaria de descobrir em uma visita guiada ao Mausoléu do Ibirapuera?

Algumas questões para aguçar a curiosidade:

1) Você sabia que o nome das avenidas 23 de Maio e 9 de Julho, de Sampa, referem-se a datas dos eventos que antecedem a guerra paulista de 1932?

2) Você sabia que o Obelisco do Ibirapuera, símbolo da revolução, mede 72 metros e é o mais alto monumento da cidade de São Paulo?

3) Você sabia que os heróis de 1932 da sigla MMDC não eram estudantes?

4) Há muitos signos registrados no mausoléu para compor a glorificação da guerra de 1932. Vamos juntos na nossa visita identificá-los?

5) Porque a estratégia da luta armada paulista, a Revolução de 32, não considerou o decreto de Vargas, 21.402 de maio de 1932?

Explicando: Pelo decreto 21.402, Getúlio Vargas se antecipou à convocação da nova Constituição para o país, criando uma comissão para preparar seu anteprojeto e fixando a data de 3 de maio do ano seguinte, 1933, para a realização de eleições constituintes. Embora o decreto tenha sido editado por Vargas dois meses antes da eclosão da luta, a guerra paulista adota o marco de ser chamada como a "Revolução Constitucionalista de 32". Seria uma construção posterior à derrota?

Bem, vô, por enquanto é isso. Veja o que acha da proposta para nossa ideia de uma visita guiada ao Mausoléu. Acha que esse lance do decreto citado é muito estranho? Seria para suscitar a pergunta: "Por que mesmo os paulistas decretaram uma guerra, e depois da derrota ela foi chamada de Revolução Constitucionalista? A dita exigência de uma nova Constituição que teria sido o motivo principal do conflito, já havia sido aceita pelo decreto de Getúlio publicado dois meses antes de deflagrada a luta armada.

Então o convite acabaria com uma chamada para cada pessoa construir sua resposta. Venha conhecer a história e fazer você mesmo sua resposta!

Abraço, beijo, cheiro... amo você, vovô,
seja lá quem seja meu bisavô.
Sua neta, Manu.

NOTA DA AUTORA

– Como contar uma história na História? Como realçar as cores empalidecidas, da grande comoção coletiva de uma guerra?

– Vai trançando os pauzinhos...

– Pauzinhos? Mas com quantos paus se faz uma canoa?

– Qual?

– Uma daquelas construída pela memória e mãos do canoeiro-artesão que já navega na sua imaginação quando ainda no estaleiro é entalhada.

– Uma canoa caiçara?

– Explicando.

Pensei uma "história-canoa" navegando por lugares revisitados e outros novos, atravessando vagas pela memória das conversas escutadas e singrando ondas de arrebentação em leituras dos autores de fatos, datas e opiniões. Ainda sem um estaleiro, fui juntando pauzinhos anos afora. De um lado, dispus as pequenas tabuas, as mais simétricas, pareadas, lixadas, umas até envernizadas e outras pintadas. Saíram das pesquisas em museus e bibliotecas. Do outro, acumulei gravetos, encontrados a esmo, rústicos, recolhidos no impulso, atraída pela estética esculpida na própria natureza. Saíram das lembranças, das visitas e das prosas. Enfim, ali estavam meus pauzinhos, mas como trançá-los? Eram tão diversos em espessuras e texturas. Desastrada, sem encontrar encaixes possíveis que os ajustassem, já com saudade da velha metodologia científica como guia, estive por desistir. Resisti. Freneticamente. "em busca do tempo perdido" busquei leituras na literatura, dos clássicos aos contemporâneos...Tropeçava distraída nos tratados médicos guardados, e ouvindo Caetano, os lancei para fora das estantes. Mas sem domar por completo o amor táctil que devoto aos livros, os de Saúde Pública, deixei guardados em gaiolas.

Aposentei, perdi a mãe longeva, adoeci. Me tratei. Recuperei, respirei fundo mas com cuidado, tinha ainda imunidade deprimida em plena pandemia de Covid 19. Recolhida, foi me brotando ideias de colher simples espécies de cipós, tiras pendentes arrancadas de restos de jardins, flexíveis e verdes, domésticas. Espalhados por entre as tábuas e os gravetos, os cipós vivos, me emprestaram a liga. Enredada na trama o fio do pensamento – solto – na ficção, foi tecendo a trança – prendendo – como a aranha faz com sua teia. Foram nas vozes ecoadas pelo século, das narradoras mulheres, que postas em escrita, materializaram o enredo. A ficção abraçou conceitos, lidos nas tabuinhas, e as emoções gravadas nos gravetos se aconchegaram. Ganhei uma neta, revivi.

Enfim uma história, um romance, na História Paulista.

AGRADECIMENTOS

São muitos, de diferentes naturezas.

Aos livros, bibliografia consultada, as t6buas de salvazo, registros fundamentais.

ALVES, Tadeu de Miranda. (Org.) A Revolução de 1932: no acervo do museu Frei Galvão: reconstrução da memória regional. Lorena, SP, AGC Vidros do Brasil, 2013.

AMARAL e Silva, Maria Aparecida Felix. Educação de Mulheres no Vale do Paraíba. Colégio do Carmo: 1892-1910. Guaratinguetá: Digital Print Gráfica e Editora, 2001.

ASSUNÇÃO Moacir. São Paulo deve ser destruída. Rio de Janeiro: Editora Record Ltda, 2015.

BARBOSA, Alexandre Marcos Lourenço. (Org.) Brito Broca. O cronista da Vida Literária. Rio de Janeiro: Luminária academia, 2011.

CAMPOS, Cristina de. São Paulo pela Lente da Higiene: As propostas de Geraldo de Paula Souza para a cidade (1925-1945) São Carlos: Rima, 2002.

Di LORENZO, Ana Lucia. Italianos em Taubaté: o núcleo colonial do Quiririm- 1890/1920. Dissertação de Mestrado em História e Economia. FFLLSH/USP. São Paulo, 2002.

DONATO, Hernani. História da Revolução Paulista. São Paulo: Ibrasa, 2012.

FAUSTO, Boris. A revolução de 1930: Historiografia e História. São Paulo: Companhia da Letras, 2008.

HOBSBAWM, Eric. A Invenção das Tradições. São Paulo: Paz e Terra, 2015.

GONÇALVES, Marcos Augusto. 1922 A semana que não terminou. São Paulo: Companhia das Letras, 2012.

LIMA, Luiz Otávio de. 1932 São Paulo em Chamas. São Paulo: Planeta do Brasil Ltda, 2018.

LESSA, Origenes. Não há de ser nada. (Notas de um repórter entre os "Voluntários de Piratininga. ") São Paulo: Companhia Editora Nacional, 1933.

MOTA, André & Santos Marco C. São Paulo 1932: Memória, mito e Identidade. São Paulo: Alameda Casa Editorial, 2010.

MATTOS, Pimenta. A Epopeia Paulista. Rio de Janeiro: Ariel Editora Ltda, 1933.

QUEIROZ, Augusto de Souza. Batalhão 14 de Julho. São Paulo: Gráfica Sangirard Ltda, 1982.

SCHELLEMBERG, Heidi. (Org.) Foto-Guará: Antigas imagens de Guaratinguetá. Aparecida: O lince, 2016.

SCHWARCZ, Lilia M e Heloisa M. Starling. Brasil: Uma Biografia. São Paulo: Companhia das Letras, 2015.

SILVA, Hélio. 1932. A Guerra Paulista. São Paulo: Civilização Brasileira, 1967.

TÉRCIO, Jacson. Em busca da alma brasileira: biografia de Mário de Andrade. Rio de Janeiro: Estação Brasil, 2019.

VARGAS, Getúlio. A nova República do Brasil, II, O ano de 1932, A Revolução e o Norte 1933. Rio de Janeiro: Livraria José Olympio Editora. Sem data na edição.

Aos arquivos e acervos

Preciosos cuidados com esmero, me foram disponibilizados por seus guardiões, Thereza Maia, André Mota e Cristina Marques, tão delicados como generosos. Fica minha gratidão.

Museu Frei Galvão de Guaratinguetá. Em especial as monografias relacionadas a Revolução de 32 e década de 1920 e 1930, jornais e fotos.

Museu da Faculdade de Medicina de São Paulo, Dr. Carlos da Silva Lacaz. Em especial os "fundos" - Médicos da "Revolução de 32".

Centro de Memória da Faculdade de Saúde Pública da USP. Em especial o "fundo" Curso de Enfermagem de Guerra (de 13/7 a 25/8 de 1932.)

As viagens

Refazer os caminhos dos soldados pelo Vale Paraíba Paulista e Sorocabana, percorrer a lindíssima paisagem montanhosa dos entornos das cidades, foi literalmente a grande "viagem" dessas viagens. Os trajetos antigos dos trilhos, as paisagens revisitadas, as conversas, os documentários e fotos construíram os "gravetos" reafirmando afetos e descobrindo outros.

Agradeço e celebro a vida, e nela a minha companheira de tantas viagens, a Cris. A historiadora e professora Maria Cristina da Costa Marques, merece um registro mais que especial, pelas tantas sugestões, pelas escutas muitas vezes antes mesmo das ideias virarem textos escritos. E nesses, suas leituras competentes e afetivas, me apoiaram e me puseram adiante quando quis desistir. E ao final pelo texto da "orelha".

Algumas visitas a monumentos foram icônicas, deixo o registro. Ao herói Paulo Virgínio, que empresta seu nome para a estrada da estância de Cunha, aos mortos homenageados da cidade em Buri, aos restos escondidos nas matas da Mantiqueira do imponente Túnel da antiga estrada de ferro que ligava São Paulo à Minas entre Cruzeiro e Passa Quatro e ao ilustríssimo Mausoléu do Ibirapuera na cidade de São Paulo. Em Passa Quatro, fui ouvir dos mineiros suas impressões sobre o 1932 paulista, e agradeço ao hoteleiro e fotógrafo César Saullo, sua ajuda com fotos antigas e ótimas conversas. O percurso pela antiga linha sorocabana só me foi possível pela amizade de uma cidadã originária daquelas paragens, a comadre Edna Bugni, de Capão Bonito. A visita ao Grupo Escolar da cidade nos fez conhecer muitas histórias do local onde funcionou o Hospital do Sangue do setor Norte da guerra paulista. Por ali, no porão, ainda passeiam muitos fantasmas!

Pessoas queridas ajudaram meu desejo de escrever um livro sobre 1932 não ser diluído nas lides cotidianas. Ao longo do tempo, ou no longo tempo por vários anos, me pediam notícias de seu andamento. Eram modos afetuosos de emprestarem apoio e estímulo. São muitas, trago comigo gratidão a cada uma. Correndo o risco da incompletude, condição de vivente, cito algumas. Mirsa Dellosi, velha amiga, Kaio e Bruno jovens editores, os três leram o Inverno de 1932, mal saído da forma, e fizeram sugestões. Já com o Inverno de 1932 pronto Dora Vilela com olhar de lince competente ajudou na revisão. Agradeço muito ao grande amigo, historiador e escritor André Mota pela inspiração e estímulo na empreitada de construir um romance histórico. Com sua generosidade e competência fez no seu texto de apresentação o Inverno de 1932 parecer maior. Registro meu agradecimento às irmãs Dora, Tetê e Éia, a seu modo, cada uma me emprestou apoio e afeto. A tia Beth sou especialmente grata por compartilhar memórias da nossa Guará. Também aos amigos do coração e da insistência Lumena e Luiz Cecílio. Ao filho Francisco e Fernanda por tantas sugestões e entusiasmo. As ideias e desenho da capa agradeço à Elisa sempre criativa e generosa. A todos da Editora Alameda pela acolhida, especialmente à Joana Monteleone por me chamar de autora.

Alameda nas redes sociais:

Site: www.alamedaeditorial.com.br
Facebook.com/alamedaeditorial/
Twitter.com/editoraalameda
Instagram.com/editora_alameda/

Esta obra foi impressa em São Paulo na primavera de 2022. No texto foi utilizada a fonte Minion em corpo 10,5 e entrelinha de 15 pontos.